HOW TO GET FROM WHERE YOU ARE TO WHERE YOU WANT TO BE

# THE SUCCESS PRINCIPLES

# 成功準則

畅銷超過10年，遍布108國、40種語言，
改變數億人的經典之作

I

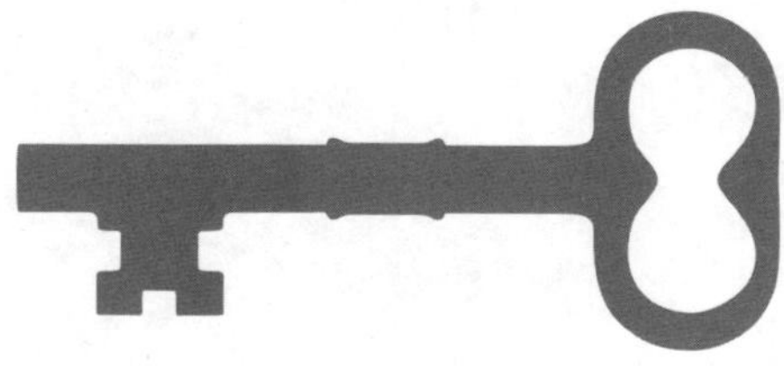

傑克・坎菲爾 JACK CANFIELD｜珍奈特・斯威策 JANET SWITZER——著
葉婉智｜閻蕙群｜易敬能——譯

本書獻給我的事業夥伴、坎菲爾訓練集團（Canfield Training Group）董事長帕蒂・歐柏莉（Patty Aubery），這二十五年來妳一直傾聽我的想法、提供建議給我，同時也是我的知心密友。

從我打字寫出第一部《心靈雞湯》（*Chicken Soup for the Soul*）故事開始，一直到後來建立起蓬勃發展的企業，我的影響力擴及全球。帕蒂協助引導我的職涯，進一步發展這些教誨、堅持我的工作願景，相信這份願景將成效恢宏，遠比我夢想的還要膽大無畏。

妳總是精力充沛、全心全意為本書奉獻己力，再多言語也難以表達我的感激。妳是我的貴人。

「人生是錯綜複雜的鎖頭，請努力找出正確密碼，順序要對，方可心想事成。」

——博恩．崔西（Brian Tracy），美國人類潛能開發權威、

《成功是一趟旅程》（*Success Is a Journey*）作者

「只要盡己所能、全力實行，就連自己也大感驚喜。」

——湯瑪斯．愛迪生（Thomas Edison），美國發明家

# 凡例

本書英文版只有一冊，為了讓讀者攜帶與翻閱方便，繁體中文版獲得全球獨家授權，依主題分為三冊，並附贈珍藏書盒：

第一冊為原書第一章「成功的基礎」，指出成功的首要條件，就是先釐清自己要什麼、為自己負責，指引讀者找出人生方向，並提出必備要素，鼓勵大眾著手行動。

第二冊為原書第二章「自我轉型」與第三章「打造成功團隊」，旨在提醒讀者不要自我設限，並強調建立優良的團隊關係，讓這些助力成為成功的推進器。

第三冊為原書第四章「打造成功的人際關係」、第五章「成功與財富」和第六章「縱橫數位時代」，提出具體可行的運用方法與資源，藉此增加財富、營造個人品牌，更有效率的邁向成功。

# 目錄

目錄

# 好評推薦

「為自己的人生負責。一旦開始負責，你才會開始認真；一旦開始認真，你才會有所行動，成功有時不在於最後的結果，而在改變的當下，心態對了，就是一種人生的成功。」

——鄭俊德，閱讀人社群主編

「此書探討層面廣泛而扎實，只要能貫徹這些成功的準則，做出每一次的好選擇，每個人都將活出最好的人生版本！」

——愛瑞克，《內在原力》作者、TMBA共同創辦人

「傑克．坎菲爾的準則簡單明瞭，成效卓越非凡！」

——安東尼．羅賓斯（Anthony Robbins），《喚醒心中的巨人》（*Awaken the Giant Within*）作者

「如果今年僅讀一本書，此書非讀不可。」

——哈維．麥凱（Harvey Mackay），《紐約時報》第一名暢銷書《與鯊共泳》（*Swim with the Sharks without Being Eaten Alive*）作者

「傑克．坎菲爾寫作，而我傾聽。本書是他最佳傑作，將對你造成終生影響。」

——派特．威廉斯（Pat Williams），美國職籃NBA奧蘭多魔術隊（Orlando Magic）資深副總裁

「傑克．坎菲爾是一位大師，深受大眾愛戴，給予求知若渴、欲求功成名就的人們所需的人生智慧、真知灼見，讓大眾理解並深受啟發。本書精妙絕倫、內容好讀、極易實行，能幫助你成為人生大師。」

——麥克．E．葛伯（Michael E. Gerber），《創業這條路》（*The E-Myth*）系列書作者

「本書寫出基本的成功策略及進階策略，助你成為成功大師。我從傑克．坎菲爾身上學到不少事情，相信你也將如此。」

——約翰．葛瑞博士（John Gray, Ph.D），《男人來自火星，女人來自金星》

（*Men Are from Mars, Women Are from Venus*）作者

「想要改變人生，務必先改變思維。傑克與珍奈特創造了一份藍圖，既積極又鼓舞人心，能讓你獲得成功！我開設不動產函授課程，幫助數千人成為成功自信的不動產投資人。本書肯定將會改變你的思考方式、行為模式，助你轉換人生，美夢成真！大力推薦此書給我的學生，也給力圖上進的人，請盡情夢想吧！力勸大家閱讀這本精采好書，絕對可以幫你改善人生境況！」

——卡爾頓・席茲（Carleton Sheets），「不須首付款的不動產」（No Down Payment Real Estate）函授課程創辦人

「坎菲爾和斯威策這本書深具啟發，淺顯易懂，完整敘述他們的成功方法。傑克・坎菲爾諄諄教誨，極具效果。本書將是今年度最佳贈禮！」

——肯・布蘭查德（Ken Blanchard），《一分鐘經理》（*The One Minute Manager*）共同作者

「在本書中，傑克・坎菲爾揭示具體的方法及極具成效的準則，皆是成功致勝與終極成

就的必要條件。不論是提振銷售額、拓展創造力或擁有更理想的生活，本書為你鋪設康莊大道，帶來非凡的成果！」

——彼得．維德馬（Peter Vidmar），美國競技體操選手，奧運體操金牌得主

「本書激勵人心，使你找回力量，過著充滿成就感的人生。請準備好，透過本書脫胎換骨吧！」

——凱西．史密斯（Kathy Smith），美國健康體適能權威

「傑克的中心思想簡明有力，非常實用，只要運用這些準則，即可奏效。想要創造夢想中的成功人生？務必閱讀本書。」

——安德魯．普茲德（Andrew Puzder），美國CKE餐飲公司（CKE Restaurants Inc.）首席執行長

「真是絕佳好書！想要實際夢想人生？請參考本書。珍藏本書，當作指南和靈感泉源，幫助自己發揮最高潛能、獲得內心平靜。」

——譚熙烈（Marilyn Tam），銳跑運動服飾集團

（Reebok Apparel Products Group）前總裁

「如果你自認十分熟悉商業成功之道，那麼閱讀完全書，你會有更不一樣的看法。從新興創業家到舉世聞名的首席執行長，本書能教導大家，如何更成功、更樂於實現自己熱愛的事物。」

——約翰．亞薩拉夫（John Assaraf），《街頭小孩白手起家致勝指南》（*The Street Kid's Guide to Having It All*）作者。

「本書詳細說明如何達成你渴求的目標。請準備好，在人生中乘風破浪。本書令人愛不釋手！」

——瑪西亞．馬丁（Marcia Martin），EST（Erhard Seminars Training）自我啟發訓練前副總裁

「傑克．坎菲爾令人驚嘆，本書內容極為清晰又平易近人，不僅是極佳的成功藍圖，閱讀起來更是充滿喜樂。」

——吉姆．當尼教育博士（Jim Tunney, Ed.D.），國家美式橄欖球聯盟（NFL）前裁判

「我親眼見證傑克．坎菲爾運用本書中的準則，發揮他的韌性，正是這些準則裡的決心和信念，促使《心靈雞湯》系列書籍誕生。本書不僅是絕佳好書，還能導引讀者實現卓越的成就，同時他也驗證了這些準則十分奏效。」

——彼得．韋格索（Peter Vegso），健康傳播公司（Health Communications, Inc.）董事長

「多數人雖然知道人生所求為何，但僅有少數人能學會如何達成目標。現在，本書不僅提供藍圖，還給你一串鑰匙，讓你油箱加滿，火力全開，朝目標邁進！請一邊吃著小餅乾，一邊閱讀本書，直到完全通曉本書中心思想為止。」

——瓦利．阿莫斯（Wally Amos），阿莫斯（Amos）餅乾創始人、《餅乾永遠不會碎》（*The Cookie Never Crumbles*）作者

「我的好友傑克．坎菲爾是當今世上，最具真知灼見的演說家及心靈導師。花時間了解他的想法並加以內化，未來人生將煥然一新、積極正向。」

——博恩．崔西

「按照傑克的核心準則和價值觀，親身力行，即可達到企盼的成功，獲致內在寧靜。傑克以本書描繪出成功的藍圖，邁向目的地，你僅須遵循即可。」

——希魯姆．W．史密斯（Hyrum W. Smith），培訓公司富蘭克林柯維（FranklinCovey）創辦人

「現今市場競爭激烈，高成就人士遵循一套系統化的成功途徑。歷年來，本書名列最佳成功學經典，現在以淺顯的語言，把這些系統分門別類，詳盡解釋，提出步驟化的指示，也列舉其他人的激勵故事，由他們引領你一路邁向成功。如果你目標是要擁有更大成就、更多財富、有更多時間、降低壓力，請詳閱本書，運用其中的實證準則。」

——萊斯．布朗（Les Brown），美國勵志演說家、《活出夢想》（*Live Your Dreams*）作者

「本書是成功思維的集大成之作，精妙絕倫！有些簡單明瞭，有些精妙深奧，在現今複雜世界裡全都必不可少！非讀不可。」

——史蒂文．斯特爾澤博士（Steven Stralser, Ph.D），雷鳥全球管理學院（Thunderbird School of Global Management）榮譽教授

「閱讀本書，你將以全新振奮人心的方式，更接近短期目標和長期目標。本書概述邁向目標所需工具，讓你取得人生想要的一切，甚至更多！坎菲爾與斯威策本身事業有成，即可證明這些準則能夠奏效，也適用於任何目標。」

——麗塔．達文波特（Rita Davenport），
美商艾本國際公司（Arbonne International）前董事長

「每個人都想成功、窮盡一生追求成功。有些人從未看透此道，有的人年輕時早已領悟其中真理。不論身處人生何種階段，請暫時停下腳步，詳讀傑克．坎菲爾與珍奈特．斯威策文筆出眾的這本傑作。或許你已成功達標，或許你正努力抵達目的地，也或許你迷失在夢想與現實之間。一旦讀完本書，你就能立刻明白自己身處何地、想至何處，以及如何前往該處。本書堪稱成功學教科書，成年後，更務必閱讀此書。」

——戴夫．林尼格（Dave Liniger），
瑞麥地產國際公司（RE/MAX International）董事會主席

「傑克．坎菲爾再度聲名大噪！在本書中，他從容自在、滿懷善意，解說各領域高成就人士所用的技巧。這些技巧禁得起時間考驗，只要勇於夢想即可前往目的地。不論你對『成

功』的定義是什麼，本書將一路引導你達標！」

——傑夫．萊瑟尼（Jeff Liesener），高成就人士人脈網（High Achievers Network）總裁

「若想要傑克．坎菲爾親自指導你，實現最高願景，那麼本書即是他給你的私人指南，無人能出其右。本書內容充實、激勵人心，最重要的是，能給你當頭棒喝。傑克的方法經過實證，充滿支援的力量、慈悲憐憫、正直誠信。」

——馬修．托波（Marshall Thurber），「卓越商學院」（Excelerated Business School）共同創辦人

「本書的成功準則易於遵循，同時效果恢弘。若要達成目標，這些準則必不可少。傑克總有妙法寓教於樂。本書才是真正贏家！」

——凱西．庫弗（Kathy Coover），愛身健麗國際事業（Isagenix International）創辦人

「令人存疑的成功法充斥全世界，但本書整理出實證步驟，現今成功人士與大明星皆依循此法，實現理想未來。若要身體力行、終致達標，我想不出哪種方法比本書更好了。」

——比爾．哈里斯（Bill Harris），中心點研究機構（Centerpointe Research）創辦人

「如果你有偉大願景、宏觀計畫，請閱讀本書，依照所學，採取行動。畢竟，你的人生值得擁有更多夢想。」

——H．隆恩．霍尼克博士（H. Ronald Hulnick, Ph.D），《記住內在的光》（*Remembering the Light Within*）共同作者

「本書融合真實生活，透過軼事的啟示，幽默風趣，絕妙好讀，頗具教育意義，詼諧又務實。本書中，傑克．坎菲爾鼓舞大眾，但卻不會過於激昂憤慨，這些成功準則為每位讀者提供絕佳價值。」

——克里斯汀．布朗（Christen Brown），《光芒四射》（*Star Quality*）作者

「不論你對成功有何想法，傑克．坎菲爾都可以助你達成。本書是人生指南，老少皆宜。想要美夢成真，鴻圖大展？今天就買這本書吧！」

——蓋瑞．T．范勃朗特（Gary T. Van Brunt），折扣輪胎公司（Discount Tire Co.）前董事長

「本書方法終身適用，證實個人成就無關出身或特權。相反地，一切結果全靠思考、

規劃、行為，貫徹始終。不過最重要的是，這種飛黃騰達的力量是一項技能，可經由學習而得，沒有人比傑克・坎菲爾教的更好！」

——凱瑟琳・雷諾德（Catherine B. Reynolds），凱瑟琳・雷諾德基金會董事長

「本書必讀！坎菲爾和斯威策解釋按部就班的特定公式，人人皆可使用，讓職涯與人生更加無往不利。想要賺更多錢、擁有更多機會、擁有夢幻的生活？本書將傳授精湛技巧給大家！」

——蓋伊・漢德瑞克博士（Gay Hendricks, Ph.D.），《意識生活》（*Conscious Living*）作者

「不管你處於人生哪個階段，本書提供實證策略，還有禁得起時間考驗的系統方法，使你前途無量、大放異彩。加入一流成功人士行列，閱讀並妥善應用這本令人印象深刻的新成功經典。然後，再買一本送朋友吧！」

——保羅・R・席利（Paul R. Scheele），《10倍速影像閱讀法》（*The PhotoReading Whole Mind System*）作者

「本書寫作技巧十分高超，熟練精湛，提煉最主要的準則，以及切合時宜的有效方法，為你創造實質的成功。」

——海爾・德沃斯金（Hale Dwoskin），《紐約時報》暢銷書《瑟多納釋放法》（*The Sedona Method*）作者

「你將能獲得全方位成功！遵循傑克・坎菲爾的準則和策略，就能達成任何目標！本書提供詳盡指南，淺顯易懂，助你心想事成。讀起來十分享受，效用頗佳，現在就開始閱讀吧！」

——艾琳・薩克斯頓（Erin Saxton），十一通訊（Eleven Communications）總裁

「閱讀本書，猶如聘請傑克・坎菲爾擔任私人教練。傑克融合智識與慈悲，寫作風格平易近人。書中闡述一般人使用了這些準則後的故事，讀來十分有說服力，鼓舞人心。這本極具效用的書，未來幾年仍將令人津津樂道！」

——喬治・R・華爾特（George R. Walther），《電話行銷術》（*Heat Up Your Cold Calls*）作者

「想找仙丹妙藥改善自己的生活、事業、人際關係嗎？本書肯定功效立見。這本新經典令人印象深刻，購買此書後，千萬別只是束之高閣，請閱讀本書的實證策略，運用本書由來已久的系統方法，然後準備好加入世界一流成功人士的行列！」

——雷蒙．阿隆（Raymond Aaron），加拿大頂尖商業投資教練

「一部精采的成功思維選集！內容時而簡單明瞭，時而意境深遠，全都是現今複雜世界裡的精髓，此書必讀！我利用本書準則，經營我的網站，原本每月僅有一百位訪客，後來每月訪客人數超過五千位！」

——柴夫．沙夫特拉斯（Zev Saftlas），《有效的動機》（*Motivation That Works*）作者

「傑克．坎菲爾寫作本書，將成功策略與實證案例交織在一起。人人必讀此書，以達到人生新高度，且應讓這本必備讀物世代相傳。但願我在二十年前就已讀過本書！」

——艾莉兒．福特（Arielle Ford），《愛情的吸引力法則》（*The Soulmate Secret*）作者

「坎菲爾和斯威策創造了本書，書中內容生動，充滿智慧、慈悲和幽默，是我讀過最棒的成功法書籍！如果你有夢想尚未實現，請由傑克．坎菲爾為你引路前行，你將慶幸自己做到了！」

——比爾．奇羅（Bill Cirone），前聖塔芭芭拉郡教育局（Santa Barbara County Office of Education）督學

「如果你的目標是要拓展機會、締結新盟約、幫助更多人、生活隨時力求精進，本書將會帶來這些成效。我好愛這本書！」

——約翰．迪馬提尼（John Demartini），「智慧殿堂」（Concourse of Wisdom）創辦人

「自己才是最重要的投資，成功人士深諳此道。本書助你精通技能組合，為你的生活吸引優秀人物、絕佳機會、亨通運勢，一切付出終將獲得回報。」

——辛西亞．科西（Cynthia Kersey），《贏在熱情》（*Unstoppable*）作者

「如果有一本書能發掘當今成功人士的祕訣，那正是此書。本書深入淺出、一體適用，

是多年來市面上最佳的致勝工具！」

——比爾．鮑曼博士（Bill Bauman,Ph.D.），《靈魂視野》（*Soul Vision*）作者

「終於看到一本實至名歸的書，不負眾望，本書確實引領你的人生，進階升級，也幫助你實現一切夢想，這些準則促使傑克．坎菲爾與書中其他人獲得成功。善加利用，即可成就豐功偉業，立刻閱讀本書吧！」

——湯姆．希爾（Tom Hill），弋果文化事業（Eagle Institute）創辦人

「想要尋求成功的方法？沒有什麼比傑克．坎菲爾這本書更好了。」

——蘇珊．迪．帕斯（Suzanne de Passe），電視節目製作人

「傑克．坎菲爾是真正的大師，他了解需要付出什麼努力，才可造就成功人生。在這本書裡，他匯集所有關鍵要素，使所有人都能一窺究竟。」

——T．哈福．艾克（T. Harv Eker），《有錢人想的和你不一樣》（*Secrets of the Millionaire Mind*）作者

「我曾作為傑克．坎菲爾的學生長達十年多，我也曾利用本書所教的準則，加速達成我的成就，我在亨利．福特博物館（Henry Ford Museum）管理培訓許多人，也輔導他們獲得成功，我給本書最高評價，此書將會改變你的人生。」

——吉姆．范．鮑克夫（Jim Van Bochove），亨利．福特博物館文化總監

「本書精妙絕倫、字字珠璣，傳授歷經考驗的真理，使人過著成功充實的生活。本書每頁皆能鼓舞人心、激發動機。」

——黛比．福特（Debbie Ford），《紐約時報》第一名暢銷書《黑暗，也是一種力量》（*The Dark Side of the Light Chasers*）作者

「傑克．坎菲爾思路清晰，如鑽石般耀眼，精雕細琢出這本終極成功手冊。但願我在力爭上游時，就已讀過本書。」

——瑪麗．露易斯．澤勒（Mary Louise Zeller），奧林匹克跆拳道大師級教練

「不論你是新手創業家、經驗豐富的企業家或高中畢業沒多久的新鮮人，本書是你必讀之書。本書按部就班，邁向成功的必經階段，使你百尺竿頭，更進一步，甚至登峰造極！傑

克的文風非常踏實，言詞直截了當，這本智慧之書極為詳盡又包羅萬象，任何人都能樂在其中！」

——琳達．狄斯坦費（Linda Distenfield），
美國白宮請願網站「我們人民」（We the People）共同創辦人

# 讀者實證分享

「在『車上學習』期間，我還是會播放《成功準則》有聲書。短短的三年裡，我從破產邊緣到擁有兩間七名員工的房地產公司，旗下的房地產業務員在亞利桑那州排名前二%。我成立了備受敬重的房地產律師事務所，目前正與一家土地收購開發公司合作。我成功的基石可回溯到從這本書學到的道理開始。」

——傑森・威爾斯亞（Jason Wells），美國亞利桑那州坦佩市（Tempe）讀者

「讀完本書後，我買了幾本給我的牙醫老公，我們決定成立一所牙醫助理學校，培養優秀的牙醫助理，讓他們能輕鬆就業。現在我會買這本書送給每個學生，同時在畢業典禮討論關鍵準則。本書提供了他們在各領域達成目標所需的一切。」

——海倫・荷西（Helen Hussey），美國華盛頓州阿靈頓市（Arlington）讀者

「讀完本書兩年後，我得到卡達一家著名研究所心理系主任的工作；在泰國、英國和印度享受了美妙的長假；成為公寓及套房的共同持有人；在賀氏書屋（Hay House Publishers）出版了我的第一本書；訂定了一套有效的計畫來管理我的財務和十一奉獻*，並成為了百萬富翁。」

——A・莫亞拉姆博士（Dr. A Moosani），印度馬哈拉施特拉邦孟買市（Mumbai）讀者

「十年來，我的行醫足跡遍及各個國家和醫學領域，看似令人興奮，但在醫院工作其實從未真正讓我快樂過，反而感到痛苦又疲憊。本書讓我領悟，原來我可以說『不』，它也教會我『詢問自我』，探究適合我的選擇。我在網路看到醫療專機在找飛行醫生的廣告，感覺這是大好良機，雖然我不確定他們對我感不感興趣，但我還是應徵了，結果竟然雀屏中選。這是我這輩子做過的最棒的工作！」

——喬安娜・納德（Johanna Gnad），奧地利維也納（Vienna）讀者

「暫別業餘角力界三十四年後，我決定兩個月後參加『後備軍人國民賽』（Veteran's Nationals）†。在我兒子的指導下，我運用視覺化，調整飲食，積極鍛鍊，並密切關注成果。即使我們的班機改道，在凌晨兩點才到達，我依然堅持不懈，雖然只睡了短短幾小時，我練

習自我肯定並想像獲勝的畫面。幾小時後，我贏得全國自由式冠軍。」

——史基普・孟卓岡（Skip Mondragon），美國喬治亞州埃文斯郡（Evans）讀者

「本書是讓我闔家團圓和挽救婚姻的催化劑！當時我的婚姻瀕臨破裂，我和先生分居，橫跨國土移居他鄉。在我寫這段話時，我和先生已經復合，全家再次團聚。我把這本書和我所學到的知識與先生和孩子分享，每週甚至還在公司主持一場『傑克會議』。與他人分享我的所學，讓我非常滿足。」

——卡蘿・墨非（Carole Murphy），美國俄亥俄州哥倫布市（Columbus）讀者

「我兒子相當聰明，但在教育系統裡總覺得格格不入。他痛苦地念完大一後，我送他一本《成功準則》。讀了本書不久，他就休學去追求他的創業夢。現在，他開了兩家公司。謝謝你！」

——珍妮・巴洛（Janet Barlow），加拿大安大略省阿賈克斯市（Ajax）讀者

---

* 宗教奉獻，指奉獻總收入的十分之一。
† 以退伍軍人為對象舉辦的運動競賽。

「五年前移民德國時，每個月只有五百歐元（約新台幣一萬五千六百元）的生活費，我對未來感到非常害怕。我在擔任保姆時發現本書，並開始遵循這些準則，兩個月後，我找到一份日薪兩百歐元（約新台幣六千三百元）的顧問工作。一年後我想攻讀博士，我擊敗了其他兩百名學生，申請到一份大學入學獎學金。」

——瑪麗亞．佛南達．巴爾德斯（Maria Fernanda Valdes），德國柏林（Berlin）讀者

「恪守本書的準則，讓我得以實現環遊世界的畢生夢想。全球七大洲，我造訪過六大洲逾四十國，途中還幫助了許多兒童和家庭。二〇一三年，我近九個月都在旅遊，足跡遍及中南美洲、歐洲、非洲和中東。真是美好的一年！」

——安東妮．柏納爾多（Antoinette Bernardo），美國紐約布魯克林（Brooklyn）讀者

「歷經三個月的裁員和困苦的自雇生涯後，我幾乎要自殺了。讀完本書後，我全心投入地寫了一本書及贏得演講比賽，還找到引領我提升自我的導師。兩年後，我完成我的著作《打造更極緻的人生》（*Live a More Excellent Life*），又在國際演講比賽的三萬五千名參賽者中名列前二十強，目前我是認證專業演講者和教練。」

——J．羅倫洛里斯（J. Loren Norris），美國德州尤利斯市（Euless）讀者

「讀完本書後，我的人生從此逆轉勝。原本負債逾三萬美元的我，竟然成功挽救事業、還清債務，還存了一大筆買屋基金和退休金，這些成就只花了我不到一年的時間！」

——珍妮．克雷里（Jenny Cleary），美國伊利諾州芝加哥市（Chicago）讀者

「傑克恢復了我的自尊心和勇氣，讓我能勇敢追夢。現在的我經濟獨立，擁有一家設計生活的公司，多達八百到一千名思想領袖和觀眾參加我舉辦的研討會。我在社區裡備受敬重，也在兒子念的學校擔任家長會會長，我能實現這些夢想，要歸功於傑克讓我找回我失去的東西——我的力量。」

——普嘉．古普塔（Puja Gupta），印度清奈（Chennai）讀者

「有人對我說，我沒有從小當學徒，所以不可能成為糕點師，而且我還有三個小孩、老公和很費心力的工作，但由於書中準則，我成功了。我不斷嘗試，直到機會出現。我很自豪地說，我現在在加拿大卡爾加里（Calgary）最棒的法國糕點店工作。謝謝你！」

——瑪莉蔻．堂康（Mariko Tancon），加拿大阿爾伯塔省卡爾加里市讀者

推薦序

# 為自己負責，活出最好的自己

——何則文，文策智庫執行長、人才成功專家

我過去在職涯輔導中，看過很多迷茫的青年，他們都會問我：「人生選擇哪條路比較好？」也有些人會問我要不要去留學，或者直接跟我說他有哪些工作機會，想問應該選哪個？這時候我都會說：「我不知道，我不能為你選擇，那是你的人生，你要自己負起責任。」

我們過去的教育常常會有標準答案，因此導致許多人在面對自己的人生時，認為有所謂的最佳解答，像是進入知名公司或用收入衡量一個人是否成功。但其實，**每個人要過怎樣的生活、成為怎樣的人，都不應該被外在的社會期待和價值框住，而要回到自己身上，學會為自己負責**。

我覺得這本書就是能帶給青年指引的一本書。他不告訴你標準答案，而是告訴你如何找到屬於人生的可能，如何活出最好版本的自己。比如說，許多人都會因為外在的條件限制而感到氣餒，怪罪自己的出身背景、沒有富爸爸、沒有遇到貴人。但本書作者坎菲爾用他多年

的企業輔導和生涯教練經驗告訴我們，事情的結果更多在乎於我們的反應。我們可以選擇抱怨、尋找藉口、歸咎外在環境，或者站出來告訴自己「我認命但不認輸」。我們不能控制那些不可改變的事，但可以選擇我們如何應對，而這個選擇將會創造出真正的結果。例如，面對全球經濟局勢的動盪，有人被裁員、有人失去收入，面對困難，你可以選擇痛苦，或者奮力一搏，這都會帶來不一樣的結果。

書中分享了許多實務的案例和故事，告訴我們怎樣成為一個得勝者而非受害者。若想要成為一個生命的贏家，我們要先知道自己「為何而戰」，每個人在這一生都一定有一個屬於自己的「使命」與意義。坎菲爾告訴我們，要不斷思考「為什麼」？我們為何努力、為何工作、為何而活。

最重要的是，開始學會為自己而活。尤其在台灣，我們的東方文化，這種集體主義的脈絡下，人們往往會為了家人、師長的期待乃至於社會的框架而努力，最終形成為別人眼光而汲汲營營的人生。坎菲爾卻告訴我們，**是時候要開始問問自己「你想要什麼」，思考自己真正想要的，而非被社會框架所定義的成功**。

接著，需要有強大的信念支撐自己前進，只有想贏的人才會贏，只有相信自己會贏的人才會贏。這是書中給我們的最大啟示。愛自己的第一步，就是相信自己有無限可能，但不是空想，而是馬上開始行動。確立好目標，一步一步地前進。

本書不只是一套絕佳的人生指引，更重要的是，豐富的內容可以成為塑造信念跟自我實踐上很好的參考書。不只值得一看，更值得常常帶在身邊細細品嘗，每次閱讀都能讓你有新收穫。我在這裡誠摯地推薦這本《成功準則》給每一個想要追尋美好人生的你。

自我成長類
推陳出新的自我成長類書籍
Dave Carpenter

作者序
# 暢銷十年經典，一本書改變數億人

十年前，我和珍奈特．斯威策（Janet Switzer）曾預想，本書將以數十種語言廣為流傳，遍布一百多個國家。我們想著，各行各業與各類團體皆能運用本書，當作指南，實現更偉大的夢想、創造出更好的成效、發揮更大的影響力，還可享有從前認為是遙不可及的美滿生活。

我們希望，教育人員、公司管理階層和團體領導人，全都接受我們所提出的建言，以書中人們固有的基本準則培訓其他人，推廣本書的中心思想，且當我們回顧過往時，能夠倍感自豪，因為有數百萬人的生命受到啟發，深受本書實證感動。

此時此刻，看到願景成真，我非常高興。過去十年來，本書擴及一百零八個國家，翻譯成四十種語言，許多回饋蜂擁而至，不少人向我們述說自己的成功故事，我們深感喜悅與滿足，不敢居功。

不論男女老少、學生、運動員、創業家、全職媽媽或爸爸、新興企業等實踐者，全都致力創造美滿人生，並感到喜悅、獲得工作滿足感、個人成就。他們就是人證，證明這些準則非常有效，只要願意實行便能成功。透過無數溫暖人心的故事，我發現人們正漸漸超脫當今文化氛圍，不再聽天由命或甘於平凡，轉而打造自己的人生夢想，十分振奮人心。

**不論是遭遇健康問題、經濟困難、失敗經驗或自我懷疑，他們都能克服局限，達到令人驚嘆的成就。**

也許就像你一樣，他們也曾一度納悶，光靠一本書就能改變人生嗎？

## 世界各地實證，奇蹟故事不勝枚舉

道格．維塔爾（Doug Wittal）是一名建築師，來自加拿大卑詩省甘露市（Kamloops）。他學會書中準則並善加利用，短短一年內，收入雙倍成長；一年後，收入再次倍增。他的閒暇時間大幅增加，開始享受美好時光，還建造了四間豪宅，讓他與家人可以前往避暑或避寒。

在與道格談話的前幾天，我們聽聞瑪麗安．朗蒂（Miriam Laundry）的事蹟。她是一位母親，心懷夢想，想要教導十萬多名兒童自尊心的概念，改善所有人的人生，不到一年，她就超越自己的目標，而且由於成就斐然，還榮獲金氏世界紀錄*。

席恩・加拉格爾（Sean Gallagher）是成功的愛爾蘭創業家，現身熱門電視節目《龍穴之創業投資》（*Dragon's Den*）長達三季。後來，他實現了自己最大膽的目標——競選愛爾蘭總統。現在，他是眾人景仰的演說家及作家，啟發大眾、激勵愛爾蘭下一代商業領袖。

賈斯汀・本德爾（Justin Bendel）是一名追求理想的管弦樂音樂家。他運用本書，以視覺化方式，想像自己在世界一流的音樂廳表演，他手上保存了一張嚮往多年的音樂廳照片，雖然他不知道這家音樂廳的名稱，但他還是把相片貼在願景板（vision board）†。過了不久，他獲得全額獎學金，進入研究所攻讀音樂，並在碩一那年，獲選參與大學管弦樂團表演，地點是紐約卡內基音樂廳（Carnegie Hall），正是他貼在願景板上的那家音樂廳！

娜塔莉・比斯（Natalie Peace）是加拿大一位加盟商，二十五歲時，她使用本書第二十四條準則開了一家果汁吧，收益屢創新高，之後高價轉售，遠比當初的加盟金還要多。此後，她取得企管碩士學位，在大學教授企管課程，還身兼其他副業。她推薦本書，認為這是

* 二十四小時內，創下最大的在線圖書討論會紀錄。
† 把夢想中的人事物都聚集在一個板子或一張紙上。

創業家的強效教科書。

一位馬來西亞商人曾在中國坐牢服刑，他的妻子拜託獄警轉交一本破爛、折角和標記過的《成功準則》給他，讓他在獄中能保持樂觀。經過一年八個月的獄中生活，他不僅將本書讀了數百遍，還實踐書中的精神，讓自己更有動力、更積極、無所畏懼，他獲釋出獄後，成功發展資訊科技事業，還開了兩家餐廳，並與一群房地產投資人投資了國際物業。

派渥·波皮奧韋克（Pavel Popiolek）任職於捷克電腦設備進口業的龍頭，管理旗下價值六億美元的事業。他從本書獲得不少啟發，善加運用，撥出時間從事熱愛的自行車競技，平衡自己的人生與工作，並贏得庇里牛斯山的「阿蘭山谷UCI世界巡迴賽」（Val d'Aran UCI World Cycling Tour）*，有資格晉級角逐「世界大師錦標賽」（World Master's Cycling Championship），《男士健康》（*Men's Health*）雜誌還為他寫了一篇人物專訪。

當然，除了事業成功與個人成就，還有許多讀者因為實施本書所述的準則，改變了整個人生。

希瑟·奧布賴恩·沃克（Heather O'Brien Walker）某次在倉庫工作遭逢意外，頭部受到重傷，僥倖存活，在醫院待了三十天才漸漸康復，這段期間，她躺在病床上，第一次聽到未婚夫大聲朗讀本書，她全身無法動彈，無法開口說話，甚至器官功能無法正常運作，儘管如此，她開始運用視覺化，想像自己婚禮到來的那一天，還把「站起來走過走廊」當作目標。重新學習走路的過程非常艱辛，但是現在，希瑟不僅康復了，她還透過演講和出書——《別放棄！站起來！》（*Don't Give Up, Get Up*），與大家分享她如何克服逆境。

阿克夏・納納瓦蒂（Akshay Nanavati）曾是海軍陸戰隊士兵，從伊拉克回國後，確診罹患「創傷後壓力症候群」（Post-traumatic stress disorder, PTSD）。他運用本書準則，戰勝病況，並夢想接下來二十五年，他要環遊世界，遊歷每一個國家，他不僅藉此激勵他人，也是在為自己打氣，提醒自己每天都要積極行動。

能遍及世界各大海洋、完成長距離游泳的，世上只有英國的路易士・皮武（Lewis Pugh）能做到。有超過二十七年的期間，他是首位在世界最險惡的水域裡游泳的人，包括南極洲、北極、喜瑪拉雅山等，他也從中獲得領悟，體會生命的美麗與脆弱，了解許多大自然生態。他在TEDGlobal發表的演說，有數百萬人次點閱率，他還不辭辛勞，到處推廣建立「海洋保護區」（Marine Protected Areas），致力改變海洋管理法的架構。二〇一三年，聯合國任命這位海洋律師擔任「海洋保護大使」（Patron of the Oceans）。當然，他也看過本書。

---

＊UCI世界巡迴賽是年度最重要的自行車賽事，是由多項賽事所組成。「阿蘭山谷」為西班牙中的一站。

諸如此類的故事很多，還有成千上萬的人給予回饋，過去十年來，我們收到無數讀者來信，光是這些鼓舞人心的精采故事，就可以出版成書。無數人運用書中道理，成為暢銷作家、開創事業、投資房產、結婚成家、成功減肥、獲得專業榮譽、職位晉升、遊歷世界、擺脫債務、教養優秀子女等，成功故事實在不勝枚舉。

拿起本書翻閱的讀者，其中有許多人確切明白自己想要達成什麼目標，但也有很多人不是很清楚，對於某些讀者來說，功成名就看似遙不可及，因此只希望能過著更好的生活。

福雷斯特．威利特（Forrest Willett）曾是這些讀者之一。福雷斯特的人生原本處於正軌，當時年屆三十一歲，名下有三間房子，經營七家公司，他已經結婚七年，妻子非常美麗，有一個兩歲大的兒子，他那時處於人生巔峰，志得意滿。但他後來發生車禍，車子在空中翻轉了三圈後跌落，他的腦部受到重創，人生從此大逆轉。

突然間，福雷斯特發現自己就連最簡單的事也無法完成，必須讓他美麗的妻子教他怎麼刷牙、梳頭。雖然他知道，能夠在車禍中生還是不幸中的大幸，但活下來後，卻陷入絕望深淵，他變得憤世嫉俗、萬念俱灰。

一開始，就像中風倖存者一樣，他連最基本的交談也難以做到，他覺得羞恥，整天躲在家裡，不想出門，之後他大半時間都渾渾噩噩，頹廢度日，福雷斯特可以躺在沙發上好幾個小時，成天昏睡或看電視。所有專家，像是他的醫生、語言治療師、職能治療師、物理治療師等，都告訴他不可能回歸往昔神采奕奕的生活，往後的日子大概都只能這樣度過。於是，福雷斯特放棄所有希望，不再想著要過回正常生活，更別提實現夢想了。

後來有一天，他躺在床上，茫然看著電視，節目中一句「想要身體力行，達到你要的境況嗎？」引起了他的注意。福雷斯特努力坐直身體，專心傾聽主持人的話：「以下來賓是傑克．坎菲爾，要分享他的書《成功準則》。」這些話引燃了福雷斯特微弱的希望之火，他下單購買節目中分享的書——內容超過四百頁的《成功準則》。當時，福雷斯特僅能學習閱讀他兒子杭特（Hunter）的書，一個三十五歲的男人只能讀幼兒園童書。語言治療師認為四百頁的書實在超出他的能力負荷，但是福雷斯特迫不急待，想要身體力行，達成目標。起初，即使閱讀一頁，他的速度也極為緩慢，艱難費力。雖然福雷斯特不斷鼓勵自己，但他還是不由得想，或許治療師說得沒錯，也許他太高估自己的能耐了。

努力閱讀幾個月後，正好距離那場車禍已經滿五年，一件事讓他終於醒悟。在杭特滿七歲的生日派對上，福雷斯特與杭特和他的朋友在自家後院，杭特正在拆禮物，他從成堆禮物挑出一個圓形禮物，拆掉包裝紙後，看到一顆棒球。他很高興，面露笑容，立刻把球往地上丟，這顆球重擊地面後，在泥土裡滾了幾十公分遠，杭特把球撿起來，再次扔到地面，這顆球再次滾離他身邊，他想再丟一次，那位送他棒球的朋友大喊：「杭特！棒球不會彈起來！」

那時候，福雷斯特像是被雷打中一樣，全身一震，猶如當頭棒喝。他從來沒有陪兒子一起玩過棒球，他的兒子又怎麼會知道棒球不會彈起來呢？福雷斯特突然頓悟，他耗費太多時間在負面思考，卻沒花時間陪伴兒子，將小孩棄之不顧，也沒顧慮到他老婆。他開始明白，如果他不找回人生主導權，他的人生終將破碎，到頭來，將演變成夫妻離婚、流離失所，甚至更糟。他內心出現一絲火苗，轉變成熊熊巨焰，他回頭再看本書第一條準則「為自己的人生負起全責」，然後開始認真應對人生。

在他的情況裡，「要為人生負起全責」意味他必須停止對自己負面喊話，不要再想著「可憐的福雷斯特」或「這種事怎麼會發生在我身上？」福雷斯特去除這些負面思緒，不再深陷其中，於是發現自己在復健過程中，不夠主動積極。物理治療師協助他做四肢伸展動作，卻很納悶為何他沒變得更強壯；語言治療師朗讀給他聽，但他就只是坐在那裡，被動聽著，閱讀技能都沒進步。

現在，福雷斯特開始相信，他的人生能夠煥然一新，因為自己有能力改變人生，於是情況真的開始改變了。

從那一瞬間開始，他的「自我覺察」（self-awareness）開始啟動，他終於意識到，這麼久以來，自己居然忽略了不少事情，他的朋友越來越少，因為他拋棄了朋友，正如他不在乎自己家人，從很久以前開始，大家不再找他攀談，因為他總是負面消極，人人避而遠之，而他只耽溺在自己的世界，根本毫不在意。還好他注意到這些情況，福雷斯特提醒自己，至少現在能開始改善。

接下來，他決定放棄牢騷責怪，不再憤世嫉俗，但這並非一件容易的事，因為他已經習慣這樣的反應，有時候就連他自己也沒有意識到，於是他要求身旁的人，每當他再犯，就請他們提醒自己，如果他又開始苛責或抱怨，他的妻子和治療師們就會拉一下自己的耳朵，做手勢示意，讓他知道自己老毛病又犯了。只要他看到對方手勢，不管怎樣，都會中斷自己脫口而出的話，然後深呼吸，以更謹慎的態度，思考接下來要說的話。

不論是正面或負面，對他而言，開口說話曾經一度難如登天，那時福雷斯特尚未完全恢復他的口說能力，有時候，他無法找到所需的用詞，不然就是說話結結巴巴，也因此他不想去採買或前往郵局，他害怕被熟人看到。為了改善情況，他把重點放在第二十二條準則「堅持不懈，越有好結果」，每天花二十分鐘閱讀《成功準則》，學著踏出他的舒適圈，日復一日。他每次多練習一點點，然後進步一點點，逐漸累積成效。

某天，他跨出舒適圈，逼自己去當地一家咖啡館。多年來，福雷斯特行經那家咖啡館時，總是縮頭縮尾，眼神緊盯地上，但是那天，他提醒自己運用第十五條準則「感受恐懼，放膽去做」，終於走進咖啡館。但越害怕的事總是越會發生，他立刻遭遇生平最大恐懼——一位老朋友認出他，向他打招呼。

福雷斯特內心十分尷尬，覺得很難為情，但他仍保持冷靜，走過去，坐下來，努力解說以前發生的事。他發現，能說明自己的境況，感覺其實很好、很有成就感。接下來幾天，福雷斯特也努力找其他人攀談。隨著時間過去，他說話越來越順暢，福雷斯特發現，身邊的人很樂意支持他，尤其是看到他現在終於振作起來。

他也發現，不是只有他一個人要處理生活中的恐懼和挑戰，他與人對談時，每個人似乎都歷經掙扎，也有自己的苦痛。長期以來，福雷斯特一直感到痛苦與羞恥，但察覺到別人也有困難之處，他也能漸漸釋然。

隨著時間過去，他也不斷進步，他簡直不敢相信，運用這些準則一年後，福雷斯特幾乎很多事都能做到，而這些都是醫生認為他絕對不可能辦到的事。他重返學校、繼續進修，他完全擺脫抗憂鬱劑和止痛藥，他開始當志工，還學著把每項負面念頭轉成正面想法，並持續至今。

現今的福雷斯特，實在令人難以相信，曾經的他竟然無法流暢說話，也無法好好讀書寫字，但他確實完全逆轉人生，甚至還出書暢談自己的經歷，而且幾乎每天都有人找他，希望他向聽眾分享自己的故事。在那段黑暗歲月裡，他不敢奢望自己能完全恢復，但是現在，他熱愛公開演講，能巡迴世界向公眾演說，他非常高興，也相信自己找到了此生天職。

閱讀本書，也徹底轉變了福雷斯特對成功的想法。發生事故前，對他來說，「成功」意味著賺取更多財富，例如：更大的房子、更大的遊艇、開創更多事業、擁有更多東西。經歷車禍後，不論別人如何定義成功，他都認為自己與成功絕緣，如今，多虧有了本書，他學會一項深刻道理——**擁有全世界的財富，其實沒有多大意義，也不代表你真正活出人生，「施與受」才具意義**。如果以親友和關愛當作貨幣計算，福雷斯特可說是全世界最富有的人。

福雷斯特．威利特運用本書，重新定義成功並且加以實現。至於你要如何定義成功？由你全權決定。對你而言，成功可能是指可觀的收入、賺到龐大的財富或過著奢華的生活；成功可以是專業上的表彰、個人的成就或慈善公益的奉獻；成功可能是身體健康、使人快樂、陪伴小孩過著幸福快樂的家庭生活；可能是登上世界舞台，從事你樂在其中的事。**不論你對成功的定義是什麼，請相信，你手中掌握通往成功之路的地圖**。

## 失業、破產……也能翻轉人生，晉身一流人士

過去十年來，我最津津樂道的故事是來自菲律賓的一位讀者。他起初抱持懷疑態度，但不論如何，依然致力運用這些準則，而且僅在一年內就奏效。

我曾經在亞洲六個城市舉辦巡迴研討會，向大家分享本書。最後一站，我在菲律賓首都

馬尼拉最大的購物中心舉辦簽書會，一位名叫約翰．卡路博（John Calub）的年輕人走到我面前，他說要為菲律賓最大報社撰寫「成功人士」專欄，而他想採訪我。這一小時的訪談非常精采動人，在尾聲時，我說他的訪談技巧絕佳，並且問他從事這行多久了，他面露自豪的神情回答我，說我是他第一位訪談對象。

他繼續說道，他原本與兩位合夥人開了三間餐廳，經營得很成功，但因為合夥人彼此意見不合，最後導致事業失敗，約翰現在流離失所、身無分文，晚上睡在朋友家的沙發上。因為他把汽車賣掉了，所以他是搭乘大眾運輸工具來到這場簽書會的，他口袋裡僅剩三美元，是他在世上的全部財產。

我聽他這樣說，非常欣賞他，於是自掏腰包，從書店買了這本書送他，並且讓他免費參與隔天舉辦的研討會。我給他二十美元，讓他去買食物吃，我也向他允諾，如果他喜歡，他可以為這場研討會寫一篇專文。

兩年半後，我再次來到馬尼拉，舉辦另一場研討會。正當我要開始說話時，我注意到一位衣著入時的男人，身穿藍色西裝外套，腳穿英國名牌馬汀大夫（Dr. Martens）金色馬汀靴，身後有一群隨行人員，他們全都身穿同一款式的 Polo 衫，上面印有一個鮮明亮眼的徽章。我很好奇，於是走向這群人，然後我大感訝異，也非常高興，因為這位身穿藍色西裝外套的人正是約翰．卡路博！

他跟我說，他已經成為馬尼拉的成功企業家之一，他向我講述自己如何獲得成功，我聽後覺得非常感動，於是邀請約翰親自向大家分享他的故事：

坐在研討會裡，我雙手交叉環抱胸前，仔細聆聽傑克．坎菲爾描述他的成功準則。一開始，我非常懷疑，認為他的想法很瘋狂，比如說，剪下幾張相片，把相片貼在一塊板子上，每天看著相片，想著自己可以達成。我的理智告訴我：「真可笑，怎麼可能只要看著同樣的相片，就能幫助我實現夢想？」

演說過程中，傑克甚至談到日本的江本勝博士（Dr. Masaru Emoto）。這位博士針對水的結晶體做了一項知名實驗，他出示圖片，解釋水分子如何受到思想、語言和感受的影響。雖然這引起我的興趣，但我依然不為所動。

我的腦袋充滿疑慮。從研討會回來後，我再三思考傑克分享的事，瞬間想通，傑克是一位極成功的人，而他已經運用這些準則達成目標，可是我呢？已經破產、窮困潦倒，我問自己：「該聽誰的話？」況且，我一無所有，何不乾脆放手一搏，反正也沒什麼損失，情況不會比現在更糟了。

我決定閱讀他送我的《成功準則》，欣然遵循這些準則，長達一年。我每週實行一項不同的準則，我開始運用視覺化技巧，甚至製作一塊「瘋狂夢想」願景板，雖然我之前曾經懷疑這個板子的妙用。

我剪下的第一張圖像是BMW轎車相片，那是我夢想中的車子，那時候我根本負擔不起買車費用，更別提一輛BMW了，當時如果我想前往別的地方，我會用走路或搭乘菲律賓最盛行的公共交通工具「吉普尼」（Jeepney），只是非常擁擠。然而，我運用這項準則，將懷疑轉換成相信，很快就奏效，不到一年，我買了生平第一輛BMW。

我也領悟另一項準則「發掘你的人生使命」。年輕時，我不停換工作，只想賺錢維生、夠繳帳單就好，在聽那場研討會時，傑克引導我們進行練習，辨識自己最深沉的熱情為何，我領悟到自己熱愛教學，不僅如此，我也確定教學是我真正的天賦，也是人生目的。為了達成這項目標，我開始採取行動，當時在研討會裡，我暗自設下一個目標——成為菲律賓首屈一指的成功學教練。

我推出一系列研討會，把我從傑克學到的準則傳授他人，我開始輔導別人，也著手為不同公司提供諮詢。我的收入驟增，賺到的錢超過一百萬披索（約新台幣五十五萬元），這在菲律賓是一筆巨大的財富！接下來，我結合了我的旅遊興趣與教學熱忱，開始到世界各地展開研討會。

如今我擁有數間公司，我的培訓課程公司是獲利最大的核心企業。以前，我從未去做自己熱愛的事，所以我的機運時好時壞；現在，我熱中傳授這些準則，許多人蜂擁而至，前來一睹我的風采，我甚至曾在一天之內賺進七位數金額！

傑克幫助我了解，一切事在人為，力行實踐就能心想事成。二〇〇六年，我製作第一塊願景板，從那時起，我已達成七〇%以上的目標，因為《成功準則》，我成為國內薪酬最高的激勵演說家，且一步步往前邁進，成為菲律賓排名第一的成功學教練。我僅是遵循這些準則，就能從破產的人成為業界閃耀新星，如果我能做到，任何人也能做到。

我也見過不少客戶的實際成效，有成千上萬的人已經達成自己的夢想。許多人以前僅能餬口度日，但是現在，他們正走在成為大富豪的路上，我們都是活生生的證據，證明這些準則鐵定奏效，只要你持續運用這些準則。

約翰．卡路博體驗了本書的力量，而你也可以辦到。一旦運用這些經典準則，連同書中所含的真知灼見，即可看到自己的人生轉變。

在此向各位致敬，為大家慶賀。歡迎踏入這趟旅程，為成功歡呼吧！

# 前言
# 歷久不衰的準則，造就無數成功人士

「無論出於什麼原因，如果一個人時運甚佳、過著非凡的人生，他有義務向別人告知其中訣竅。」

——雅克-伊夫・庫斯托（Jacques-Yves Cousteau），探險家及電影製片人

「想要寫書？請直接坐下來，方可釐清思緒。我受夠了自己百轉千回的臆測。」

——約翰・沃爾夫岡・馮・歌德（Johann Wolfgang von Goethe），德國詩人、小說家、劇作家、哲學家

這不是一本異想天開的書，綜觀歷史來看，此書內含歷久不衰的準則，不分男女老少，無數成功人士皆奉行此道。我研究這些成功準則已經超過三十年，也把這些準則應用到我自

己的人生中，我現在享有非凡的成就，皆是源自我從一九六八年開始學習這些準則，日復一日，每天應用。

我的成就如下：成為作家及編輯，著作超過兩百本，其中有六十本登上《紐約時報》暢銷書排行榜，全球總發行量超過五億本，翻譯五十種語言；一九九八年五月二十四日，我有七本書同時登上《紐約時報》暢銷書，並因此榮獲金氏世界紀錄；過去二十多年來，每年淨收入高達數百萬美元，住在加州美麗的房子裡；美國幾乎各大現場訪談節目都有我的身影，從《歐普拉脫口秀》（*The Oprah Winfrey Show*）、《孟代爾秀》（*Montel Williams Show*）、《賴瑞金現場》（*Larry King Live*）到《早安美國》（*Good Morning America*）；為報社撰寫每週專欄，讀者超過百萬人；向《財富》（*Fortune*）雜誌全球五百大企業進行演說，每場演說費用為兩萬五千美元到六萬美元；榮獲無數專業獎項和民間獎項；擁有非常了不起的妻子、子女十分優秀，家庭關係無比和諧。我已經達到健康、均衡、幸福的穩定狀態，內心平靜祥和。

與我往來的人士有《財富》雜誌全球五百大企業首席執行長、影視傳播界明星、當紅作家，以及世界最傑出的精神導師和領袖。我的演講聽眾包括國會議員、職業運動員、企業經理人、銷售巨星等，演講地點遍及世界最佳名勝和靜修中心，從英屬西印度群島的四季度假酒店（Four Seasons Resort），到墨西哥阿卡普爾科（Acapulco）與坎昆（Cancun）最精緻的飯店。我曾到愛達荷州、加州、猶他州等地滑雪，在科羅拉多州玩激流划艇，還到加州和華盛頓州的山裡健行。我去過世界最棒的名勝度假，包括夏威夷、澳大利亞、泰國、摩洛哥、法國、峇里島、義大利等。總而言之，生活非常多采多姿！

## 平凡人也能擁有非凡人生

我與本書大多數讀者一樣，出身非常平凡。我從小在西維吉尼亞州威靈市（Wheeling）長大，父親是花店員工，年薪八千美元，母親酗酒成癮而父親是工作狂。我在暑假打工，擔任游泳池救生員、與父親在同一間花店工作，勉強維持生計；我以獎學金進入大學就讀，在宿舍兼差販賣早餐，以支付書籍費、服裝費和約會費用。沒有人為我提供金援，我在碩士的最後一年，兼職教學，每兩週的薪資是一百二十美元，每月房租是七十九美元，所以每月我還剩一百六十一美元，用來支應我其他開銷。每到月底，我僅吃「二十一美分餐點」，內含一罐十美分的番茄醬、蒜味鹽和水，淋上一袋十一美分的義大利麵。處於經濟階級的最底層，我很了解僅吃剩菜剩飯度日的生活。

碩士畢業後，我出社會工作，在芝加哥南部一間高中擔任歷史老師，學校師生都是非裔美國人，那時我認識了美國慈善家W．克萊門特．史東（W. Clement Stone），他是我的人生導師。史東是白手起家的大富豪，雇用我到他的基金會任職，他訓練我學習基本的成功準則，我依然奉行至今，我的職責就是要把相同準則傳授他人，經過這些年來，我持續不斷進步，陪史東一起訪談數百位成功人士，其中包括奧運選手、職業運動員、知名藝人、暢銷書作家、企業領導人、政治領袖、成功創業家、頂尖銷售員。我讀過數千本書、參加好幾千場研討會、聽過好幾千個小時的廣播節目，探索放諸四海皆準的準則，用於創造成功與幸福快樂，我也將這些準則落實在自己的人生，我發表演說、舉辦座談會和研討會，進行教學，成效斐然，受眾超過兩百萬人，涵蓋全美五十州，也遍及世界三十六國。

這些準則和技巧不僅對我有效，也對我旗下數十萬名學員頗有助益，他們達到突破性的生涯成就，財務也越來越富裕，人際關係也日益活躍，人生更加幸福快樂、充實美滿。很多學員開創事業、飛黃騰達，甚至白手起家成為百萬富翁；不少人在體育方面有傑出表現；也有人與唱片公司簽約，獲利豐厚；有人出演影視角色、擔任公職、在群體中發揮重大影響力、寫出暢銷書、獲選年度優良教師、公司銷售紀錄屢創新高、所著劇本頻頻獲獎、擔任公司總裁；有人樂善好施，由於傑出貢獻而獲得表揚；有的學員建立極為成功的人際關係，也養育出優秀的快樂子女。

想獲得前述成就並非遙不可及，我非常肯定你也能成功，且達到的程度遠超乎你能想像。為什麼？因為這些準則和技巧總是奏效，你只要妥善遵循，讓準則發揮作用。

撰寫本書的前幾年，我出席德州達拉斯市（Dallas）一個電視節目，接受訪問。我當時宣稱，只要願意用我傳授的準則，不到兩年即可收入倍增，閒暇時間也多出一倍。節目女主持人那時極為懷疑，於是我把自己某個廣播節目中的錄音帶給她，對她說：「假如你運用這些準則和技巧長達兩年，可是收入卻沒倍增，而且閒暇時間也沒有多出一倍，那麼我就會回到你的節目，親手簽一張一千美元支票給妳；如果這些準則奏效了，妳就必須邀請我回到節目，告訴所有觀眾這些準則確實有效。」

短短九個月後，在佛羅里達州奧蘭多市（Orlando）的「國家演講人協會」（National Speakers Association）上，我碰巧遇見她，她說她不但已經收入倍增，還轉職到更大的電視台，薪資驟增，而且還開拓公眾演說職涯，也已經出版一本書，全都僅在九個月內完成！

事實上，人人皆可持續產生這類成果，而且是定期產生。你所要做的僅是**釐清自己想要什麼**、**相信自己值得擁有**，**以及行使本書所述的成功準則**。

對於各行各業的人，這些基本準則全都一體適用，即使你目前仍待業中。想成為公司裡的頂尖銷售員、學業每科滿級分、成功減重、買下夢想中的家、變成世界一流的職業運動員、搖滾巨星、屢次獲獎的新聞工作者、大富豪、鴻圖大展的創業家……不論你的目標是什麼，準則和策略全都一樣。只要學會這些，並且加以內化吸收，每天嚴格自律，妥善運用，你的人生將會大不同，遠超乎你的想像。

## 身體力行，才能有所得

吉姆．羅恩（Jim Rohn）是一位勵志哲學家，他有句話說得很好：「你無法聘請其他人幫你做伏地挺身。」**若想從任何事中有所得，就必須親自去做**，不論是運動、冥想、閱讀、研究、學習新語言、成立幕僚小組、檢視目標、預想成功、肯定自我或練習新的技能，你都必須親自進行，沒有其他人可以代勞。我給你一張地圖，但必須由你親自駕車前往；我把準則傳授給你，必須由你親自實行，只要你肯努力實踐，我保證你將有豐厚回報，一切辛苦都是值得的。

為了幫助大家迅速了解這些強效準則，本套書分成三冊，共六章：

第一章是由二十五個章節構成，內含絕對必要的基本準則，必須親身去做，身體力行，終致達標，心想事成。一開始，先探索「為人生負起全責」的重要，以及你的成效如何，然後從該處著手，學會釐清人生目的、理想人生的願景、真正企盼達成何事，接下來思考如何創造不可動搖的信念，深植於你內心和夢想。我會協助你，將你的願景轉變成一套具體目標和一份行動計畫，我也會教導你，如何駕馭「肯定自我」和「預想成功」的不可思議力量，這兩項正是厲害的成功祕訣，所有奧運選手、頂尖創業家、世界領袖與高成就人士皆採用這項方法。接下來有關採取行動的章節全都很重要，皆是實現夢想的先決條件，但有時可能會讓人卻步。

第二章著眼於內在。邁向成功時，這些方式可助你去除心理上和情緒上的潛在阻礙，但光是知道該做什麼還不夠，你還必須了解原因和方法，以便消除「自我挫敗信念」（self-defeating beliefs）*、恐懼和慣性，避免裹足不前。這就好比你邊開車邊不斷煞車，會減慢你的速度，你必須學會如何鬆開煞車，否則就會覺得人生總是不斷掙扎，怎樣都達不到既定的目標。

第三章揭示如何成立不同類型的支援團隊及組成原因，如此一來，你就可以聚焦於自己的核心天賦，你還必須學會重新定義時間，利用私人教練帶來的好處，讀取自己的內在智慧，這是多數人尚未開發的豐饒資源。

第四章我會把許多準則傳授給大家，包含一些非常務實的技巧，用於建構並維持成功的

---

* 主觀認為自己沒有能力應付人生的挑戰，時常譴責自己。

關係。現在的社會需要策略聯盟和強力人脈，若無一流的人際技能（包括社群媒體在內），就不可能建立長久且巨大的成就。

接下來，由於許多人認為成功等同財富，況且財富對於人類的基本生存和生活品質也是至關緊要，因此第五章我將教導大家如何培養更積極的金錢意識，不論是現在或將來退休，都能確保擁有充裕的金錢，維持你想過的生活，以及奉獻的重要。

最後，因為科技在今日占有重要地位，第六章淬鍊出成功人士恪遵的最重要準則，讓我們了解如何藉由科技，把自己當成「品牌」行銷，在網路逐步拓展獨一無二的聲量，運用社群媒體與人連結，發展有價值的人際關係，也要懂得利用「群眾募資」（crowdfunding）*、「群眾外包」（crowdsourcing）†，還有其他以網路為基礎的策略，找到貴人和資源，幫助你達成最重要的目標。

每個人學習方式各不相同，可能只有你自己清楚最佳學習方法，雖然如此，我想提出幾項建議給你參考，但願有所助益。

你可能想一次讀完本書，了解整體概要，然後著手進行，創造自己真正想要的人生。這些準則是依序呈現，層層堆疊，環環相扣，有點像是一道鎖的密碼序列，所有數字皆是必要，還須遵循正確順序，方可解鎖。一切無關你的膚色、種族、性別或年齡，只要知道密碼的組合次序，鎖頭隨即為你打開。

閱讀本書時，我強烈鼓勵你，如果覺得某些字句很重要，請在字句旁畫線強調，也可在頁面空白處寫下註解，列出自己將要採取的行動，然後再三溫習檢視這些註解和畫線之處。反覆溫習，才能達到真正學習。每次只要你再閱讀本書，就是在讓自己「重新記住」必須進行何事，從現況起而力行，終至你想要的境界。你將會發現，**隨著時間過去，必須反覆接觸一項新概念，才可使它自然融入你的思考方式和生命裡**。

你可能也會發現，自己已經熟悉某些準則，這太棒了！但是要捫心自問：「我目前正在實踐這些準則嗎？」如果不是，現在就立下承諾，採取行動。切記，只有在你運用了這些準則，這些準則才可奏效。

第二次閱讀本書，你大可一次只讀一節，然後自行決定落實這項準則需要多少時間，如果你已經正在進行，請繼續下去，如果沒有，請立刻開始進行。

如同我以前的學員和客戶一樣，你也可能發現自己抗拒採行某些建議，但是我的經驗是，那些**你最抗拒的事**，**恰好就是你最需要奉行的事**。切記，僅是閱讀本書，不等於已經付

* 透過網路媒體，向大眾募集資金。
† 透過網路媒體，向大眾尋求所需的服務和想法。

諸行動，以減肥為例，除了閱讀書籍，你同樣也需要少吃某些食物、攝取較低的卡路里、更加勤勞運動。

與一兩個人約定成為彼此的「課責合作夥伴」（accountability partner），確保會施行所學到的準則，你會發現這種方式很有用。只有在你吸收內化新知且加以運用時，才會真正學會，因為你的行為也會跟著改變。

## 夢想會成真，但不會一夜實現

當然，任何變化皆須經歷持續不斷的努力，方可戰勝經年累月的內在抗拒感和外在阻力。起初，看到這些新知，你發現自己非常興奮，可能覺得找到希望之光，對自己人生可能產生新的願景、懷抱無比熱忱。這樣很好，但是我必須先提醒，你同樣也可能有其他感受，像是恨自己居然沒有早一點知道這些而深感挫敗；在學校與家庭裡，由於父母和老師並未教導這些概念，你因此覺得憤怒；或是很氣自己，學了這麼多，但卻未親身實行。

只要大口深呼吸，並且告訴自己，**這全是旅途中的必經過程，過去發生的種種缺憾，其實正是完美人生的伏筆，過去的每件事都在引領你，前行至當下的蛻變時刻**。對於過去，每個人其實都已盡力，做出該有的作為，現在你將有更多領悟。慶賀自己的新覺察吧！這項覺察將讓你學會放下，覺得安心自在。

你可能有時會不禁納悶，為何自己好像沒什麼進步？為什麼我還沒達到目標？為何我還不是有錢人？為何我的夢中情人還沒出現？我什麼時候才能達到理想體重？**成功需要花費時間、努力、毅力和耐心，只要應用本書的所有準則和技巧，終將達到目標，夢想一定會成真，但不可能一夜之間就實現。**

最後，追尋目標難免遇到障礙或停滯期，這很正常，只要是曾經學過樂器、練習某項運動或鍛鍊功夫的人都知道，遭遇停滯期在所難免，很多人會在此時就停止、放棄或改學另一項樂器或運動，但是後來會很聰明的發現，只要持續不斷練習原本的樂器、運動或功夫（或實行本書的成功準則），到最後就會突然覺得功力大增，猶如一次大躍進，邁向更純熟的境界。要有耐心，堅持不懈，千萬別放棄，將來一定能夠突破，我向你保證，這些準則鐵定奏效。

那麼，讓我們開始吧！

「現在開始，過自己想要過的生活吧！」

——亨利・詹姆斯（Henry James），美裔作家

# 第 1 章

# 成功的基礎

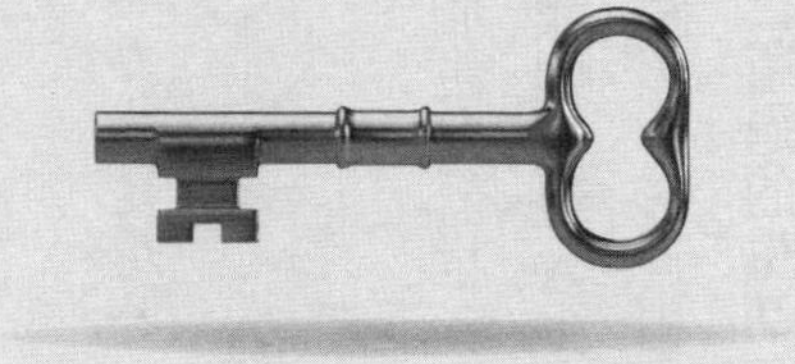

「學會這場比賽的基礎準則，堅持不懈。不要依賴權宜之計，因為那只能一時救急，並非長久之計。」

——傑克．尼克勞斯（Jack Nicklaus），
美國職業高爾夫球傳奇人物

# 01 為自己的人生負起全責

「你必須對自己負起全責。你無力改變局勢、四季或風向，但你能夠改變自己。」

——吉米・羅恩（Jim Rohn），美國頂尖商業哲學家

當今文化瀰漫著一項迷思——我們生存於世，有資格過著絕佳生活，認為某些人（肯定不是自己）在某時某地，必須負責為我們實現人生，讓我們持續幸福快樂、爭取職涯、增加家人相處時間、培養充滿喜悅的人際關係。但真相卻非如此，而這也是本書通篇的基礎教誨——**世界上只有一個人，必須為你自己所過的生活負責，這個人正是你自己**。

如果你想要成功，就必須負起全責，承擔你人生經歷裡的每件事，包括你的成就、現況、人際關係、健康與體能、收入所得、債務金額、情緒感受等。說起來很簡單，實際上並不容易。事實上，多數人都受到制約，把我們憎惡的人生歸咎於外在事物，我們怪罪父母、主管、朋友、同事、配偶、天氣、經濟、媒體、政府、命盤、基因等，將責任推卸給其他人

事物，我們從未想要探索真正的問題源頭——自己。

這裡來說個奇妙故事，有一個男人，在某天夜裡外出散步，碰巧遇見另一個人，正跪在地上，於昏暗街燈下找尋某樣東西。這個路過的男人問他：「你在找什麼東西？」對方回答：「我正在找鑰匙。」路過的男人也來幫忙，彎腰屈膝，想協助對方找到那把鑰匙，找了一個小時後，依然沒有找到。於是路過的男人問他：「我們找遍各處仍舊找不到，你確定是在這裡遺失鑰匙嗎？」他回答：「不，我把鑰匙遺落在家裡了，可是街燈底下較亮，比較容易找到。」

是時候停止向外找尋自我，若想探索為何你尚未創造想要的人生和成果，答案其實不假外求，正是你自己創造了目前的生活。凡事反求諸己，不要怨天尤人！

為求達到人生的重大成功，獲得你認為最重要的事，你必須為自己的人生負起百分之百的全責，除此之外，別無他法。

## 一切發生的事全由你自己創造

我在前言曾提過，當時我從研究所畢業滿一年，我實在很幸運，能為W．克萊門特．

史東工作。他是一位白手起家的大富豪，當年身價高達六億美元，同時也是美國首位成功學大師，他是《成功雜誌》（*Success Magazine*）的出版商、《永不失敗的成功系統》（*The Success System That Never Fails*）作者，還與成功學之父拿破崙・希爾（Napoleon Hill）合著《積極態度成功聖經》（*Success Through a Positive Mental Attitude*）。

那時候，我正好完成第一週的培訓。史東問我，是否已經對自己的人生負起全責？

我回應：「我想應該是吧！」

他說：「年輕人，這是一道是非題，要答『是』或『否』。你該說自己已經負起全責，或說自己尚未負起全責。」

我回答：「我還不是很肯定。」

他說：「你是否曾將自己的人生怪罪他人？是否曾經抱怨任何事？」

我說：「我猜我有。」

他說：「別猜想，要用腦思考。」

我說：「沒錯，我確實有這樣做過。」

他說：「那就對了，這代表你沒有對自己人生負起全責。負起全責意味你認清『一切發生的事情全由你自己創造』。也就是說，你明白自己所有經歷的起因，如果你想要成功，我知道你確實很想，那麼你就必須放棄怨天尤人，而且要為你自己的人生負起責任。**要對所**

**有結果負責，不論是成功或失敗，這正是創造成功人生的先決條件，唯有認清是自己造就了現況，就能擁有主宰權，創造你想要的未來**。如果你能領悟是『自己』創造了當前狀態，那麼，你也有能力消除這些狀態，並且憑自己的意願，重新創造不同情況。懂了嗎？」

我回答：「我懂了。」

他問：「你是否願意為自己人生負起百分之百的責任？」

我說：「當然！我負起全責！」

於是我真的做到了。

## 百分之百負責的簡單公式

「百分之九十九的失敗，都是凡事找藉口的人。」

——喬治．華盛頓．卡佛（George Washington Carver），化學家，已發掘花生的三百二十五種用途

如果你要創造夢想中的人生，那麼你也必須為自己的人生負起全責。也就是說，為什麼

截至目前為止，你總是無力改變現狀？為何一直達不到目標？針對這類問題，請放棄你的所有藉口、自認是受害者的心態，也別再把責任推卸給外在情勢，務必不要歸咎他人。

你必須擔起責任，認為自己有能力，大刀闊斧改變、讓一切處於正軌、產生想要的結果。無論出於什麼原因，例如：無知愚昧、缺乏覺察、恐懼、缺乏安全感等，都不要找藉口，別說無能為力。不知道原因沒關係，過去的事已成過去，當下最重要的，即是此時此刻重新出發，前往你選擇之處。沒錯，這是一種選

職場中，我們都在做什麼？
有大部分時間，我們在找藉口。

**圖表 1-1　人們常找藉口推卸責任**

擇，不管事情是否發生在你身上，你都要為一切負起百分之百的責任，以此採取行動。

假如某事結果不如預期，你要問自己：「我怎會造成這樣？我到底在想什麼？我當時的信念是什麼？我說了什麼或我沒說什麼？我做了什麼或我沒做什麼，以致於造成這樣的結果？我怎麼會讓另一個人這樣做？下一次，我需要採用什麼不同做法，才可獲得我想要的結果？」

我認識史東幾年後，遇見來自洛杉磯的心理治療師羅伯特．瑞斯尼克醫生（Dr. Robert Resnick）。他教我一個非常簡明扼要的公式，我因此更加清楚「百分之百負起全責」的概念。這個公式是：

**事件（Event）＋反應（Response）＝結果（Outcome）**

基本概念是，**你人生的所有經驗，不論成功或失敗、貧窮或富有、健康或體弱、親密或疏遠、喜悅或沮喪，全都源自於你如何因應人生事件。**

假如你不喜歡現狀，你可能會採取以下兩項基本選擇：

## 責怪他人，認為不是自己的問題

由於缺乏成效（O），你會歸咎於這起事件（E）。換句話說，你可能會怪罪經濟、天氣、學歷、種族歧視、性別偏見、執政當局，或是你的父母、伴侶、主管、員工、整個體制等。如果你是高爾夫球選手，可能甚至推卸責任給高爾夫球俱樂部，以及你所參與的課程。這些種種因素確實存在，毋庸置疑，但是假設這些都是決定性的因素，那麼沒有人能成功。

倘若如此，傑基．羅賓森（Jackie Robinson）就不會成為美國職棒大聯盟現代史上第一位非裔美國球員；巴拉克．歐巴馬（Barack Obama）就不會當選為美國總統；西德尼．波蒂埃（Sidney Poitier）不會成為全世界第一位黑人奧斯卡影帝，丹佐．華盛頓（Denzel Washington）不會獲頒第七十四屆奧斯卡金像獎最佳男主角獎；黛安．范斯坦（Dianne Feinstein）與巴巴拉．博克瑟（Barbara Boxer）不會成為美國參議員；比爾．蓋茲（Bill Gates）不會創立微軟（Microsoft）；史蒂夫．賈伯斯（Steve Jobs）不會創辦蘋果公司（Apple）。有各式各樣理由推託「不可能辦到」，但也有許多人面臨相同局面卻成功致勝。

許多人克服了所謂的「限制因素」（limiting factor）*，於是這些限制因素再也無法構成局限。並不是外在條件和情勢阻止了你，而是你自己裹足不前！正是我們本身畫地自限！我們腦袋想著限制自己的思維，忙著受制於「自我挫敗行為」（self-defeating behavior）†。

我們以站不住腳的邏輯，為自己的「自我毀滅習慣」（self-destructive habit）[‡]提出辯護，例如：酗酒、菸癮、睡眠不足等。忽視別人給予的實用建議，無法持續提升自己或學習新技能，反而浪費時間在無謂的生活瑣事上，忙著與人閒聊，吃著有礙健康的食物，不願多做運動，花錢揮霍無度，不想投資自己的未來，逃避面對必要的衝突，不敢說出真相，不要求自己達成目標，然後納悶為何人生一事無成。

## 改變思維，重新思考

相反地，僅是改變你對事件（E）的反應（R），也就是重新詮釋事件，直到你獲得想要的結果（O）為止。你能夠改變自己的思維、溝通方式、你的自我形象及你對世界的意象，就能改變自己的行為，也就是你的處世之道。你真正所能控制的事僅是如此而已，遺憾的是，我們大多數人受到習慣驅使，因此從未改變自己的行為。我們陷入自身的「制約反

＊ 指影響成功的因素。
† 故意為自己設下障礙，因此如果他們失敗了，就會責怪此障礙而非能力不足。
‡ 導致失敗的習慣。

應」（conditioned response）*，不論對我們的配偶、子女、同事、客戶、學生、全世界，大致上皆是如此。我們受到「制約反射」（conditioned reflex）†的束縛，這些反射動作猶如脫韁野馬，跳出我們的控制範圍。你必須重新取得控制權，掌控自己的思想、意象、夢想，駕馭自己的行為。**你所思考、談論和進行的一切，全須經過深思熟慮，刻意而為，並且符合你的目的、價值觀和目標。**

## 對事件的反應，導致不同的結果

我們來看一些例子，了解事件、反應和結果如何運作：

住在洛杉磯，我記得曾經遇過一場可怕的地震，兩天後，我看到美國有線電視新聞網（CNN）記者訪問通勤人士。這場地震毀壞了某條通往城市的主要高速公路，造成交通癱瘓，原本一小時的車程居然變成二到三小時的車程。

記者敲了某輛汽車的車窗，探問駕駛人：「現在感覺如何？」

他憤怒回答：「我恨死加州了！起先發生大火，然後又來洪水，現在則是地震！不論我在早上幾點出門上班，我就是會遲到。實在爛透了！」

然後，記者敲了後面汽車的車窗，用同樣問題詢問駕駛人。這位駕駛滿臉笑容，回答：「沒什麼大不了，我早上五點就出門，依照這樣的情勢來看，我覺得主管應該不會太苛刻。我有很多音樂可以聽，還能趁機學西班牙語，我有帶手機，保溫瓶裡有熱咖啡，我還自備午餐，甚至帶了一本書來讀。感覺還不錯。」

現在，假設地震或交通（也就是「事件」）確實是決定性的變數，那麼人人應該都很憤怒才對，但並非每人皆是如此。對於交通的反應，導致了每個人不同的結果。負面思考或正面思考，全由個人決定，預先備妥一切再出門，或是毫無準備就出門，結果大不相同。**事情狀況端視態度與行為而定，由此產生截然不同的感受。**

## 面對特殊事件，採取新的因應方式

我有一位朋友住在加州南部，他是凌志（Lexus）經銷商負責人，當時中東戰爭開

* 刺激與反應經由人為安排而聯結在一起，形成一種新的關係。

† 經由刺激與反應學習而來的一種反應。

打，大家不再到經銷商購買凌志汽車。經銷商的人知道，沒人來店裡看車，這是一場事件（E），如果他們不改變自己對事件的反應（R），生意將會日漸衰退。他們的常規反應（R）應是繼續刊登報紙廣告或在廣播節目宣傳，然後靜待客人前來，但是這招並不管用，他們所得的結果（O）反而是銷售量逐漸減少，於是他們改試不少新方法。後來，他們開著整隊新車，前往富豪出入的地方，例如：鄉村俱樂部、小船塢、馬球場地、比佛利山莊派對、西湖村（Westlake Village）、舍伍德湖（Lake Sherwood），然後邀請富人試駕凌志新車，兜風閒晃一下。這是唯一奏效的方法。

現在試想一下，你是否曾經試駕新車，再開回自己的舊車？你把舊車與剛才試駕的新車加以比較，覺得如何？還記得那種不滿意的感覺嗎？在那之前你的舊車原本一切都好，但是突然間，你知道有其他東西更好，而你渴望擁有它。同樣的情況也發生在這些富豪身上，試駕新車後，有絕大比例的人購買或租賃了凌志新車。

這家經銷商改變了自己對於非預期事件（E，這裡指當時的戰爭）的反應（R），直到他們獲得想要的結果（O，銷售量增加）為止。到頭來，他們實際上賣出了更多車，每週的銷售額遠高於戰爭爆發前的銷量。

## 三件事決定你的經歷

人生中的一切體驗，不論內在或外在，皆是源自於你如何因應先前事件。

事件：你獲得四百美元獎金
反應：你與朋友前往市區，一夕之間花光所有錢
結果：你身無分文

事件：你獲得四百美元獎金
反應：你拿來投資共同基金
結果：你的資產淨值增加

**在你的人生中，僅有三件事是由你掌控，也就是你的想法、視覺化的意象，以及所採取的行動（行為）。你如何運用這三件事，將會決定你的經歷。**如果你討厭現況，就必須改變你自己的反應，把負面思維轉換成正面思考，改變你的想法、改善舊習、改讀其他著作、轉換朋友圈、變更你對自己與他人的說話方式。

## 想要改變，必須做出不同的行為

諸如「戒酒無名會」（Alcoholics Anonymous）*的「十二步驟康復」（Twelve-step programs），將「瘋狂」定義為「持續進行相同的行為，卻期盼有不同的結果」。如果你酗酒成癮，而且繼續喝酒，人生境況不會改善。同樣地，假如你僅是持續目前的行為，你的人生也不會變得更好。

現在就改變你對事件的反應，讓人生境況開始更好。倘若你目前所做的事，將產生更多、更好的境況，那麼這些更多更好的事物將顯化在你眼前。如果你想要改變，就必須做出截然不同的行為！

## 怪罪別人，對情況沒有幫助

「成天責怪他人，只是在浪費時間。處心積慮找出對方犯了多少錯誤，不管你如何怪罪對方，全都無法改變你自己。」

——偉恩．戴爾（Wayne Dyer），《如何得到你真正想要的事物》

（*How to Get What You Really, Really, Really, Really Want*）共同作者

只要持續怪罪其他人事物，你將永遠無法成功。想成為贏家，就必須認清事實——是自己採取了這些行動、想法、感受，並且做出抉擇，以致於到達目前境況。正是你促成一切！

正是你，吃了垃圾食物；正是你，無法說「不」；正是你，不肯離職；正是你，選擇相信他們；正是你，忽略了自己的直覺；正是你，放棄自己的夢想；正是你，買下這件東西；正是你，沒有小心處理；正是你，決定孤軍奮戰；正是你，太

* 互助戒酒組織，酗酒者互相分享經歷、幫助戒酒，重新過正常的生活。

**圖表 1-2　想要不同結果，必須做出改變**

過信任對方；正是你，沒有堅持立場畫清底線。

簡而言之，是你採取了這些想法、創造感受、做出抉擇、說出言論，這也就是為什麼你處於現況。

## 會抱怨是因為你能改變

「一直抱怨球反彈方式的人，可能正是丟球的人。」

——盧．霍茲（Lou Holtz），美國知名美式足球教練

且讓我們花點時間了解何謂「抱怨」。為了抱怨某事或某人，你先入為主認定有某件更好的事存在，有某個你偏愛的對照組，但這個對照組是你不願意去創造的事。

如果你不相信有其他更好事物，比如說，更多錢、更大的房子、更有成就感的工作、更有樂趣、更愛你的伴侶，你就不可能抱怨。也就是說，你腦海裡有某種意象，知道有某件事更好，你也了解自己較為偏愛這件事，可是你卻不願意承擔風險去獲得。抱怨外在事件，終究徒勞無功，不會因此產生更好的結果。

想想看，對於某些事，有些人不願另行他法，反而只會抱怨不休，如果這些事實屬無能為力，我們不會抱怨，像是你可曾聽過有人抱怨地心引力？沒有，絕對無人抱怨；你是否看過，老態龍鍾的駝背長者拄著拐杖，緩慢步行街頭，頻頻抱怨地心引力？當然不會。

但是為何不抱怨地心引力？要不是有地心引力，就不會有人跌落樓梯、飛機不會從天上掉下來、盤子就不會摔碎。沒有人抱怨地心引力，因為地心引力就是存在，人人皆對地心引力無能為力，所以只好接受事實，我們知道，抱怨無法改變地心引力，於是不再抱怨。事實上，正是因為有了地心引力的存在，我們得以善加利用地心引力，將高架溝渠沿著山谷溪壑而建，往下導水給大眾，人類也使用下水管道，排出廢棄物。

更有趣的是，我們選擇利用地心引力來玩樂。幾乎各式運動都利用了地心引力，像是滑雪、跳傘、跳高、擲鐵餅、擲標槍、籃球賽、棒球賽、高爾夫球賽等。

**你所抱怨的，其實皆是你能改變的狀況，只不過你選擇不去做**。你有能力謀求更好的工作、找到更愛你的伴侶、賺更多錢、搬遷到工作所在地、住進更棒的房子、吃著更健康的食物。然而，這些全都需要你做出改變。

對照前文，你能夠做出改變：

學會烹煮更健康的美食佳餚；面對同儕壓力，懂得說「不」；辭去現職，找到更好的工作；從容不迫，花時間進行詳盡調查；信賴自己的本能直覺；返校進修，追求自己的夢想；更悉心處理你所擁有的一切；急切尋求幫忙；要求別人協助你；參加自我成長課程；不理睬酸民言語或乾脆斷絕聯繫。

但為何你沒有這樣做呢？因為這些牽涉風險。你可能冒著被裁員、被人拋棄或遭人恥笑的風險，你的風險牽涉失敗、衝突或犯錯，也可能涉及自己的家人、鄰居或配偶，而這些人並不支持你。做出改變，可能耗費心力、金錢和時間，也許讓你深感不自在、艱困或困惑，正因如此，為了規避風險、不願面對任何不舒服的感覺和體驗，所以你留在原地不動，繼續抱怨。

如先前所述，「抱怨不休」意味著你有一個對照組，偏愛某個更好的人事物，可是你卻不願意冒險開創一切。你如果想做出改變、為抉擇負起責任並且停止抱怨，就必須承擔風險，從事截然不同的新行動，創造出你想要的生活。**想擺脫現況，到達想要的境界，當然必須承擔風險**。所以，請下定決心，停止抱怨，別花時間與牢騷滿腹的人為伍。請立即著手開創你的夢想人生。

皮特·卡羅爾（Pete Carroll）是國家美式足球聯盟（NFL）西雅圖海鷹（Seattle Seahawks）美式足球隊教練，該隊贏得二〇一四年超級盃（Super Bowl）。他對球隊有三項規則，值得大家納為己用：

1. 總是保護球隊。
2. 不抱怨、不找藉口。
3. 凡事豫則立，不豫則廢。

## 不歸咎、不抱怨、不找藉口

這裡有一道練習，可供你在家或辦公室進行，我自己也會練習，也讓研討會裡的人練習。找一個廣口玻璃瓶，貼上標籤「不歸咎、不抱怨、不找藉口」。每次只要抓到自己怪罪他人、抱怨某事，或是為缺乏成效找藉口，就把兩美元放進瓶子裡。此舉並非懲罰，而是一種技巧，加深警覺，領悟這些行為將付出代價。

## 用行動取代怨天尤人

你是否曾注意到，有些人總是向錯誤的對象提出抱怨，而此人對抱怨其實幫不上忙？

牢騷滿腹的人上班工作，抱怨自己的配偶；下班回家後，向配偶抱怨同事。為什麼？因為這樣較輕鬆自在、較無風險。在家裡，親口告訴配偶，說你不滿意家務做法，這需要很大的勇氣；要求主管預先做好規劃，以免你總是在週末加班，這也需要鼓起勇氣，但是只有主管才可想出辦法解決，你的配偶無能為力。

學會提出請求與採取行動，以此替代抱怨，方可達到所想要的結果，這是成功人士採取的方法，非常奏效。若是覺得自己不喜歡目前狀況，大可力圖振作，改善境遇，從中脫身。做出行動、改變情勢，不然就擺脫困境吧！彼此協定努力改進關係，否則乾脆離婚算了；力求改善工作條件，否則就換新工作。不論如何，你都必須改變。俗話說：「別光說不練或只會抱怨，要採取行動。」切記，是否做出改變、大破大立，全由你決定。這個世界不欠你什麼，你必須自行創造一切。

## 是你容許事情發生在自己身上

為了變得更有能力，務必採取這樣的想法——正是你，創造或容許事情發生在你身上。我說的「創造」是指「你經由行動或不行動，直接造成某事發生」。假設你在酒吧，某個男人比你高大魁梧，顯然已經喝了不少酒，而你走向前去，跟他說：「你真的又醜又蠢。」然後他從吧台起身，揍了你下巴一拳，結果你被送進醫院。這一切全是你所造成。

再舉一個例子，但可能有點令人心酸。你每天工作到很晚，下班回家後筋疲力竭，你神情恍惚，吃完晚餐，然後坐在電視機前觀看一場籃球賽，你實在太累了、壓力破表，沒有力氣再做任何事，就連散步或陪小孩也不想，多年來總是如此，妻子要你跟她聊聊，你說：「等一下！我正在看球賽！」三年後，你下班返家，屋內空蕩，妻子留給你一張字條，說她帶著孩子離開你了。這也是你創造出來的結果。

其他時候，我們僅是毫無作為，容許諸多事情發生在我們身上，不願意採取行動來創造或維護想要的人事物：

- 子女不願整理房間，你威脅要剝奪他們的特別待遇，但你並未貫徹施行，以致於現在整間屋子一團亂，猶如戰後廢墟。
- 伴侶第一次動手打你，但你沒有馬上離開，也沒強制他與你參加諮商，導致你依然遭受家暴。
- 由於太過忙碌，你沒有參加任何銷售研討會或心理勵志講座，而現在，新來的同事卻成為銷售王。

- 你沒花時間帶寵物接受訓練，現在這些狗不受控制。
- 你不花時間保養車子，而現今你坐在路旁，車子故障。
- 你不回校進修，現在錯失升遷機會。

你終於明瞭，**自己並非所謂的受害者，是自己呆呆站著，被動冷眼旁觀，讓一切事情發生**。你沒有說出半句話、強烈要求、堅定拒絕、試用新法，或是乾脆離開。

## 為預感做好準備

務必意識到，沒有任何事是「碰巧發生」在你身上，正如電視影集和電影《星艦迷航記》（*Star Trek*）裡的「黃色警戒」*，你其實可以覺察預警，例如：冥想、別人的評論、第六感等，這些全都警告你「危險即將逼近」，給你緩衝時間，預防有害的結果。

每時每刻，你都在接收黃色警戒。以下是外在的黃色警戒：

- 伴侶一直越來越晚回家，身上有酒味。

- 客戶開立的首張支票跳票了。
- 他對祕書大聲咆哮。
- 他的母親警告過你。
- 你的朋友早就告訴你了。

下列是內在的黃色警戒：

- 胃部一陣翻湧，非常難受。
- 短暫的靈光一閃，對事情有所預感。
- 直覺告訴你……
- 突然浮現的恐懼感。
- 半夜從夢中醒來。

所有跡象都在提示我們：

＊指為可能發生的危機做出準備。

- 線索提示、模糊印象、懷疑猜想。
- 牆上的字跡。
- 我總覺得事情是……
- 看到跡象已經出現一陣子了。
- 我的直覺告訴我……

這些警戒給你時間，改變你在「E＋R＝O」這個公式裡的「反應」（R）。然而，太多人忽視黃色警戒，因為若要注意這些警戒，需要他們跳出舒適圈，做出改變。菸灰缸裡，某幾根菸蒂有口紅印，如果當面質問配偶，過程令人難受；在全體工作人員會議，你覺得某項提案計畫不適用，但其他人並沒有意見，若你要挺身直言，場面會十分尷尬；想告訴某人，說你不信賴對方，卻很難說出口。於是你視而不見，也不願多加了解，因為這樣比較輕鬆，還可減少不適感、避免衝突，以求維持和平，保護自己免受風險。

## 不坐等慘劇發生，果決反應

成功人士剛好相反，他們坦然面對事實，跨出舒適圈，採取步驟，創造自己想要的結果。成功人士不會坐等慘劇發生，更不會怪罪其他人事物造成他們的問題。

在訊號出現或事件發生之際，一旦你開始迅速果決反應，生活才會變得更輕鬆。不論內外，「結果」開始改善，你過去的內在自我對話，例如「我覺得我像是受害者」、「我已經習以為常」、「任何事對我似乎都不管用」，已經替換成「我覺得很棒」、「我有掌控權」、「我能實現一切」。

例如：「沒人來我們店裡」、「我們趕不上季度目標」、「大家抱怨我們的新產品不好用」等外在結果，轉變為「銀行戶頭裡的錢變多了」、「我的部門銷售額遙遙領先」、「我們的產品被搶購一空」。

## 留意生活中的意見回饋

事先做好準備雖然聽起來很簡單，實施起來卻不一定輕鬆。需要集中心神，強化覺察，嚴格自律，並且樂於接受試煉、承擔風險。必須樂於耗費注意力在所為之事，也要留心所致結果。必須詢問你自己、家人、朋友、同事、經理、老師、教練和客戶，要求意見回饋：「我目前進行的事是否有效？我是否能做得更好？是否應該做得更多，但我卻沒去做？正在進行的事是否有某事應該停止？別人如何看待我的畫地自限？」

千萬別怕提問。對於自己目前進展如何，大多數人害怕詢問意見回饋，因為很怕聽到別人評論，但這沒什麼好害怕的，事實就是事實，了解真相，勝過完全渾然不知，況且一旦真的了解，就可據此採取行動，若無意見回饋，你沒辦法改善生活、關係、局勢或績效。

慢下來，專心致志。關於你的行為成效，生活總是會給你意見回饋，只要你願意細心留意。高爾夫球總是往右斜切？達不到業績？大學課程分數全都是丙等？子女跟你頂嘴賭氣？身體勞累疲弱？房子一團亂？你覺得不快樂？這些狀況全都是意見回饋，告訴你某件事出了差錯。現在正是時候，開始注意當下。

捫心自問「我如何創造或容許此事發生？我該做什麼事，而且必須做得更多？」比方說，是否應該加強練習、冥想、委派、信賴、傾聽、提問、全神貫注、廣告宣傳、說「我愛你」、控制澱粉攝取量等。

目前進行的事為何沒效？我必須少做什麼事？比如說，是否講了太多話、看太多電視、花太多錢、吃太多甜食、喝太多酒、經常遲到、說三道四、貶低他人等。

為了檢視是否奏效，有什麼事是我必須嘗試去做，可是我尚未去做？例如：是否必須更加傾聽、勤勞練習、睡久一點、多喝水、要求幫忙；是否加強行銷、閱讀、規劃、溝通、授權他人、貫徹施行、聘請教練、擔任志工或心懷感恩？

本書充斥實證和技巧，供你立即在人生中落實。**請務必停止批判**，**要有信心放手一搏**，**言行舉止要宛如一切已經成真**、**盡力而為**。只有在這樣的時候，你才可已明顯體驗這些事對人生有何效用。你不知道這些是否管用，除非親身一試，這也是困難之處：只有你才可實行，無人能夠代勞。

不過，方法其實很簡單——要做更多有效之舉、減少沒用之事，也要嘗試新行為，看看是否產生更好的成效。

## 誠實面對自己，好好自我清算

細心注意你目前產生的成果，才是最迅速有效的方式，找出何事管用或何事不管用。你要不是富裕就是貧窮；你若不是強烈要求獲得尊重，就是沒設下底線；若不是高爾夫球達到標準桿，就是尚未達到；若不是已經維持理想體重，否則就是還沒達到；不是快樂就是難過；不是心想事成就是一事無成。如此簡單明瞭，成果不會說謊！

務必放棄藉口，別找理由辯解，要接受你所產生的結果。如果你過瘦或肥胖，縱使找到絕佳的理由，也無法改變事實，要改變你的結果，唯一的方法就是改變你的行為。設想前景、接受銷售訓練、更改你的銷售簡報、變更日常飲食、少吃高熱量食物、頻繁鍛鍊身體等，做出這些變化，人生便會有所不同。**不過，首先你要願意面對已經發生的結果，正視現實，才是唯一奏效的起始點**。

所以，請開始注意當前現狀，環顧生活周遭人事物，你和其他人覺得快樂嗎？情況是否均衡、美妙、舒適又自在？你的方法是否有效？是否正在達成目標？你的身價是否增加？課程分數是否令人滿意？你是否身體健康、體態合宜、毫無病痛？人生各方面是否漸入佳境？

假如以上皆非，那麼就必須做出改變，只有你才可讓夢想成真。

別自欺欺人了，要狠下心誠實面對自己，好好自我清算一番吧！

## 受害者變成勝利者

美國男子體操運動員拉傑．巴夫薩爾（Raj Bhavsar）天生就是體操好手，年僅四歲時，就很擅長攀爬，像是爬樹、爬上家具等，然後跳上跳下，對這樣的小孩來說，成為體操選手，是再自然不過的職涯選擇了。父母擔心他傷到自己，也怕他毀了整間屋子，於是讓他報名鄰近體育館的體操課程，拉傑很快愛上這項運動。到了十歲左右，他想成為這項運動的最佳選手，代表國家參加奧運。

他開始強烈集中心神，要成為更好的體操好手，不久之後，成功日益顯現。在體操競賽裡，他常包辦第一名或第二名，升上高中前，曾經五次榮獲德州冠軍。

在高中與大學時代，他頻頻獲獎，贏得冠軍的次數多到數不清，囊括地區錦標賽冠軍、全國冠軍、高級國家隊獎項，還曾獲選進入兩個冠軍隊伍。在他心裡，自己簡直無懈可擊。二〇〇四年，拉傑參加美國奧運體操國手隊的遴選，他完成了十二項例行指定動作，其中有十一項非常完美，大家都認為他一定會入選，他勢在必得，興高采烈，想著「希臘，我來了！」*

但是預試成績出乎預料，裁判大聲念出奧運國手正取名單，拉傑的名字並未入列。然後他聽到：「拉傑．巴夫薩爾，候補選手」。那一刻，他的世界粉碎了，長達十年半的努力全都破滅，他之前壯志凌雲，對自己有很高的期許，因此這一天是他最糟糕的一天，他從雲端

* 二〇〇四年奧運由希臘舉辦。

跌落谷底，徹底崩潰。接下來幾年，他心裡倍受煎熬，一心想找出為何自己不是正取人員，他必須歸咎某人。

拉傑以候補選手身分，前往希臘。日復一日，看著隊友齊心協力，彼此切磋較勁，他心中真是五味雜陳。雖然私底下他也是團隊一員，但其實是邊緣人，他從未有機會出賽。這趟旅程返家後，他感到迷茫失落。

回到家後，他不時探索自己的心靈，他自問：我是否真正喜愛體操？自己是否真的很愛參賽，不計較成敗得失或毀譽褒貶？他的答案皆為「是」。所以他決定再次允諾自己，要成為體操選手，而這一次要積極投身這項運動，不僅是為了贏得競賽，也是為了技藝之美，以及他對體操的深刻熱愛。

但是少了強烈的求勝驅動力，他的表現開始變差。二〇〇八年奧運國手隊舉辦遴選前九個月，二〇〇七年美國全國體操錦標賽預先舉行，他一敗塗地，表現非常不穩，九年來生平第一次，他居然連進入國家代表隊的資格都沒有。他必須坦然面對事實——他的做法不管用。

他的一位朋友曾是二〇〇〇年奧運國手，幾天後，給了他一本書，跟他說：「你需要閱讀這本書。」他收下後，看到封面上寫了一句：「如何擺脫現況，達到你想要的境界。」他心想：「沒有任何一本書能夠幫助我達到理想境況，我的問題根本不一樣。」然而，幾天後，他的教練也向他推薦同一本書，他決定試著閱讀。

我讓拉傑說完接下來的故事：

這本書是《成功準則》。傑克．坎菲爾開宗明義說到：「想要成功，就必須為人生發生的一切狀況負起全責。」這個想法實在難以接受，我總認為，命運一直在玩弄我，只要我能搞清楚絆腳石是什麼，就能導回正軌。

但是現在，我做的事徒勞無益，照樣沒有進展。不管過去發生何事，一切都過去了，忿忿不平只是白費力氣。對我來說，致力於百分之百負起全責，意味著要轉化「找人怪罪」的內在情緒，並且開始分析我的想法為何？我的恐懼源自何處？何事造成我腦海裡的負面迴圈？

在這本書中，傑克提到，就連最成功的人，也必須處理日常生活裡的恐懼和負面心態。雖然如此，他們依然選擇朝目標邁進。這真是擊中我的要害，我曾認為，掙扎奮鬥求取這些事情，意味著我內心已經支離破碎。現在，我不再孤軍奮鬥或遠離人群。負面的想法、否定、恐懼，僅是過程中的一部分，是我要克服的挑戰，而非龐大的障礙關卡，也不是證明我很失敗。

我的教練說，這就好像我扳動開關，他可以看到燈光照亮在我身上。接下來那週，我與教練在體育館裡一起研擬我的訓練計畫。我重新允諾自己，要夢想成為奧運選手，從那時起，我全天專心致力於這項目標，而這項目標更加擴大了。現在，我的人生目標就是要成為奧運選手。

傑克另外提議「視覺化」的力量，我遵循此道，定出一個偉大願景，製作一面很大的願景板，畫出心智圖，把這些貼在我房間的牆面。只要踏入房間，第一個映入眼簾的就是這些。每天例行練習後，我會看著這些，然後說：「對！就是這樣，努力去做！」這些物品協助我，把我偉大崇高的奧運目標拆解，變成我能想像的日常任務。

受到傑克這本書的激勵，我也能運用「自我肯定」，駕馭自己的潛意識。每晚就寢前，我會寫下「我是二〇〇八年奧運國手隊一員」。我反覆寫著「我是二〇〇八年奧運國手隊一員」，填滿筆記本一百頁以上，從頭到尾寫滿。

過了不久，《成功準則》變成我們體操隊的「實作聖經」。教練頻繁提及此書，我與隊友運用這些準則，彼此互相鼓舞。大家都能察覺，我們團隊瀰漫著某股能量。

我在費城通過二〇〇八年奧運選拔賽，過程一帆風順。我感到快樂開朗，實力位居團隊前端。有十名體操選手角逐奧運代表隊剩餘兩個項目，然後選手們被叫進會議室，我也是其中之一，我覺得很有自信。我的例行項目表現非常平穩，已經不斷練習、做好準備，更何況我已經讀了《成功準則》，並且落實執行。我心想，這次他們絕對會把我名列其中。

但是，在他們大聲說出兩位成員姓名時，我沒聽到自己的名字。天啊！我雙手一攤，無奈投降。世事無常，宇宙浩瀚無垠，萬事萬物運作方式絕對玄妙難懂，令人費解。我重蹈覆轍，二〇〇四年的殘酷現實又回到眼前，「拉傑．巴夫薩爾，候補選手」這句話再度傳入我耳。

全國廣播公司（NBC）某位記者問我：「再度擔任候補選手，感覺如何？」我只回答一句話：「沒有任何外在事件能夠擊潰我內在的成就感。」

搭機返回休士頓途中，我大略估計情勢，我不像上次那樣惱怒了。一旦為自己人生負起百分之百的全責，憤怒與沮喪已經不再盤旋不去，更何況我已經發展出一套哲學，認為「體操僅是我的一部分，不是我人生的全部」。所以縱使我沒獲得正取，我依然老神在在、心緒平穩。老實說，我真的非常困惑，有點大吃一驚，畢竟我做了所有該做的事，為什麼仍舊不是正式國手。

到家後，我把行李放在我的公寓裡，然後外出散步。街道兩旁各有一長列茂密大樹，抬頭可見綠蔭。我記得那時候，我走到一半停下來，仰望天上星辰，心中沒有絲毫憤怒，我也不問「為什麼」；相反地，我有一種內心平和的感覺，與宇宙天地萬物合而為一。

有一小部分的我，正準備要撲滅心中奧運國手的夢想火焰，雖然如此，在那一瞬間，有個聲音跟我說：「繼續心懷夢想，沒道理這樣就結束了。」隔天早上，我打電話給美國體操國手隊官員，告訴對方，我很榮幸成為候補選手。

接下來的一週，我更加努力鍛鍊，隨時準備就緒。二〇〇四年奧運體操金牌得主保羅．哈姆（Paul Hamm），也是二〇〇八年國家代表隊國手，後來官方宣布保羅受傷了，因此決定退出美國奧運代表隊。官方要從三位候補人員選出一位來替代他，委員會要在二十四小時內，判定我們之中哪個人可以替補他。這或許是我畢生最難熬卻最興奮的二十四小時。

隔天正是選拔日，在體育館裡，我與教練、體育表現顧問用電話聯繫美國體操代表隊公關人員，那位人員檢視過保羅的情況後，主動打了這通電話，然後美國體操協會主席加入談話，發表官方宣言。他長篇大論，滔滔不絕，說他們「很高興做出決定」等，我在心裡懇求：「拜託，說出名字吧！只要說出名字就好，到底是不是我？」

最後他說：「現在，我們要公布二〇〇八年奧運國手隊的新成員，這位就是……拉傑．巴夫薩爾！」我驚聲尖叫，雙腿發軟，屈膝在地。然後，我同時又哭又笑，站起身擁抱我的教練、我的顧問，還有現場的每個人。

我們在辦公室慶祝一番，然後我隨即開始聚焦於即將來臨的任務。這實在是一項挑戰，因為我們這個隊伍主要都是新手。後來我們到了北京，保羅的雙胞胎弟弟摩根．哈姆（Morgan Hamm）也受傷了，也必須找人替補，所以我們這支隊伍全是新手，沒有任何人曾有奧運參賽經驗。所有媒體全都認為我們會徹底潰敗，就連體操界人士也不看好我們，很多人認為我們甚至無法晉級團體組決賽。

那時候，我決心盡己所能，協助自己保持樂觀，不讓別人意見影響表現。比賽的前一晚，我們這六人讀了所有悽慘無望的媒體報導，然後走到陽台，聚在一起討論。我們談到，要彼此照顧，以「人」當作優先考量，其次才是「運動員」身分，而且不管發生何事，都要互相支持砥礪。我們即將踏上的路，是一條專屬於我們的路，永遠珍貴無比，不論成敗。我與隊友曾有幾次談話，而這次是最踏實又謙虛的對談，我們因此深具信心，最重要的是昂首挺胸，以團隊形式，踏入競賽場地，不管結果如何。

隔天，我們到達現場，坦然正視自己的人生。整個競技場充斥著「美國加油！」的陣陣吶喊。我們小勝德國隊，經歷一陣心煩意亂後，成績公布了，我們居然得到銅牌，真是不可思議！這感覺非常美妙，我們深感自豪，彼此引以為傲，也以國家為榮。我返家後，把這面獎牌釘在願景板上，直到現在依然如此。

# 02 發掘你的人生使命

「決定你此生的明確目的，然後圍繞這項目標，傾注全力，拓展活動。」

——博恩．崔西

我相信，每個人天生具有獨特的人生目的。要辨識這項目的、加以認清、發揮貢獻，或許正是成功人士最重要的行動。他們花時間了解當下，然後用無比的熱情，追尋這項目的。很久以前，我就發現自己是為何誕生，我釐清了自己真正的人生目的，也就是我的「天命」。我探索如何傾注熱情和決心，投入我進行的每項活動裡，我也學會，如何能既達到目的，又讓我感到有趣和成就感。現在，我要協助你，發覺同樣的祕訣。

眾所皆知，人生若無目的，很容易就偏離正軌、無所適從、自我放逐、神智恍惚，幾近一事無成。但是，只要有了目的，人生的一切似乎落入正軌，過著「目標導向」的人生，這也意味著你正在進行自己熱愛的事、發揮自己的專長、成就你自認重要的事。一旦真正熱中於目標，你所須的全部人力、資源和機會，自然就會前來找你，整個世界也因此受益，因為只要你的行動符合自己真實的人生目的，或許一開始乍看略顯自私，但你所有的行動皆能自動回饋他人。

## 活出自己的夢想

我的人生目標是要激勵眾人、賦予力量，以愛與喜悅為前提下，人人皆可活出自己的理想人生，與天地萬物合而為一，明心見性，達到至善。我鼓勵眾人透過《心靈雞湯》系列，以及我的心理勵志專題演說，蒐集振奮人心的故事，並將這些故事廣為流傳，活出自己的理想人生。

我透過撰寫自助書，讓大家找回自己的力量、活出自己的夢想，例如：《敲入終極成功》（*Tapping Into Ultimate Success*）*、《聚焦的力量》（*The Power of Focus*）等，也為高中生和大學生設計課程，或是為個人和企業舉辦座談會和研討會，教導大家這些強效工具，

* 傑克．坎菲爾和潘蜜拉．布魯納（Pamela Bruner）共同著作，加州卡爾斯巴德的賀氏書屋（Hay House）出版，二〇一二年。

在工作與家庭中創造個人的理想生活。

以下是我一些朋友的人生目標聲明。值得注意的是，他們實現了自己的人生目標，全都成為白手起家的大富翁：

- 鼓舞大眾，賦予力量，達成天命。*
- 透過商業模式，促進人類的意識覺醒。†
- 謙恭侍奉天主，發揮上天賜予的天賦才情，時時充滿喜悅，真摯熱愛上天賦予的一切創造物，善盡天職，成為一個有愛心、有趣、有能力、有熱情的模範，向人展現極致喜樂，福至心靈。‡
- 離世時，世界變得比我出生之時更好，不論任何人事物皆是如此。§

一旦知道此生目的是什麼，即可以這項目標為中心，組織你所有的活動。你所做的每件事必須要能體現你的目標，如果某項活動無法達成你的目的，就別花心思在上面，盡早為止。

## 了解行為背後的「原因」，找到目標

若無目的當作羅盤導引，你的目標和行動計畫終究徒勞無益。攀上階梯頂端，卻發現階梯接著牆面。你不希望發生這種事吧？

在孩童時期，美國知名演說家茱莉・馬麗・凱莉兒（Julie Marie Carrier）非常喜歡動物。因此，從小到大，她總是聽到人家說「茱莉，你應該當獸醫。你會成為優秀的獸醫。這就是你的使命。」所以，在她就讀俄亥俄州立大學時，她選修生物學、解剖學與化學，開始攻讀獸醫學程。她榮獲扶輪社大使獎學金（Rotary Ambassadorial Scholarship），因此可以在大四那一年，出國到英國曼徹斯特留學。遠離了家鄉親友和老師們所給的壓力，在某個單調乏味的日子裡，她發現自己枯坐桌前，周遭都是生物學書籍，然後她凝視窗外，突然間某個念頭擊中腦海：「我真是苦不堪言。我何苦這麼悲慘啊？我到底在幹麼？我根本不想當獸醫！」

---

* 羅伯特・艾倫（Robert Allen），《1分鐘億萬富翁》（*The One Minute Millionaire*）共同作者。

† 科多瓦（D.C. Cordova），美國 BSE 企業家商學院（Excellerated Business School）共同創辦人。

‡ 安東尼・羅賓斯。

§ 馬蒂・羅勃茲（Monty Roberts），《聽馬說話的人》（*The Man Who Listens to Horses*）作者。

然後，茱莉自問：「到底什麼工作才是我如此熱愛的事？而且我願意無償去做，但實際上卻能獲得回報？絕不是當獸醫。這份職業不適合我。」於是，她反覆細思過去人生所做的一切，探索何事使她最快樂。突然間，她靈光一閃，想起她以前志願參加全球青年領袖會議，還有她以前在俄亥俄州立大學選修人際溝通課程和領導力課程，就是這些！我怎會這麼愚昧呢？此時此刻，我已經大四，如今終於明瞭我走錯路了，也不是在做適合自己的事。但是我居然從未花時間認清現實，直到現在為止。

有了這項發現，茱莉振奮無比。待在英國的那一年，她花費剩餘時間，選修人際溝通與媒體表現等相關課程，返回俄亥俄州後，她終於說服校方，讓她創立自己的「領導力研習」學程，雖然最後多花兩年時間才可畢業。她出社會後，擔任高階管理顧問，為美國國防部提供領導力訓練開發，她還贏得維吉尼亞州的美國小姐競賽選拔，因此那一年得以針對維吉尼亞州全境孩童進行演說，展開志業，到全國各地演講，為年輕人講解何謂「領導力」與「剛毅果敢的性格」，賦予他們力量。順帶一提，茱莉當時年僅二十六歲，即有如此成果，驗證了這樣的力量——清楚明瞭自己的目的，人生由你創造。

現今，茱莉擔任全國首屈一指的青年領導力講師，為全世界的學生會議、高中大專院校和青年領導力學程進行演說，影響力已經觸及超過一百萬名年輕人。在ＮＢＣ的《今日秀》（*Today show*）節目、福斯新聞網、《紐約時報》，都可以看見她的身影。她還擔任成功學教練，在MTV音樂頻道裡，主演一部有關「目標設定」的電視節目，觀眾族群是青少年和年輕女性。茱莉甚至因此榮獲艾美獎提名！

好消息是，你不須大老遠前往英國留學一年，逃離你人生長久以來的日常壓力，才可創造空間，發掘你此生真正的目的。你僅須花一些時間，完成後文兩項簡單練習，幫助自己釐清本身目的。

## 善用你的內在導引系統

「靈魂的責任，是忠於自己的渴望。但在主人的「熱情」面前，它也必須拋棄自己。」

——女爵士麗貝卡．韋斯特（Dame Rebecca West），英國暢銷書作家

你天生即有內在導引系統，經由你當下體驗的喜樂程度，就能知道你何時處於人生目的或偏離正軌。如果某些事能為你帶來最大喜樂，即是符合你的人生目的。為了砥礪你的目的，以下是一些練習。第一項練習是要列出清單，寫下你覺得最喜樂快活的時刻。這些經驗的共同要素是什麼？你能否想出方法，從事這些項目，並賴以維生？

帕特．威廉斯是美國職籃奧蘭多魔術籃球隊的資深副總裁。他不但寫了超過七十本書，也是專業演說家。我問他，依他之見，什麼才是最大的成功祕訣？他回答：「盡量在年輕時，釐清自己熱愛的事，然後籌畫你的人生，據此找出如何賴以維生。」一帕特年紀尚輕時，就知道自己熱愛運動，尤其是籃球。當年，他父親帶他去費城看今生第一場籃球賽，他立刻愛上籃球賽。他閱讀《紐約時報》裡的體育專題報導，由此學會讀書寫字。他知道，自己長大後，想從事體育生涯。他醒著的每時每刻，幾乎滿心致力此道。他蒐集棒球卡，進行體育活動，還為校刊撰寫體育專欄。

我的教授告訴我，成功是要做自己喜愛的事，
而我喜愛的事就是與你和媽媽一起待在家。

**圖表 1-3　找出自己熱愛的事**

帕特出社會後，在美國職棒「費城費城人隊」（Philadelphia Phillies）辦事處工作，後來任職於「費城七六人籃球隊」（Philadelphia 76ers）*。當年，美國職籃考慮擴充一個特別授權隊「奧蘭多魔術籃球隊」，帕特正是這場奮鬥過程的領導者。現在帕特已經七十多歲了，他有五十多年的時間，都是在從事自己熱愛的工作，樂在其中，每分每秒都非常愉快。一旦你清楚何事為你帶來最大喜悅，即可有重大洞察力，了解自己的目的。

第二道練習很簡單，卻是一種強效方式，為你自己的人生目的建立一份強而有力的聲明，以此導引你的行為。現在就花點時間，完成以下的練習。

## 人生目標練習†

1. 你自己有哪些獨一無二的個人特質？請列出兩項，例如：熱忱、創造力等。

* 亦稱「費城賢者隊」，「七六」是紀念一七七六年美國獨立宣言在費城簽訂宣布，「賢者」是指獨立宣言相關人士。

† 有許多方法可以著手定義你的目的。我從阿諾德．M．帕滕特（Arnold M. Patent）學會這套版本的人生目的練習。他是一位心理勵志教練，著有《擁有一切》（*You Can Have It All*）。

2. 與其他人互動時，你樂於使用哪些方式，表達這些特質？請列出一兩種方式，例如：支持、激勵等。

3. 假定這個世界十分完美。這個世界看起來會像什麼？人與人之間的互動會是如何？這個世界感覺如何？寫下你的答案，當作一份聲明，描述終極的環境狀況，你如何看待這個完美世界，以及感受是什麼。切記，一個完美世界是充滿樂趣的地方。例如：人人皆可自由展現自己獨特的天賦。大家彼此和諧工作。每個人都展現互助互愛的一面。

4. 結合以上三個小段落，作成一項聲明。例如：我的目的是要運用我的創造力和熱忱，支持並鼓舞他人，使其以和諧又充滿愛的方式，自由展現天賦。

以下是幾項人生目標聲明的例子，是由最近參加我研討會裡的人提出：

- 運用我的幽默感、創造力和知識，激勵別人，使人振作並找回力量，恢復到一貫清醒的狀態（復原教練暨作家）。
- 激勵小型企業主，並且賦予力量，以系統化方式，更容易產生營業額（小型企業顧問暨作家）。
- 鼓勵眾人對自己有信心，相信自己與生俱來的天賦（教育家）。
- 養育出健康茁壯的孩子，造福這個世界（全職家庭主婦）。
- 創造出一個世界，其中的人過著生態永續的生活，精神充實，社會安康（環保人士暨社會活動家）。
- 運用我廣博的整合醫學知識，教育並激勵眾人，使其找回力量，活得更長壽又健康（全人醫療醫生）。
- 每一天都活得淋漓盡致，盡量施惠於人，同時每日感激特別重要的人（承包商暨房屋建築商）。

• 正直誠信，悲天憫人，活出自己的人生，同時服務人群，總是重視料想不到的事（消防員）。

## 保持專注，有助於實現目標

一旦你釐清並寫下自己的人生目標，要每天讀幾次，最好是在早上。如果你很有藝術特質或是天生即有強烈視覺化能力，你可能會想畫出或繪出一個標誌或圖像，呈現你的人生目的，然後把這幅畫掛在某處，例如掛在冰箱面板、桌子前方、床鋪附近等，你就能夠每天看到這幅畫，如此一來，你可以保持專注於自己的目的。

隨著你一路閱讀接下來的章節，定義出自己的願景和目標，確保這些都能保持一致，有助於實現你的目的。

有另一項途徑可用來釐清目的，即是暫時擱置一陣時日，靜默反思，也就是所謂的沉澱深思期。過一段時間，你會變得較為放輕鬆，進入一種深層的祥和狀態，然後請你自問：我的生活目標是什麼？我在宇宙裡的獨特角色是什麼？容許這些答案純然浮現，盡可能天馬行空想像答案。自然出現的字句不須措辭華麗或詩情畫意，重要的是，你覺得這些字詞有多麼激勵人心。

我有一套「突破成功」訓練課程，裡面還多了兩道練習，如果你真的很想深入這項練習，也可以做另外這兩項。第一項是「熱情測試」，這道練習很簡單，你可自行單獨完成，或是與夥伴一起完成。阿特伍德夫婦（Janet and Chris Attwood）寫了《熱情測試》（*The Passion Test*），內容提到這項過程。

另一道練習是「以人生目標為導向的視覺化練習」，許多人覺得最有效，這是出自《覺醒的力量》（*Awakening Power: Guided Visualizations and Meditations for Success*）第三片ＣＤ的冥想課程「釐清此生為何而來」（Be Clear Why You're Here）。《覺醒的力量》是一套六片ＣＤ的課程，包含十一項引導式的視覺化教學，是由我與狄波拉．桑迪拉博士（Dr. Deborah Sandeila）親自口述錄製而成。

# 03 釐清自己想要什麼

「想從人生獲得殷殷企盼的事，首要之務即是：釐清自己想要什麼。」

——班·史坦（Ben Stein），美國演員暨作家

一旦知道此生為何而來，就必須釐清你想做什麼？想擁有什麼？你想成就什麼？你想經歷什麼事？現在就身體力行，到達想要的境界。在這趟旅程中，你必須釐清自己想要臻至什麼境地，換句話說，對你而言，「成功」究竟是什麼？

為何多數人沒有得到想要的事物？其中主要原因是，他們尚未釐清自己想要什麼。他們尚未以清晰細節，定義出自己最熱切渴望的事。

# 小時候，你清楚知道自己要什麼

在每個人的內心，總有一顆小小的種子，種下自己希望長成的樣子。遺憾的是，隨著日漸長大，為了回應父母、老師、教練和其他人的期許，我們拋棄了這顆種子。

你剛出生的時候，只是小嬰兒，但你確切知道自己想要什麼。你知道自己餓了；吃到不喜歡的食物，你就把它吐出來；看到喜歡的食物，就迫不及待，狼吞虎嚥。表達自己的需求和渴望，對你而言毫無困難，你僅須大聲嚎哭，直到獲得想要的為止，沒人制止或阻礙你，不管是需要吃飽、換尿布或討抱，全都有人滿足你想要的一切。隨著你年歲漸長，你到處爬行，看到感興趣的東西，立刻朝向前去，不管有何事阻擋。你很清楚自己想要什麼，大膽無畏，一股腦兒往前衝過去。

但你現在卻不知道自己想要什麼，這到底怎麼回事？一路走來，總有人會說：「別碰那個東西！」「離那裡遠一點！」「快住手！安份一點！」「吃完盤子裡的所有東西，不可以挑食！」「你才不是真正那樣覺得呢！」「你不會真的想要那個東西。」「你應該覺得可恥。」「別哭了，你又不是小嬰兒！」

隨著你日漸長大，你聽到的是：「你不能只因為想要，就為所欲為。」「錢不會從樹上長出來。」「你難道不能為別人著想嗎？別只想到你自己！」「停止自私行為！」「停止你正在做的事，來做我要求你去做的事！」

## 不要活在別人的夢想裡

經過多年來的限制，許多人甚至不再正視自己生理的需求與內心的渴望，不知何故，覺得被卡住了，只想搞清楚別人想要我們去做什麼。為了尋求他人認可，我們學會如何迎合別人。因此我們做了許多自己不願意的事，只為了取悅其他人：

- 我們去念醫學院，因為父親想要我們這麼做。
- 我們跟某人結婚，只為取悅母親。
- 我們找一份「正職」，而不是從事藝術、追尋夢想。
- 我們應屆就讀研究所，而非暫緩一年，當背包客遊遍歐洲。

自以為是「明智」的決定，到頭來，我們對自身渴望變得麻木不仁。這也難怪，每當我們問及許多青少年，自己想做何事或想成為什麼樣的人，他們都回答「我不知道」。有太多

「必須去做」、「應該去做」、「最好去做」等，不斷往上堆積，使青少年覺得窒息，不願思考自己真正想要什麼。

所以，你要如何找回自己，以及自己真正的渴望？要怎樣才能奪回自己真正想要的事，不帶有任何恐懼、羞恥或顧忌？要如何重新連結自己真正的熱情？現在開始，一小步一小步慢慢來，**不論什麼事，都要誠實認清自己的喜好，不管事情大小，別認為這些無足輕重，對別人來說，這些可能無關緊要，但是對你卻非常重要。**

## 看重自己的喜好

如果你想要找回力量，得到畢生真正想要的人、事、物，你就必須停止說「我不知道、我不在乎、這不關我的事」，或是像現代年輕人最愛講的一句話「管他的」。面臨抉擇時，不論是否微不足道或事態嚴重，都要依照自己喜好採取行動，要捫心自問：「如果我確實了解，情況會是什麼？如果我真的在乎，那麼我將會偏愛哪一個？如果這真的非常重要，我寧可想要什麼？」

**不清楚自己想要什麼，而把別人的需求和渴望看得比自己還重要，這僅是一種習慣，你**

可以反其道而行，打破這種舊習。

## 爭取你想要的事物

雪莉・卡特史考特（Cherie Carter-Scott）是心理勵志專家，著有《美麗人生十大守則》（*If Life Is a Game, These Are the Rules*）。多年前，我參加了她的研討會，當時總共有二十四位與會人員。第一天早上，我們踏進輔導室，有人導引我們自由入座，每個座位都朝向前方講台，每個座位上，都放了一本用細線捆綁的筆記本，有些筆記本是藍色，有些是黃色，其他是紅色，我座位上那本是黃色的，我還記得那時想著：我討厭黃色，真希望換成藍色筆記本。

然後，雪莉說了一些話，永遠改變了我的人生：「如果你不喜歡手上筆記本的顏色，請與別人交換，拿到你想要的顏色。你值得按照自己想要的方式，獲取人生裡的一切。」真是個非常先進的概念！長達二十多年來，我都不是按照這樣的前提來行事。我已經習以為常，認為我無法擁有自己想要的一切。

於是我轉頭向右邊的人說：「我可以拿這本黃色筆記本跟你交換藍色筆記本嗎？」

她回答：「當然可以。我偏愛黃色，喜歡亮眼色彩。」一然後我拿到藍色筆記本了。從宏觀面向來看，雖然此舉不算很大成就，卻是我剛踏出的一小步，重新主張我生來既有的權利，認清我的喜好，獲得我確切想要的東西。直到那時為止，我一向不太看重自己偏愛的事物，覺得無足輕重，也不值得奮力爭取，我可能還會繼續麻痺我的知覺，不願覺察自己想要什麼。那天正是我的轉捩點，我開始容許自己，知道自己想要何物、渴望何事，並且以更有效的方式，採取行動。

## 列出一張「我想要」清單

著手釐清你真正想要什麼，其中一項最簡單的方法是：列一份清單，寫出你想做的三十件事情、三十個你想擁有的東西，以及你在死前想成就的三十件事蹟。這是讓你開始行動的最佳方式。

要挖掘自己的渴望，另一項強效技巧則是：要求某位朋友，幫你製作一份「我想要」清單。請你的朋友不斷問你「你想要什麼？到底要什麼？」長達十到十五分鐘，然後由你隨手寫下自己的答案。你會發現，起初的渴望並非那麼宏大。事實上，多數人通常開始會說：

「我想要一台賓士。我想要一棟海濱房子」之類的話。然而，經過十五分鐘的練習，真正的你會開始說：「我希望人見人愛、我想表達自我、我想與眾不同、我要更有能力……」這些渴望更能精確表達你的核心價值觀。

## 相信自己能在熱愛的領域賺到財富

什麼事會阻止一個人表達真正的渴望？通常是他們不認為自己可以賴以維生。

你可能會說：「與人相處閒聊，是我喜愛的事。」說到這個，歐普拉．溫弗蕾（Oprah Winfrey）與人相處閒聊，以此維生，長達三十年了。我的朋友黛安．布勞斯（Diane Brause）擔任國際導遊，在全世界最令人欣喜若狂的異國地區，也是與人相處閒聊，賴以維生。

美國高爾夫球選手老虎．伍茲（Tiger Woods）熱愛打高爾夫球；美國喜劇演員艾倫．狄珍妮（Ellen DeGeneres）喜愛逗人發笑；我的好姊妹金伯麗．克柏格（Kimberly Kirberger）喜愛設計珠寶首飾；企業家唐納．川普（Donald Trump）喜愛買賣交易，建設房地產；我則是喜愛閱讀，並且透過寫書傳達觀念、公開演說、舉辦研討會，與人分享我所學到的事。去做自己熱愛的事，並且賴以維生，這是可能辦到的。

列出清單，寫下你喜愛的二十件事，然後想辦法，看如何藉由這些事維持生計。如果喜愛運動，可以從事體育活動、擔任體育專欄作家或攝影師，或是擔任代辦人員、任職於專業團隊的前台辦事處。你可以當教練、經理或球探，你也可當廣播員、導播或團隊公關。有無數方法，都能在自己熱愛的領域發光發熱，賺到財富。

至於現在，請先釐清自己想做哪些事。接下來我將教導大家，如何因此成功且從中賺錢。

## 現實理想人生，必須明白兩件事

本書主旨在於，如何從現況身體力行，到達你想要的境界。為了貫徹實行，你必須明白兩件事：

1. 你目前身處何處及你想要抵達何處。
2. 要能詳盡描述你想要到達的境界。詳述你的目的地看起來是怎樣，以及你的感覺如何。為了創造均衡的人生，你的願景必須涵蓋以下七大領域：工作生涯、金融財務、娛樂休閒、健康保健、人際關係、個人目標、為廣大群體奉獻心力。

至於開始階段，不一定非得確切知道未來「如何」到達該處。最重要的是，你要明白所欲抵達何處。只要搞清楚想要的是「什麼」，方法自然出現。

## 清楚知道起點與終點

「從現況身體力行，到達你想要的境界」，這個過程猶如運用汽車或手機裡的全球定位系統（GPS）技術。要讓系統運作，僅須知道你目前所在地，以及你想要到達的目的地。導航系統利用車內的電腦，從三個衛星接收訊號，計算出你的精確位置，釐清你身處何地。只要輸入目的地，導航系統就能為你標示完美路線。你僅須遵循指示即可。

成功的原理大同小異。你所必須做的僅是：清楚知道你的願景，釐清自己想要抵達的境界。透過設定目標、肯定句和視覺化，鎖定目的地，然後依照正確方向，起身前進。隨著你持續往前邁進，你內在的導航系統將會不斷為你展開路線圖。換句話說，一旦掌握願景，保持專心致志，確切的步驟將會依序出現在你眼前。只要你清楚自己想要什麼，時時全神貫注，自然水到渠成，有時候，正好在需要時方法就會出現，時間剛剛好，不會太早或太遲。

## 不要限制你的願景

「對多數人來說，最大的危險並不在於我們的目標太高，導致我們錯過了它，而是它太低了，以致我們能輕易達到。」

——米開朗基羅（Michelangelo），文藝復興時代雕刻家及畫家

我想鼓勵大家，不論如何，都別限制自己的願景。願景越偉大越好。瑞麥地產是美國最大的房產公司連鎖加盟事業，戴夫．林尼格是首席執行長。有一次，我訪問他，他跟我說：「夢想務必遠大。人因夢想而偉大。」衛斯理．克拉克（Wesley Clark）將軍是歐洲盟軍部隊前任總司令，他曾經告訴我：「創造偉大夢想，其實不會比創造小型夢想更費力。」依照我的經驗來看，高成就人士與一般人之間微乎其微的差異是：高成就人士只不過心懷更偉大的夢想。美國前總統約翰．F．甘迺迪（John F. Kennedy）夢想著人類登上月球；美國民權運動領袖馬丁．路德．金恩（Martin Luther King Jr.）夢想著「全國不再充斥偏見與不

公義」；比爾．蓋茲夢想的世界裡，每家每戶皆有個人電腦可用，而且都能連上網路；美國發明家巴克敏斯特．富勒（Buckminster Fuller）夢想人人皆能使用電力。

這些高成就人士從全然不同的觀點，看待整個世界。他們認為，世界是一處絕妙事物發源地，數十億人能夠改善人生，新科技可以改變我們的生存方式，而世界的資源能發揮最佳效用，相互共榮。他們深信「一切皆有可能」，也認為自己正是不可或缺的一環。

我與馬克．維克多．漢森（Mark Victor Hansen）當年合著出版《心靈雞湯》系列叢書，我們的願景也非常偉大：在西元二〇二〇年之前，要賣出十

我很富有，遠超乎我最狂野的夢想！
不過很遺憾，我的夢想從未非常狂野。

**圖表 1-4　夢想要遠大**

億本《心靈雞湯》，並且從我們全部獲利裡，提撥十分之一的比例，籌募五億美元捐給慈善機構。不管以前或現在，我們都很清楚自己想要成就什麼事。截至二〇一五年，我們的書籍銷量已經超過五億本，翻譯成四十七種語言。

「如果僅把你的選擇局限在看似可能達到的事，或是僅限於理所當然之事，你是在切斷連結，不讓自己獲致真正想要的事；一切徒勞無益，僅剩折衷讓步。」

——羅勃・弗利慈（Robert Fritz），《阻力最小之路》（*The Path of Least Resistance*）作者

## 別被「夢想小偷」說服

總是有人試圖勸你放棄目標。他們會說：「你瘋了，根本不可能做到。」我的朋友馬蒂・羅勃茲著有《聽馬說話的人》，該書盤踞《紐約時報》暢銷書排行榜長達五十八週。依他之見，說這些喪氣話的人是「夢想小偷」。千萬別聽信這些人的話。

馬蒂當年就讀高中時，老師出了一份作業給全班同學，要大家寫下自己長大後想做什麼

事。馬蒂寫著：「我想要擁有約八十一公頃牧場，飼育純種賽馬。」他的老師給了不及格分數，還解釋這個分數是因為他的夢想太過不切實際。一個住在露營車裡的小男孩，怎麼可能有辦法累積足夠的財富，買下一大片牧場、買賣牲畜、支付薪資給牧場工人？老師提供補救機會給馬蒂，要他重寫文章，馬蒂回答老師：「請保留這個不及格分數。我要繼續完成我的夢想。」

時至今日，在加州索爾旺（Solvang）地區，馬蒂擁有約六十二公頃的「旗幟飄揚」（Flag Is Up Farms）飼養場，飼育純種賽馬，並且訓練數百位馴馬師，以較為人道的方式訓練賽馬*。至於他的成果如何？他贏得八次的世界賽場國內冠軍；而在純種賽馬競賽裡，曾是三百多次以上的國際賽馬贏家。

## 視覺化練習，釐清自己的願景

「從未來創造出自己的將來，而非從過去。」

——華納・愛哈德（Werner Erhard），「EST 訓練」（Erhard Seminars Training）與「標竿論壇」（Landmark Forum）創始人

以下提供練習，旨在幫助你釐清你自己的願景。著手開始進行時，播放一些輕鬆愉快的音樂，安靜坐在舒適宜人的環境裡，不要被任何人打擾。然後，閉上雙眼，要求自己的潛意識想出一些畫面：如果你能夠過著理想生活，而且正是你想要的樣子，那麼你的理想生活看起來像什麼？可以從以下項目來看：

首先，專注在你人生裡的財務金融方面。你的理想年收入和每月現金流是什麼？你的存款和投資有多少錢？你的總資產淨值有多少？

接下來，你的家看起來像什麼？你的家位處何地？是否視野良好？有什麼樣的前庭後院和造景？是否有游泳池或馬廄？家具有哪些？室內是否掛有畫作？想像你在完美住家走一圈，用所有細節填滿你的畫面。

截至此刻，別擔心如何才有辦法獲得這間屋子，千萬別說「我住不起，因為我賺的錢不夠多。」一旦你植入想要的畫面，你的腦袋將會解決「錢不夠多」這項挑戰。

然後請以視覺化方式，想像你所駕駛的車種及其他重要物品。

接著，請視覺化你的理想工作或職涯。你在何處工作？你進行何事？與你共事的人有哪

---

* 欲知更多有關馬蒂及其著作的資訊，可閱讀他的著作《聽馬說話的人》、《羞怯男孩》（*Shy Boy*）、《人類從馬匹學到的常識》（*Horse Sense for People*）、《從我的手到你的手》（*From My Hands to Yours*）。

些？你面對什麼類型的客戶或顧客？你的薪酬如何？這是你自己經營的事業嗎？

然後，把焦點放在你的閒暇時間。你為自己空出時間，與親朋好友做什麼？你追求什麼嗜好？你的度假型態是什麼？你做什麼事來娛樂？

接下來，你的身體和健康狀態如何？你完全沒有任何病痛嗎？你目前幾歲？你是否心胸開放、輕鬆自在，成天沉浸在快樂中？是否活力充沛？處世是否圓滑有彈性，卻又十分堅強？是否鍛鍊身體，飲食習慣良好，大量喝水？你的體重是多少？

然後繼續針對你的人際關係，想像你的願景。你與配偶和家人的關係看起來如何？你的朋友有哪些？這些關係是否充滿愛、支持與力量？你們相聚時，都從事什麼樣的活動？

你自己專屬的人生競技場是什麼？是否預見自己返校進修、接受訓練、參加個人成長研討會、尋求治癒過去傷痛或強化心靈層面？你是否冥想或與教會人員前往靈修僻靜*處？你是否想學樂器或寫下自傳？你是否想去跑馬拉松或是去上藝術課程？是否想去其他國家旅遊？

最後，把焦點放在你的社群團體。這個社群是如何運作的？有哪些活動？你從事怎樣的慈善或志工服務？你幫助別人做了什麼改變？你參與這些活動，是多久一次？你是在幫助誰？

你可以一路寫下自己的答案，或是先做練習，然後睜開雙眼，寫下答案。不管是哪一種方式，一旦完成練習，就要馬上寫下捕捉到的每件事。

每天檢視你已寫下的願景，如此一來，可讓自己的意識和潛意識保持專注，聚焦於你的願景。隨著你運用本書其餘準則，你也將開始顯現不同層面的願景。

## 向好友分享願景，強化信念

寫完你的願景，請與值得信賴、正面積極的好友分享，而這位好友能給你支持鼓勵。你或許會擔心，你的朋友認為你的願景太過稀奇古怪、不可能達成、太過理想主義、不切實際或拜金。一想到要與友人分享自己的願景，幾乎所有人都有這些念頭。但真相是，在內心深處，大多數人正好與你渴望相同事物。大家都想要財務富足、舒適宜人的住宅、從事有意義的工作、身體健康、有時間進行熱愛的事、與親友培養感情、有機會對世界產生影響力等。但是極少人能毫不猶豫坦然說出。

你將會發現，當你與人分享自己的願景，有些人也想助你實現，將會為你引薦朋友與資源，為你提供助力。你也會發現，每當你分享願景，你的願景會變得越來越鮮明，感覺越來

*長時間靜默，以安靜的方式與神溝通。

越真實，也更有可能達成。況且最重要的是，**每次你分享自己的願景，即是在強化自身的潛意識信念，相信自己可以達成。**

## 從「活在使命」到「活出天命」

二〇一〇年七月，羅根．多堤（Logan Doughty）坐在遊民收容所外，靜待獲准進入一項長期的復原課程。由於酗酒和藥物成癮，他生活一團糟。他的父母和兄弟姊妹都不願意收留他，而且他無法克制自己酗酒和易怒，任何人皆避而遠之。他太過情緒化、身心疲乏、壓力破表。

參加課程幾個月後，他的頭腦開始漸漸清醒，並且受惠於「十二步驟康復」及基督教式的心靈提升，他開始預見，自己或許可以從混亂的人生中逐漸復原。

最後，他的親友開始偶爾邀請他來訪，實際上也很喜愛與他相處。那年耶誕節，他的姊妹艾莉絲（Alice）給他本書。他以為內容很老套，但無論如何，他說了聲「謝謝」，並且把這本書添加至他的待閱清單裡。

羅根寫道：

我尊敬我的姊妹，所以我知道這不是垃圾書。但是當時我根本不買帳。我在想，你能夠分辨某人是不是有錢人，僅須看髮型就知道。作者又怎會明瞭我到底經歷何事？雖然如此，我從目錄開始讀起，然後進入內文。讓我大感驚訝的是，傑克看起來就跟一般人沒有兩樣。他不是含著金湯匙出生，他費盡心思，詳細解說平凡人實際改變人生的種種過程，這點倒是推翻了我原本嗤之以鼻的想法。

我繼續每天閱讀這本書，甚至還進行他提議的練習。然後在二〇一一年三月二十六日晚上九點十一分，我突然間靈光一閃，從此頓悟。當時，我坐在電腦桌前面，閱讀「釐清自己想要什麼」這些篇章。傑克在內容裡提到，建議列出一份清單，寫下你喜愛去做的二十件事。聽起來非常簡單，但是對我而言，實際列出清單是一種全新體驗。在過去，我總是試圖想出賺錢的辦法，但我從未想過如何深思「我喜愛何事」與「我想做什麼事」。

我拿了一張紙，開始寫下我自己的清單：1.鍛鍊身體；2.功夫；3.騎自行車；4.傳授防身術。我快速列出事項，寫到10.激勵眾人，突然間，一切全都豁然開朗了。我明瞭自己想做什麼事——創造一套防身術祕笈，傳授給女性！如今，我所遭遇的事全都合情合理了，我發現自己特別適合以行動來助人。

多年來，我一直都是認真教學的武術家，已經著手開發一套女性防身術祕笈。武術家極重視「自律」和「榮譽」。但由於我酗酒沉淪，「自律」和「榮譽」連同我的自尊一起日漸枯竭，可是做了這道練習後，我看清自己的目的，或至少找出我的「過去」與「未來」間明顯關聯。我可以看出：我過去有武打經驗，現在我發現新的動力和焦點，如果結合兩者，我就有可能授課維生。

我終於明白，縱然我經歷過的暴力與憤怒令人極為痛苦，卻因此使我特別有資格，站在一群女人面前，以我的威信和領悟，向她們講解。我曾親眼目睹收容所和街上的女性遭受惡劣對待，看見強者掠奪弱者。若無此類經驗，我就只是一個學術派人士，僅會鑽研武術，卻未實際應用到真實生活裡，尤其是在遭受脅迫與創傷的狀況下。領悟這一點，我體內產生覺醒，就好像被雷擊中一樣。

打從那時起，我待人處事的眼光大不相同了。我以不同態度對待別人，更加有惻隱之心，懂得寬容忍耐。我停止自悲自憐，不再假定人人都是在找我麻煩。

如今，我非常樂於找出世界如何為我帶來良善，而不是在每次遭遇問題時，以負面情緒來掩蓋我的嚴重匱乏之感。我不再是受害者！自從長大成人以來，這項轉變是我經歷過最重要的一件事。每當我想起那一刻的頓悟，我依然倍感興奮。

二〇一一年九月，我從課程結業。身上沒有多少家當，僅有一輛自行車、一些衣服，以及新發現的知識——境隨心轉，我能夠改變我的環境。我從事庭院打掃事業，規模不大，生意卻蒸蒸日上，我還擔任餐廳廚房經理。我十分樂在其中，非常忙碌。

不久之前，那項課程付錢給我，去參加一項國際公認的「挑釁行為管理」認證課程。現在，我是他們官方的防身術資深教練。我教導志工和全體職員，不論男女，我教大家如何應付各種場合裡的騷擾和潛在危險。循序漸進，信念堅定，我持續發展，擔任全職的防身術課程老師。

我之所以這麼有成就，全都歸功於閱讀了《成功準則》，在我最需要的時候，給我一計當頭棒喝。現在，我了解自己是怎樣的人，以及想要往何處邁進。無人能夠奪走這份頓悟。

# 04 相信萬事皆有可能

「現今美國人民的成功之路受阻，頭號問題在於他們本身缺乏信念。」

——亞瑟．威廉斯（Arthur L. Williams），A．L．威廉斯保險公司創辦人

《思考致富》（*Think and Grow Rich*）作者拿破崙．希爾曾經說過：「只要是腦中能夠想像，並且相信的，就一定能實現。」事實上，心智是如此強大的工具，確實可以為你帶來想要的一切。但是，首先你必須相信「自己想要的事物皆有可能實現」，況且信念是一種選擇。信念只是一個想法，你選擇不斷思考，直到這個意念在下意識根深柢固。

## 期待什麼，就得到什麼

科學家相信，大腦會根據外界資訊做出回應。但是到了現代，科學家反而認為，大腦會依照先前的經驗，預期接下來發生的事並據此因應。

例如，貝勒醫學院（Baylor College of Medicine）的研究人員最近研究了膝關節鏡手術對患者的影響，他們實施兩種方式，一是膝關節刮除術，另一項是「假裝」對患者進行手術，醫生麻醉病患，在膝蓋上做出三個切口，猶如是要插入手術器械，但其實什麼也沒做。兩年後，接受偽手術的病患回應：疼痛獲得緩解，與接受真實手術治療的病患一樣有腫脹感。腦袋期待「手術」改善膝蓋疼痛，而它真的做到了。這就是眾所周知的「安慰劑效應」（placebo effect）。

為何腦部如此運作？神經心理學家研究「期望理論」（expectancy theory）*，認為這是因為我們終其一生都受到制約。我們的大腦會從經歷過的體驗，預期接下來發生什麼事，不論最終照這樣發生與否。由於我們的大腦預期某件事將以特定方式發生，因此我們通常會達到自己期盼之事。

---

* 指人能否達成目標是一種意識選擇，會受到個人努力與預期成果的影響。

這也就是為什麼，要讓心智保持正面預期，這點如此重要。只要運用較為正面的期望來替代舊有的負面期望，也就是說，**一旦你開始相信「自己所想的一切皆有可能發生」，你的腦袋實際上就會接管這份任務，為你成就這份可能性。**你的腦袋將會真實預期達到那樣的結果。

## 保持「務必相信」的樂觀

「只要有充分堅定的信念，深切相信，並且按照自己的信仰來行動，你可以成為自己想要的任何樣子，因為凡是心智所能設想且相信的事，心智皆能達成一切。」

——拿破崙・希爾

美國職棒大聯盟費城費城人隊（Philadelphia Phillies）投手塔格・麥格羅（Tug McGraw）是傳奇鄉村歌手蒂姆・麥格

Frank and Ernest

自我成長
書籍
暢銷書
想像
成功
我覺得那對
我沒用。
THAVES

圖表 1-5　視覺化你的夢想

羅（Tim McGraw）的父親。塔格・麥格羅將堪薩斯市皇家隊（Kansas City Royals）打擊手威利・韋爾遜（Willie Wilson）三振出局，費城隊得以榮獲一九八〇年世界大賽冠軍。《運動畫刊》（*Sports Illustrated*）捕捉到大家奔向投球區土墩，興高采烈又歡欣鼓舞的影像。鮮少有人知道，這幅影像恰如塔格預先設想的那樣。

某天下午，我有機會在紐約與塔格見面。我向他問起那天他在投球區土墩的情形。

他說：「那就好像，我以前就在那裡好幾千次了。在我的成長過程裡，父親與我在後院投擲棒球。我們總是想像『現在是世界大賽第九局下半場，兩人出局，三個壘都有人』而我總是竭盡全力，將打擊手三振出局。」日復一日，塔格將後院的記憶制約在自己的腦袋裡，因此這一天終於到來，他讓美夢成真。

早在七年前，塔格就開始以正面思考聞名。當時他致力於紐約大都會棒球隊（New York Mets），正值一九七三年國家聯盟冠軍賽期間，在某次球隊會議裡，塔格・麥格羅首次使用「務必相信」（You gotta believe）一詞，因為這樣，在八月地區賽原本仍舊落後的紐約大都會棒球隊，居然一路得勝，贏得國家聯盟錦標賽冠軍，晉級世界大賽前七強，雖然最後輸給了奧克蘭運動家棒球隊（Oakland A's）。

他一向保持「務必相信」的樂觀態度，他在擔任少年棒球聯盟（Little League）發言人時，曾經說過：「孩子應該練習在球上親筆簽名。這項技能在少年棒球聯盟不常受到重視。」然後他面露微笑，而且笑容很有感染力。

## 失敗不是因為辦不到，而是不相信

「遲早有一天，認為自己辦得到的人終將成為贏家。」

——李察・巴哈（Richard Bach），
暢銷書《天地一沙鷗》（*Jonathan Livingston Seagull*）作者

暢銷書《一週工作4小時》（*The 4-Hour Workweek*）作者提摩西・費里斯（Tim Ferriss），始終相信他自己。事實上，他因為堅信自己的能力，所以在他初次接觸自由搏擊僅僅六週後，旋即贏得「國內散手自由搏擊賽」冠軍。

提摩西先前在普林斯頓擔任全美柔道隊的隊長，總是夢想著能夠贏得國家冠軍頭銜。他非常努力學習，專精於自己的體育項目。但是經過好幾季之後，他接連受傷，他的夢想因此不斷受阻。

過了六週，某一天，某個朋友打電話給他，邀請提摩西觀賞他在全國中式自由搏擊冠軍賽的表現，提摩西立即決定與他一起參加這場競賽。

因為提摩西以前從未參加過此類的搏擊競技，於是他打電話給美國拳擊協會，詢問哪裡可以找到最厲害的訓練師。他長途跋涉，來到地勢險峻的紐澤西州特倫頓（Trenton）鄰近區域，向幾位拳擊教練學習，這些教練曾經培訓出不少金牌選手。每天有四小時，他戴著拳擊套，接受令人筋疲力盡的艱鉅訓練，然後投入更多時間重訓。他接觸這項運動的時間尚嫌不足，為了彌補此點，提摩西的訓練師把焦點放在如何發揮他的力氣，而非補足他的弱項。

提摩西不只想要參加比賽，他還想要贏。比賽日終於到來，提摩西打倒三名極受推崇的對手，最後晉級決賽。為求贏得最終決賽，他想著自己必須怎麼做，於是他閉上雙眼，以視覺化方式，預期自己在第一回就擊潰對手。

後來提摩西告訴我，大多數人之所以失敗，**原因不是自己缺乏達到目標的技能或資質，而是因為他們不相信自己可以達成**。提摩西相信自己可以辦到，而他真的贏了。

## 信念屹立不搖造就成功

傑森．麥克杜格爾（Jason McDougall）相信「萬事皆有可能」。他擔任批發商，運輸貨物到歷史悠久的加拿大菲爾德百貨公司（Fields）。他覺得這個零售業巨頭有點不對勁。他猜想，這家連鎖企業可能正考慮轉售。傑森冷不防打了一通電話給這家公司的高階管理者，要求與對方共進晚餐。他一貫相信總經理會答應。

晚餐對話最後提到公司轉售的問題。總經理回答：「現在就是不錯的出售時機。」

接下來的九十天，傑森不顧一切採取行動，透過蒐集觀點和建議，整理出這項交易的資訊，並且想辦法湊足現金。對於傑森與他的小公司而言，這項交易宛如小蝦米吞下大鯨魚。這家連鎖企業規模是傑森公司的三十倍大，不僅如此，傑森也不知道該去哪裡籌錢，當時他向銀行貸款的最大額度僅有五千美元。儘管如此，他依然深信自己最後勢必成為菲爾德百貨公司的業主。

首付款金額是十五萬美元，而且不可退還，即使首付款應繳日期已到，傑森手上依舊沒有這筆錢，但他的信念屹立不搖。後來，在某個週四晚上，他參加一場企業機能活動會議，剛好有某位老朋友提議要拿現金給傑森，讓他在週五早上的截止日期前能夠付清款項。

在另一階段，傑森發現自己尚欠四十萬美元，才可湊足一百萬美元的預繳費用，而截止期限就在兩小時後。傑森運用自己的內在導引與堅定不移的信念，恰好就在截止期限屆臨前的幾分鐘，他湊足了這筆錢。二十五天後，另一筆兩千五百萬美元的費用也是到期應繳。

在這項交易的每個階段，隨著不可退還的到期應繳預付費用金額越來越大，傑森絕對完全堅信這項交易將能成功。事實上，當時情勢非得繼續籌募更多現金，否則不僅輸掉整個交易，也會喪失他截至那時為止的全部已繳款項。

六個月後，這項交易終於完成。在那個時候，傑森已經籌募數千萬美元資金，買下那間歷史悠久的公司，保住了數千名員工的飯碗，也為他自己創造規模龐大的新事業。一切全都是因為他相信：萬事皆有可能。

「務必找到自己能夠安身立命之地，而其中的萬事萬物皆有可能發生。」

——狄巴克．喬布拉（Deepak Chopra），《福至心靈》（*The Seven Spiritual Laws of Success*）作者

## 盡力嘗試，不先入為主

一九八三年，一位名喚「克里夫．楊」（Cliff Young）的馬鈴薯農民已經六十一歲，瘦骨嶙峋，社交技巧笨拙。他晉級澳洲雪梨的「墨爾本超級馬拉松賽」，這項競賽被視為世

界最高難度的體能挑戰之一，內有八百七十五公里的平地和丘陵，需要耗費六到七天才可完成。參賽者獲准自行選擇時機用餐和睡覺，而勝利者可以獲頒一萬美元獎金。那時候，克里夫穿著工作服和雨靴，現身參加比賽，其餘的參賽者遠比他年輕，身穿最新款的耐吉（Nike）、銳跑、愛迪達（Adidas）等名牌賽跑裝備，全都取笑克里夫。競賽官方單位擔心克里夫可能會心臟病發，但是克里夫向他們保證，說他從小在農場長大，在那裡，他們無力出錢購買馬匹或四輪傳動車輛，況且每當暴風雨即將來臨，他經常奔跑兩三天，完全沒有睡覺，將家裡的兩千隻綿羊趕回他們約八百零九公頃的牧場。

比賽一開始，其他的參賽者即刻飛速啟程，塵沙飛揚，將克里夫拋諸腦後。然而，克里夫緩慢輕鬆大步跳躍，以這樣的步調和風格展開行程，後來廣為流傳，人稱「克里夫慢步跳躍法」（Cliff Young shuffle）。那時候，競賽官方單位甚至認為，克里夫將會在比賽途中倒下，與世長辭。

但是克里夫有一套獨門祕訣，就連他自己也沒察覺。眾所周知，克里夫以前從未認識其他長途賽跑的參賽者，他也從未與教練談過話。他沒看過《跑者世界》（*Runner's World*）雜誌，也沒讀過長途賽跑相關書籍，因此他並不知道，在長途耐力賽期間，跑者理應每晚睡眠六到七小時。在第一晚，克里夫僅睡兩小時，其他人正在睡覺的時候，他繼續跑步，於是在第一晚即遙遙領先，在其餘的賽程裡，也是一路領先。第二天，他依然馬不停蹄，持續跑了二十三小時，途中僅暫停一小時來睡覺。

整場競賽裡，克里夫幾乎沒有多少睡眠，一直不斷跑步，最後跨越終點線，而十小時後，第二名跑者才迎頭趕上。他僅耗費五天又十五小時四分鐘，就跑完八百七十五公里路程，相當於一天之內跑了將近四次馬拉松。他比預定時間快了兩天多，徹底打破先前的賽跑紀錄。

克里夫的故事告訴我們，有時候並非是未知事物阻礙成功，而是要認清「凡所有相，皆屬虛妄」。**對於事情如何完成，如果心存先入為主的假定，不妨一一提出質疑，才是明智之舉**。而且，要敞開心胸，接納全新的可能性。

# 05 相信自己的能力

「你的存在並非偶然。你不是量產的商品，也不是生產線上的貨物，你是經由造物主精心規劃而來，天賦異稟，在地球上占有受人愛戴的一席之地。」

——麥克斯．路卡杜（Max Lucado），暢銷書作家

**如果想要成功創造自己的理想人生，你必須相信自己有能力讓一切發生。**務必相信你有正確且高超的技巧，能使你加速到達目的地，你必須相信你自己，不論你稱之為自尊心或自信心，你都擁有這項工具，這是根深柢固的信念，你擁有多種能力、內在資源、天賦和技能，能創造自己想要的結果。

## 相信自己，是一種態度

「相信自己」是一種選擇、一種態度，隨著時間日漸發展而成。倘若你的父母正向積極又懂得支持鼓勵，當然幫助很大。不過話雖如此，事實上，我們大多數人的父母都是平凡無奇，在無意間局限我們的信念，也傳承他們從小到大所受的負面制約。

但是切記，過去的事已成過去，一味怪罪父母，沒有任何用處，也無益於你提升目前的自信。現在，這是你自己的責任，主宰自身的未來與信念，**你務必選擇相信，你能去做自己下定決心的事，任何事情都能達成，因為你辦得到**。最新的腦科學研究顯示，只要有足夠的正面自我對話和正面的視覺化，結合適切的訓練、輔導和練習，任何人幾乎可以學會每件事。了解這項研究結果，或許對你有所助益。

為了著作，我訪談數百位超級成功人士，他們幾乎每個人都告訴我：「在我的領域裡，我不是最有天賦的人，但是我選擇相信『凡事皆有可能』。我比其他人更努力鑽研、練習，這就是我到達現今成就的方式。」如果一個二十歲德州人能夠從事仰臥滑行雪橇競賽，並且成為奧運國手；大學中輟生可以成為億萬富翁；罹患讀寫障礙且有三科成績不及格的學生，能成為暢銷書作家及電視製作人，那麼僅是相信「凡事皆有可能」，你也可以成就任何事。

如果你假定情勢對自己有利，並且認定「凡事皆有可能」，以此採取行動，那麼你所做的事，將會實現相應的結果；如果你相信某件事不可能，你就不會採取必要行動，也不會產生好的結果。不論是哪種方式，皆會變成「自我實現預言」（self-fulfilling prophecy）＊。

## 用不同的眼光看待自己

在一年級、四年級和十年級，史提芬・J・凱納爾（Stephen J. Cannell）成績都不及格，班上其他同學都能順利讀寫、理解上課內容，但是他卻辦不到。他的母親花了五小時陪讀，為考試做準備，可是他又不及格了。他詢問某個成績優異的朋友，問對方花多少時間準備考試，對方回答：「我沒多做準備。」於是史提芬斷定自己是個智商不足的笨蛋。

他告訴我：「但是我還是靠意志力採取行動，決定把這個念頭撇出腦海，拒絕想到這個念頭。相反地，我把焦點放在自己擅長的事上，而我最擅長的就是美式足球。要不是有美式足球，我不知道自己將來該怎麼辦。體育活動助我找回自尊心。」

他把所有精力投入美式足球。他擔任跑衛（running back，RB）†，贏得不少校際榮譽。從美式足球裡，他學到只要全力以赴，即可造就優秀表現。

後來出社會後，他也能轉換自身信念，居然轉念撰寫電視劇本，實在出人意料。最後，他成立自己的製片廠，創造、製作、撰寫了超過三百五十個劇本，用於三十八個不同節目，包括熱門電視影集《天龍特攻隊》（*The A-Team*）、美國偵探劇集電視連續劇《洛克福德檔案》（*Rockford Files*）、《巴萊特》（*Baretta*）、美國電視影集《龍虎少年隊》（*21 Jump Street*）、《鐵面英雄膽》（*The Commish*）、霹靂騎士（*Renegade*）、桃色雙探（*Silk Stalkings*）等。在他製片廠職涯的巔峰，他公司的在職人員超過兩千人，更厲害的是，在他出售製片廠後，他還繼續寫了十八本暢銷小說。史提芬是最好的例證，說明**事實不在於人生給了你什麼，而是你如何應對**，這才是最重要的，不論心理上或身體上皆是如此。

國際門薩協會（Mensa International）‡會長維克托．沙維特（Victor Serebriakoff）的例子。他是俄羅斯移民之子，從小在倫敦貧民窟長大。維克托的老師認為他無法完成學業，也找不到好的工作，於是把他貼上標籤，認為他是笨拙遲鈍的學生，並且告訴他應該輟學。維克托屈從了別人為他描述的命運，在十五歲的時候，他退學了，然後四處打零工維生，從一份毫無前途的工作再換成另一份沒有出路的工作，經常流落街頭，除了一息尚存的求生意志，沒有任何抱負。

---

* 指我們對於自己的看法，決定了我們的態度，進而影響行為，導致與想法一致的結果。
† 通常安排在四分衛的後方或旁邊，專門持球進攻的球員。
‡ 世界規模最大且歷史悠遠的高智商組織。無政治立場、不分種族與或信仰，只要通過智力測驗即可加入。

在他三十二歲時，維克托加入英國軍隊。軍方為他進行智力測驗，發現他天賦異稟，智商高達一百六十一＊。他竟然是天才！看到結果，維克托大為吃驚，雖然感到不可置信，但他還是決定相信軍方的測驗結果。得知自己是高智商，他決定言行舉止要宛如天才，他在軍中服役時，被分派到教育團，訓練剛入伍的新兵，退役之後，他在木材公司任職，最後成為木材加工廠集團的管理者，他也成為備受尊敬的木材技術家。他發明一個機器，用來將木材評分等級，並且引進國際公制到這個行業裡，使木材業發生革命性的劇變，後來他擔任國家木材標準委員會的主席，而且持有幾項寶貴的鋸木廠相關專利權。

某天，他的妻子瑪麗注意到一則廣告，是某個社團正在找高智商人士。維克托參加國際門薩協會的入會考試，並且輕鬆超越這個團體的唯一入會要件，也就是智商要至少一百四十以上。他的智力測驗成績又是一百六十一，所以被列入「完全資優」。幾年後，這個以前曾是中輟生的人，獲選為國際門薩協會的主席。

所以，什麼事讓維克托的人生大不同？並非是因為他突然變得聰明。事實上，他一直都很聰明。智力是與生俱來，他所做的改變，是他選擇用不同眼光看待自己。他十五歲時，選擇相信老師，而這些人認為他是笨蛋；他三十二歲時，選擇相信軍方的智力測驗成績，認為自己是天才，因此他釋放出一直存在的潛能。

維克托的故事令人驚嘆，顯示了選擇的力量：選擇相信你自己及你的能力。**你的潛能早**

**就蟄伏在你內心，只要你選擇相信自己和本身能力，就能釋放這股潛能。**

「我想找許多人才，而這些人擁有無限能力，不會預設『我辦不到』。」

——亨利．福特（Henry Ford），美國企業家

## 你的想法會影響你的能力

「在人類心靈裡，『我辦不到』具有最強大的負面影響力。」

——保羅．R．席利

如果想要成功，請務必放棄「我辦不到」這句話，也不要說類似的話，例如「但願我能

＊一般人平均智力測驗得分在九十到一百零九之間，據說諾貝爾物理學獎得主阿伯特．愛因斯坦（Albert Einstein）的智商是一百六十。

做到」。**「我辦不到」會削弱你的力量。一旦說出口，實際上會讓你更加軟弱。**在我的座談會裡，我使用一種名為「應用肌動學」（Applied Kinesiology）*的技巧，在大家說出不同用語時，測試大家的肌力程度。我請他們往側邊伸出左手臂，而我把自己左手臂往下按壓他們的左手臂，看看他們的一般力氣有多大。然後，我請對方挑選某樣他們自認無法辦到的事，例如「我不會彈鋼琴」，再請對方大聲說出來，接著我再度往下按壓他們的手臂，肌力肯定更虛弱了。後來，我請對方說「我辦得到」（亦即「我能夠彈鋼琴」），而他們手臂力氣變強了。

**你的腦袋是用來解決問題，達成腦海中的任何目標，你所思所言的字句，其實會影響你的身體。**從幼兒身上即可看出，幼兒時期，任何事都阻擋不了你，你認為可以攀爬任何東西，對你而言，沒有任何障礙可以讓你裹足不前，但是家人、朋友和老師對你施加情緒上和身體上的限制，你也順應的做出反應，一點一滴累積下來，你所向披靡的無敵感因此受到制約，直到後來再也不相信自己辦得到。

你必須負起責任，不再講「我辦不到」這句話。我曾經參加安東尼．羅賓斯的座談會，學會如何走過灼熱的煤塊。一開始，我們都深怕自己辦不到，認為我們的腳底會被灼傷，在那場座談會中，東尼要我們寫下自認「我辦不到」的其他念頭，例如：我找不到完美工作、我無法成為富翁、我找不到完美伴侶，然後想著，這些念頭被丟到灼熱煤塊上，毀於大火中。兩小時後，我們之中有三百五十人走過這堆灼熱煤塊，沒有任何人遭受燒燙傷。那天晚上，我們全都領悟到，正如「走過灼熱煤塊一定會被燙傷」這項信念只不過是謊言，我們對自身能力的每項其他局限信念也僅是虛妄。

美國應用數學家喬治．丹齊格（George Dantzig）以前是加州大學柏克萊分校數學研究生，在某次研究生等級的統計學課，他上課遲到了，然後發現黑板上寫了兩道問題，他以為這是老師指定的回家作業，於是他把問題抄下來。這兩個問題之所以被寫在黑板上，只因為它們是兩個知名的「未解難題」。他並不知道這一點，就著手解題。

丹齊格後來講起這件事，說這些難題「看起來似乎比平常還難」，但是抄下問題幾天後，他交出完整解題方法，仍舊以為這些僅是過期作業的一部分。

丹齊格說：「假如我早知道這些問題不是作業，實際上是兩道未解統計學難題，我可能不會正面思考，反而退縮不前，也就不會想出解答了。」

丹齊格的故事正是絕佳實例。**追尋目標時，若能不帶任何自我限制的信念，你將會創造出意想不到的非凡成果**。

---

* 研究人體運動機制，藉以促進身心健康、提升學習效率等表現。

# 拒絕活在別人的否定中

以下是美國暢銷書作者凱瑟琳・藍尼根（Catherine Lanigan）的故事。在她童年時期和青少年階段，大家都認為她是天賦異稟的寫作人才。

大學時代，她就讀新聞學院。大一那年的第二學期，有人引薦她參加創意寫作研討會，指導老師是哈佛某位客座教授，通常這個研討會的名額僅能保留給大四學生。當時，她寫出第一個短篇故事，那位教授叫她到辦公室，討論她寫的這篇故事。他是一位很老古板的英文教授，戴著方框眼鏡，穿著粗花呢外套，身高約一百九十七公分，他說：「藍尼根小姐，進來坐下吧！」他拿出她的原稿，從桌面另一頭丟過來說：「坦白說，藍尼根小姐，妳的寫作一塌糊塗。」她大受打擊。

他說：「我不知道妳怎麼混進我的班上。妳毫無『情節結構』或『性格描繪』的概念。妳想靠寫作賺錢維生？根本不可能。但妳是一位很幸運的年輕女性，因為我在妳人生十字路口，給妳當頭棒喝。妳的父母耗盡家產，苦心栽培妳，但妳必須變更你的主修項目。」

教授知道此時她已來不及在學期中途退出那門課，因此他說：「我知道妳來這門課，是想要拿到八十分，也知道妳下定決心，想以最高榮譽的優秀成績畢業。我跟妳打個商量。我會讓妳通過這門課，給你『B』等成績，只要妳答應我，往後絕不再寫作。」她想不出還有其他選擇，於是接受了這項協商。

那天深夜，她帶著自己的短篇故事和一個金屬製垃圾桶，走到宿舍頂樓，將原稿一燃而盡，朝著寒冬夜空，宣誓：「我發誓絕不相信夢想，只會著眼於現實。」不久後，她把主修變更為「教育學」。

長達十四年歲月裡，凱瑟琳都沒寫作。但是某個夏天，她正好在美國德州聖安東尼奥市（San Antonio），她注意到，有一群作家和新聞記者，圍坐在飯店泳池旁邊的桌子。她鼓起勇氣，朝他們走過去，然後說：「我想告訴大家，由衷欽佩各位新聞在職人員，你們探索新故事。成為作家，曾是我的祕密夢想。」其中一位較為年長的人士轉過頭來說：「真的嗎？倘若妳想當作家，妳就能當作家。」

凱瑟琳回答：「我有經過專業人士的評斷，不論如何，我就是沒有才華。」他問是誰跟她這樣說，於是她說出那段大學往事。他給她一張名片，並且告訴她，如果她又開始寫作，就打電話給他。凱瑟琳回說自己不再打算寫作，可是對方說：「會的，妳肯定會再寫作。」

她細思這番話，返家後，寫了一本書，再把書寄給他。三個月後，他打電話來，說他很喜歡這本書，打算把書寄給他的經紀人，他說半小時後經紀人會打電話給她。經紀人果真打來了，並且說：「凱瑟琳，你的才華真是令人驚豔。」後來，凱瑟琳與經紀公司簽了一份合約，三個月內，就有兩家出版商競標這本書。從那時起，凱瑟琳已經出版了三十三本書，包括《綠寶石》（*Romancing the Stone*）和《尼羅河寶石》（*Jewel of the Nile*），兩本書都被改編成暢銷電影，由美國一線男演員麥克・道格拉斯（Michael Douglas）和美國女演員凱瑟琳・特納（Kathleen Turner）主演。

思考凱瑟琳的故事，她喪失了最初的十四年光陰，而這段歲月原本該是獲利頗豐的寫作時期，可是她卻輕信那位教授的話。千萬別讓其他人說你沒能力做某件事，只要經過訓練、刻苦自勵、辛勤付出，有志者事竟成。切記，**你的信念是一種選擇，所以請選擇相信自己，別管其他人的閒言閒語。**

## 別讓「辦不到」的想法浪費自己的人生

一九七七年，在佛羅里達州的塔拉哈西市（Tallahassee），蘿拉・舒爾茨（Laura Shultz）當年六十三歲，某天一輛別克汽車（Buick）壓到她孫子的手臂，她居然有力氣抬起這輛車的後端，讓孫子脫離困境，在那之前，她僅能舉起約二十二・七公斤重的寵物飼料，從未抬起比這還重的東西。

查爾斯・加菲爾（Charles Garfield）著有《巔峰表現》（*Peak Performance*）和《巔峰

表現者》（*Peak Performers*）。他在《國家詢問報》（*National Enquirer*）讀到蘿拉的故事，於是前往採訪。他到達她家，但蘿拉拒絕接受採訪，不討論這場「意外」。最後，他們一起吃完早餐，他終於讓她開口說話了。她說不願想起此事，因為這起意外挑戰了她的信念：到底自己有何能力做什麼事？什麼樣的事可能辦到？她說：「即使自認辦不到，我卻辦到了，假如這樣，那麼我之前的人生到底算什麼？我是否浪費生命？」

查爾斯說服她，人生尚未結束，而她依然有能力做自己想做的事。他問她想做什麼、她的熱情是什麼？她說自己一向熱愛岩石。她以前想攻讀地質學，但是她的父母沒有足夠的錢，無法同時供應她和弟弟的大學費用，於是只有她的弟弟去念大學。

查爾斯提供她一些指導，她在六十三歲那年，決定返校進修地質學。最後她拿到學位，前往當地社區大學教課。

別等到六十三歲才發現自己能做到任何想做的事，別浪費自己的人生。現在就開始，知道自己有能力做任何想做的事，並且開始努力，往目標邁進。

# 追尋夢想永遠不嫌遲

「永遠不嫌遲。重新開始，永不嫌遲；快樂度日，永不嫌遲。」

——珍．芳達（Jane Fonda），奧斯卡金像獎得獎女演員、健身大師

人們找盡藉口，用來規避風險，不追尋夢想。最常見的藉口就是「我年紀太大，為時已晚。」不過事實並非如此，來看看以下故事。

茱莉亞．柴爾德（Julia Child）是史上最負盛名的廚師之一。以前她從未學過烹飪，直到年近四十歲才開始，並且直到她五十一歲時，她才推出電視節目《法國大廚》（*The French Chef*）。節目廣受歡迎，她的名字家喻戶曉。

二〇〇九年春天，蘇珊．波爾（Susan Boyle）已經四十八歲，原本是沒沒無聞的業餘歌手。在《英國達人秀》（*Britain's Got Talent*）節目裡，她引吭高歌《悲慘世界》（*Les Misérables*）裡的名曲《我曾有夢》（*I Dreamed a Dream*），一鳴驚人，聲勢暴漲，打進國際舞台。從那時起，她已經錄製五張唱片，銷量超過一千九百萬張，榮獲兩次葛萊美獎提名，估計已經累積超過三千兩百萬美元的身價。

麥當勞創辦人雷．克洛克（Ray Kroc）當年五十二歲，他之前花了十七年光陰，擔任紙

杯銷售員，然後又耗費另一段近十七年歲月，兜售一次可以製作五份奶昔的機台。當時，麥當勞兄弟在加州有幾間聲名遠播的漢堡店。後來他遇見麥當勞兄弟，說服他們，由他協助他們經營全國連鎖加盟店。七年後，雷又說服他們脫售自己的股份，接著成為億萬富翁。

英國作家伊莉莎白．喬莉（Elizabeth Jolley）出版第一本小說時，已經五十六歲。光是在一年裡，她收過三十九封拒絕信，但是最後居然出版了十五本小說與四本短篇故事集，成就非凡。

一九九九年，多莉絲．哈多克（Doris Haddock）已經八十九歲，她開始在洛杉磯與華盛頓哥倫比亞特區之間，長途跋涉約五千一百五十公里，提高大眾意識，省思「政治獻金」相關議題。大家叫她「多莉絲奶奶」，她走路跋涉超過十四個月，每天每趟旅程行走約十六公里，仰賴友善的陌生人提供膳宿。二〇〇四年，她年屆九十四歲，甚至企圖爭取美國參議院席位，因此成為史上最老的重大公職選舉候選人。

人稱「摩西奶奶」（Grandma Moses）的安娜．瑪麗．羅伯森．摩西（Anna Mary Robertson Moses），在世界廣為知名，是美國民俗藝術的重要人士。七十六歲前，她甚至連筆刷也沒拿過。接下來二十五年，她持續繪畫，時間久到足以讓她親眼看到，原本三美元售價的油畫，轉賣價格竟然超過一萬美元。時至今日，在拍賣會場裡，她的某些畫作售價超過十萬美元。

二〇〇七年，諾拉．奧克斯（Nola Ochs）九十五歲，才剛從堪薩斯州的福特喜斯州立大學（Fort Hays State University）畢業，獲頒歷史學的學位。她成為年紀最老的大學學位畢業生，打破金氏世界紀錄，原本該項紀錄保持者是莫塞爾．理查森（Mozelle Richardson），他在二〇〇四年，以九十歲高齡之姿，從奧克拉荷馬大學取得新聞學的學位。三年後，諾拉繼續取得碩士學位，當年已經九十八歲，成為最老的碩士學位領受者。在諾拉滿一百歲的生日那天，她開始撰寫第一本書《諾拉記得的事》（*Nola Remembers*）。

然後，彷彿彼此較勁似的，在二〇一一年，里歐．普拉斯（Leo Plass）高齡九十九歲，剛從俄勒岡大學畢業，取得副學士學位，創下新的世界紀錄，成為史上最老的大學畢業生。想做任何事，永遠不嫌遲，這點毋庸置疑。

## 不服老，創下世界紀錄

海倫．凱琳（Helen Klein）當年五十五歲。她的先生諾姆（Norm）找她一起鍛鍊約十六公里的馬拉松。她有二十五年的菸癮，生平從未跑超過一．六公里，但是她同意試試看。在自家後院裡，他們劃分出一條跑道。她跑了兩圈後，又喘又累，於是她不太確定自己能否辦到。不過，她決定繼續下去，每一天她都多跑一圈。兩週後，她竭盡全力抵達終點，也完成這項馬拉松。

受到這項成就的激勵，海倫開始參加其他「短程」賽跑。但是她深知自己沒有速度上的稟賦，所以她決定試著去跑緩速長程的馬拉松。打從那時起，她已經跑過六十多次馬拉松與一百四十場超級馬拉松。海倫成就斐然，以下是幾項精采的賽事。

年屆六十六歲時，在短短十六週內，她跑了五場約一百六十公里的山路馬拉松。一九九一年，她花了五天又十個小時，跑遍科羅拉多州，創下五百公里賽跑的世界紀錄。她也是一百六十公里賽跑，她的年齡組別中的紀錄保持人。一九九五年，海倫高齡七十二歲，她跑了約兩百三十三公里，橫越撒哈拉沙漠，還完成了約五百九十五公里的《艾科挑戰賽》（*Eco-Challenge*）*。在那場賽事裡，她騎馬約五十八公里，騎自行車約一百四十五公里，飽受豔陽下的沙漠炙熱，設法穿越約二十九公里長的酷寒多水峽谷，在山徑騎自行車約四十二公里，從約一百三十四公尺高的懸崖攀岩而下，沿路不停爬山一千九百三十一公里，划槳泛舟約一百四十五公里，健行約三十二公里，到了最後，划獨木舟約八十公里，抵達終點線。她也花了四小時又三十一分鐘，完成約四十二公里賽跑，成為「八十到八十五歲組」的世界馬拉松

---

*真人實境節目，拍攝劇中為期多天的探險競賽。

紀錄持有人。

還記得嗎？海倫五十五歲前，從未跑過任何賽事。她的故事證明，立刻開始，真的永不嫌遲。

## 「年紀輕」不會是藉口

相反地，許多人裹足不前，告訴自己太過年輕，無法展開一切，或說本身經驗不足，不能追尋自己的夢想。這也是一種錯誤觀念。來看看以下故事。

我曾出席加州婦權會議發表演說。那時候，我遇到十二歲的瑞恩・羅斯（Ryan Ross），媒體稱他為「小川普」。在他年僅三歲的時候，他就在自家庭院裡，展開雞蛋事業。他以六十美元購入雞群，然後以三美元賣出一打雞蛋。他一天可賺十五美元。後來覺得賣雞蛋太無聊，他開拓下一個商業機會，進行草坪修剪事業。他向客戶要價每小時二十美元，但是由於他年紀太小，還無法操作割草機，他以每小時十五美元的價錢，付費雇用年紀較大的兒童代為操作，然後他賺取每小時五美元的利潤。他接下來的生意是高壓水柱清洗機事業，他向客戶要價每小時兩百美元，再以每小時一百美元雇用其他人代勞。

到了五歲，在自己家鄉加拿大安大略省多倫多市和卑詩省等地，瑞恩購置不動產，已經藉此從中獲利。在他年屆八歲時，他已經持有六棟建物，個人身價高達百萬美元。瑞恩也投入慈善事業，提供食物和衣服給第三世界國家的家庭。他跟我說，下週他要與真正的唐納・川普共進午餐。

哈波柯林斯出版社（Harper Collins）為亞歷克・格雷文（Alec Greven）出版第一本書《搭訕密技》（*How to Talk to Girls*），當時他年僅九歲。這本書起始於學校老師出的作業。該書出版後的那一年，他出現在《艾倫・狄珍妮秀》（*The Ellen DeGeneres Show*）、《柯南・奧布萊恩深夜秀》（*Late Night with Conan O'Brien*）、《傑・雷諾今夜秀》（*The Tonight Show with Jay Leno*）等節目裡。在起初的三個月內，這本書登上《紐約時報》暢銷書榜。一年後，他又出版了三本書：《如何與媽媽說話》（*How to Talk to Moms*）、《如何與爸爸說話》（*How to Talk to Dads*）、《如何與耶誕老人說話》（*How to Talk to Santa*），又過了一年後，大約在他十一歲時，他出版了《校園規則》（*Rules for School*）。如今，他的書在十七個國家上市販售。

萊恩・赫傑克（Ryan Hreljac）當年六歲，得知非洲孩童每天必須步行好幾公里才可取水，他非常震驚。於是萊恩決定，他有必要在非洲村莊建造水井。萊恩幫忙做家事，也針對乾淨用水議題，在教會和學校發表演說，他因此籌措足夠款項在烏干達北部建造他的第一口水井，當時他才八歲。萊恩下定決心，後來終於成立「萊恩水井基金會」（Ryan's Well Foundation），籌募數百萬美元，在十六個國家完成八百八十二項水利專案，也建造一千零二十五間廁所，引入乾淨用水管道供人取用，為八十萬五千多人帶來衛生設備。

克里斯多夫．鮑里尼（Christopher Paolini）開始著手撰寫小說《龍騎士》（*Eragon*），當年他只有十五歲。在他十九歲的時候，這本書出版了。亞歷克朗讀這本書，舉辦簽書會，推廣至一百三十五多個學校和圖書館。這本書迅速攀上《紐約時報》暢銷書排行榜。四年後，福斯電影公司將這本書改編成電影，在世界各地戲院上映。鮑里尼隨後寫了三本續集，以《龍騎士四部曲》（*Inheritance Cycle*）廣為知名，在五十七個國家出版發行，銷售量超過三千三百萬本。二〇一一年，他榮獲金氏世界紀錄表彰，成為史上最年輕的暢銷書系列作家。

杰倫．布萊索（Jaylen Bledsoe）初創自己的科技公司「布萊索科技」（Bledsoe Technologies），當時他年僅十三歲。該公司專精於網站設計和其他資訊科技服務。兩年後，公司成長茁壯，原本只有兩位員工，擴增至一百五十位約聘人員，並且拓展為全球企業，目前市值三百五十萬美元。僅在兩年就壯大自己的事業，成為價值數百萬美元的企業，即便成年人也鮮少有人能辦到。

到了十二歲左右，雙胞胎姊妹布里安納．溫拿與布里坦娜．溫拿（Brianna and Brittany Winner）已經完成了她們第一本小說《濱岸預言》（*The Strand Prophecy*），透過巴諾書店

（Barnes & Noble）行銷全國各地。在十年級（大約高一）尾聲時，這對雙胞胎姊妹已經完成四本小說、一部電影劇本、一本寫作指南、一本漫畫。值得注意的是，她們兩人都是閱讀障礙患者。

## 成敗與否攸關態度

在美國職棒巨頭泰．柯布（Ty Cobb）七十歲的時候，某位記者問他：「假如你現在依然在打棒球，你認為你的打擊率*會是多少？」

柯布的平均打擊率是〇．三六七。他說：「大約〇．二九〇。也可能是〇．三〇〇」。

記者回答：「是因為旅途勞累、夜間比賽、人造草皮，或是遇到滑球等新式投球法的原因嗎？」

科布說：「不是。原因是我已經七十歲了。」

所以你就這樣認定自己了？

* 職棒選手的打擊率約在〇．二八以上，數值越大越好。

## 比文憑更重要的成功要素

一項統計數字顯示，相信自己，遠比知識、訓練或學校教育還重要。有二〇%的美國百萬富翁從未踏進大學；二〇一四年，有四百九十二位名列億萬富翁的美國人，其中有十六位從未取得大學文憑，有兩位甚至從未完成高中學業！所以，雖然教育與致力終生學習皆是成功之道必不可少的要素，但正規學位並非絕對要件。在網路的高科技世界裡，這點更加真確。拉里・埃里森（Larry Ellison）是甲骨文公司（Oracle）首席執行長，曾是伊利諾大學的中輟生。而在本文撰寫之際，他的身價高達四百八十億美元；馬克・祖克柏（Mark Zuckerberg）創立臉書（Facebook）後，從哈佛大學退學，而他現在的資產淨值高達兩百八十億美元；比爾・蓋茲也是哈佛中輟生，後來創立微軟公司，蟬聯世界首富之位多年，而他的身價超過七百六十億美元。

就連美國前副總統迪克・錢尼（Dick Cheney）也是大學中輟生。前任副總統、美國首富、許多片酬兩千萬美元的演員、美國很多最偉大的音樂家和運動員皆是大學中輟生，一旦領悟此點，就能發現，隨時隨地皆可重新開始，為自己創造成功人生*。

# 遵從內心，不為別人而活

「別人對你的觀感，根本微不足道。其他人不相信你，你更要相信你自己，這才是贏家之道。」

——維納斯．威廉斯（Venus Williams），奧運金牌得主暨職業網球冠軍

如果要別人相信你，你才能實現夢想，那我們大多數人絕對無法成就任何事。你的決策必須立基於「自己的目標和渴望、你想做什麼事」，而非出自你父母、親友、配偶、子女和同事的目標、渴望、意見、批判。別再擔憂其他人對你的觀感，要遵從你的內心。

我喜歡丹尼爾．亞曼醫生（Dr. Daniel Amen）的「一八／四〇／六〇法則」：十八歲的時候，你擔心大家怎麼看待你；年屆四十，你毫不在意任何人對你的觀感；到了六十歲，你領悟到，根本沒有人把你放在眼裡。

很意外吧？多數時候，根本沒人想起你！大家太過忙著擔心自己的人生，假如有人絲毫

---

* 資訊來源：二〇〇〇年六月二十九日文章〈有些億萬富供選擇硬漢學院〉（*Some Billionaires Choose School of Hard Knocks*），富比士網站的「二〇〇三年富比士全美四百大首富」。統計數字按照二〇〇三年版「富比士全美四百大首富」修正，也出自維基百科的中輟生億萬富翁名單。

想起你，他們是在納悶你是否對他們有什麼想法。同時，與其成天浪費時間，擔心別人怎麼看待你的想法、目標、穿著、髮型，倒不如花點時間，專注進行有助達成你目標的事情。

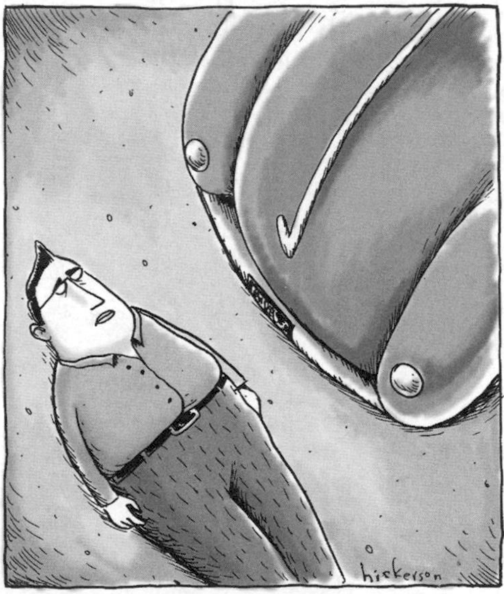

自卑的鮑伯決定從事減速這份工作。

**圖表 1-5　相信自己**

# 06 運用吸引力法則

「你的思想、情感、心理圖像和話語向外輻射了什麼，你就會把它吸引到你的生活中。」

——凱瑟琳．龐德（Catherine Ponder），《繁榮的動態法則》（*The Dynamic Laws of Prosperity*）作者

這是宇宙中最強大的力量之一，它圍繞著我們、影響著我們，而且可以用來對我們的未來產生正向的影響。它跟萬有引力一樣，不是我們可以隨意開啟和關閉的東西，事實確是如此。而且跟萬有引力一樣，我們可以選擇對抗它、抱怨它，或是運用它的巨大好處——成功人士都是這麼做的。

我說的是「吸引力法則」（Law of Attraction）。

但數世紀以來，大多數人都不知道它的存在，直到二〇〇六年，一部名為《祕密》

（*The Secret*）的紀錄片電影及同名書問世，我跟多位同事成了片中教授此一強大法則的老師。我這一生不斷運用吸引力法則，創造我的個人成就並打造商業上的里程碑。有趣的是，利用這股強大力量的關鍵做法，竟然與你在本書中讀到的準則和做法不謀而合，這些行為包括對你自己的人生負起全責、相信這是可能的、視覺化你期望的結果、打造一個願景板、重複肯定、像成功者一樣行事、保持積極正向的期望、練習寬恕、冥想、實踐不同凡響的讚賞，以及發展積極正向的金錢意識。

《祕密》和吸引力法則已經深植於我們的文化中，就讓我們花些時間了解它究竟是什麼，以及它是如何運作的，最重要的是，你要如何善用吸引力法則，創造你想要的人生和結果。

簡單來說，**吸引力法則是指：你所想的、所說的、所堅信的，以及強烈感受到的，你就能實現**。

縱觀歷史，最偉大的思想家和精神導師，一直為我們指出此一真理。請看以下名人金句：

- 「凡你們禱告祈求的，無論是什麼，只要信是得著的，就必得著。」——〈馬可福音〉第十一章第二十四節（英王詹姆士欽定版《聖經》）

- 「一切唯心造。」——佛陀
- 「人是思想的產物。想什麼就變成那樣。」——甘地（Gandhi），印度國父
- 「未來的帝國是思想的帝國。」——溫斯頓．邱吉爾（Winston Churchill），英國前首相、軍事家
- 「我們整天想著什麼，就會變成那樣。」——拉爾夫．沃爾多．愛默生（Ralph Waldo Emerson），美國思想家
- 「在你把無意識變得有意識之前，它會指導你的人生，而你把它稱之為命運。」——卡爾．榮格（Carl Jung），瑞士心理學家

這些偉大的智者明白思想的力量——從影響我們所擁有的事物，到創造我們所經歷的一切，乃至決定我們在世間的地位。思想為什麼能控制我們這麼多人生面向？

## 所思所想影響你的經歷

今天科學家們已經知道，宇宙中的一切都是由能量組成的，而且實體物和非實體物都是

如此。當然，基本的化學知識告訴我們，一個實體物，例如：一棟建築、一棵樹或這本書，是由數十億個單獨原子所組成，這些小能量束與其他原子相互作用並結合成多種形式，包括水、金屬、植物、土壤、塑膠、木漿，以及其他用來製造實體物的原料。

非實體物（包括思想）也是由能量組成的，因此也能與物質世界的各個面向和物體「結合」和互動。例如，眾所周知，我們的腦波（字面意思是我們的思想）是一種強烈的能量，可以輕易地用醫療設備檢測出來，因此它可以像其他形式的能量一樣，與我們的物質世界相互作用。這是什麼意思？

你曾否有過這樣的經驗：你突然想起遠方的一個朋友，沒想到幾分鐘後便接到她的來電？你是否曾經在高速公路上開車，正想著不知是否會收到超速罰單，就從後視鏡中看到閃爍的警車紅燈？那就是你的腦波與現實正在相互作用。幸好你也可以利用你的想法來產生正面的結果，例如，你曾經一連好幾個月強烈渴望得到某樣東西，結果突然以某種機緣巧合的方式得到了它，那其實也是你的思想、意念和願望影響了你的經歷。

「我們所創造的世界是我們思維的一個過程。不改變我們的思維，就無法改變它。」

——阿爾伯特・愛因斯坦

愛因斯坦曾在一九三五年透過量子力學的實驗來研究此一現象。量子力學認為，在宇宙的一側用能量啟動一個粒子，會令宇宙其他地方的「夥伴」粒子產生瞬間的反應。哥倫比亞大學的布萊恩・格林（Brian Greene）教授這樣解釋：「根據量子理論和證明其預測的許多實驗，兩個粒子間的量子聯繫可以持續存在，即使它們處於宇宙的兩端。」換句話說，這裡發生的事情，可以跟其他地方發生的事情糾纏在一起。*

其他一些有據可查的實驗也證明，思想可以迅速穿越空間，要麼被他人接收，要麼對物質產生影響。北極探險家休伯特・威爾金斯爵士（Sir Hubert Wilkins）與專攻心智力量、對心智交流相當感興趣的哈若德・薛曼（Harold Sherman）合著的《穿越空間的思想》（*Thoughts Through Space*），講述了一九三七年的一次實驗。當時有一群俄羅斯飛行者在阿拉斯加境內的北極冰架上墜毀，俄羅斯政府委託休伯特・威爾金斯爵士在該地區組織和領導空中搜索，尋找和救援他們。

威爾金斯爵士在出發前於紐約遇到了哈若德・薛曼，兩人想趁此機會對心智的交流進行科學測試，於是他們決定合作進行為期六個月的實驗。

---

* 布萊恩・格林是哥倫比亞大學的物理學和數學教授。他所著的《宇宙的構造》（*The Fabric of the Cosmos*），是美國公共電視台科學記錄片迷你系列《新星》（*NOVA program*）的基礎。

雙方議定，待威爾金斯展開救援任務後（此實驗與他的救援任務無涉），便會在預先排定的時間，直接向身在紐約的薛曼傳送「思想訊息」。兩人會將每次的交流製作成書面記錄，威爾金斯是以「發送者」的身分記錄他的想法，薛曼則是以「接收者」的身分記錄他的心理印象。且雙方會定期把書面記錄交給第三方，以防止日後有人更改原本的結果。

當威爾金斯在救援任務結束後回到美國，向薛曼展示他的思想訊息日記時，發現薛曼的「解讀」竟然高達八成是準確的，這證明了遠在約五千四百七十公里之外的思想訊息成功發送和接收！

太空人艾德加．米契爾（Edgar Mitchell）在一九七一年執行阿波羅十四號任務期間，曾進行的一項實驗顯示，思想可以傳播至少約四十萬零兩千三百三十六公里遠（從地球到月球的距離）。擁有科學博士學位的米契爾從外太空向地球上的四個人傳送心電感應訊息，有三個人正確接收到訊息。其中一人叫奧洛夫．永森（Olof Jönsson），是一名住在芝加哥的工程師暨通靈者。在預先排定的時間，米契爾於太空艙內準備了一些不同符號的卡片，包括十字架、星星、波浪、圓圈和正方形，並讓地球上的永森隔空想像這些卡片。永森不僅答對所有的符號，而且順序也正確。

「數十位科學家發表了數千篇科學文獻，提供了可靠的證據，證明思想能夠深刻地影響人生的各個面向。身為觀察者和創造者的我們，每個瞬間都在不斷重塑我們的世界。我們的每個想法，每個判斷，無論多麼無意識，都在產生影響。」

——琳恩・麥塔嘉（Lynne McTaggart），《療癒場》（*The Field*）作者

今天科學家們已經進步到不僅研究思想的傳遞，還研究「生物糾纏物理學」（bio-entanglement physics）*，試圖發現如何利用這些能量連結，將理想的結果帶入我們的物質世界。

雖然《祕密》和吸引力法則在過去幾年受到了批評，但我認為人類才剛開始了解思想的力量及糾纏理論。從字面上看，我們的思想與物質宇宙有著能量上的「糾纏」，因此可以啟動宇宙來傳遞我們心中的所思所想。

---

* 此指根據量子糾纏的效應推導模擬至生物間的相互作用，使之可實際應用於現實世界中。

## 善用意念的力量

科學家們普遍知道的另一個事實是：地球及地球上的萬物，包括你在內，都是以該物體特有的頻率持續振動。從最小的原子到最大的摩天大樓，所有被創造出來的萬物都處於持續振動的狀態，從字面上看，就是處於活躍的運動中。

科學家們還知道，地球的振動頻率在強烈的能量下會產生波動，例如：遭遇極端氣候、恐怖攻擊、嚴重天災，以及人類極端情緒等。所以大家應該不難理解，我們也可以透過自身的強烈情緒，來提高或降低我們想吸引到生命中的人、事、物和經驗的振動頻率，甚至可以與之同頻共振。事實上，吸引力法則的主要規則，就是振動頻率及能量的流動是由思想控制的。**透過你刻意為之的思想，你可以讓自己與想要的事物達到振動和諧，並將之吸引到你身邊**。正如暢銷書作家琳恩．麥塔嘉所寫的：「注意力到哪裡，能量就流向那裡；意念到哪裡，能量就流向那裡。」＊

《祕密》的主要重點之一是善用意念的力量，也就是刻意為之的思想，把你想要的東西顯化（manifest）到你的生活中。此一過程包含三個步驟：要求、相信和接受。

## 第一步：想你要的，而非你不想要的

你每天都在以思想的形式（你所想的、所閱讀的、所談論的，以及你所關注的）向宇宙及你的潛意識發出請求。這些思想形式包括你閱讀的書和雜誌、你觀看的電視節目和電影、你回覆的電子郵件，你造訪的網站、你閱讀的部落格文章，以及你聆聽的音樂。可惜這些思想大多是隨機的、矛盾的、無效的，而且肯定不是刻意為之的，所以它並非出於我們有意識的覺知或意念。

更糟糕的是，當我們批評自己、抱怨一些糟心事，並且糾結於我們生活中的匱乏時，我們向宇宙發出了負面的請求。同樣地，當你指責、找碴或評判某個人或某件事時，你的焦點也是放在你不想要的負面經驗上。當你感到擔心和憂慮時也是如此，我常把擔心稱為「設定負面目標」，因為你一直讓腦中出現你不想要的事物。

**吸引力法則指出，你會把你的能量、焦點與注意力所在之處，不論是你想要的還是不想要的，全都吸引到你的生活中，所以你必須更謹慎地對待你的想法和感受。**吸引力法則還指出，你提供的每個想法或感覺，都帶有一個振動頻率，而宇宙的回應則是給你更多你所振動

---

* 想了解更多關於意念的力量，請閱讀琳恩・麥塔嘉的《念力的祕密》（*The Intention Experiment*）。

的事物，宇宙並不關心這個要求是否對你有好處，它只是對你的振動做出反應。

但問題是，多數時候，你根本沒有意識到自己所提供的振動，你只是對自身以外的事物做出反應罷了，例如：正在發生的事、新聞、別人對待你的態度、股票市場、你賺多少錢、你的孩子在學校的表現，以及你的團隊是否獲勝。你依照你的感覺是正面的或負面做出反應，遺憾的是，當你只是無意識地對當下發生在你周圍的事做出反應，卻從未認真思考你未來想要什麼，你就會永遠卡在你當前的狀況中。這就是為什麼多數人的生活似乎從未改變，他們被困在相同現實的輪迴中，因為宇宙忠實地回應了他們發出的負面振動。

要是你提供的是正面的想法，例如：興奮、熱情、激情、幸福、快樂、關愛、讚賞、富足、繁榮、放鬆與和平，它們就會發出正面的振動。相反地，當你感覺無聊、焦慮、擔心、困惑、悲傷、孤獨、受傷、憤怒、怨恨、內疚、失望、沮喪、不知所措、壓力大或憂鬱，則會發出負面的振動。

吸引力法則會對你的想法做出相應的反應，並帶來更多你所振動的事物。多數人對此頗感震驚，他們現在的人生，是他們過去提供的思想和振動的結果，這是個革命性的概念。但更令人興奮的是，一旦你明白了這個道理，你只須從今天起改變你的想法和振動，即可創造你夢想的未來。

如果你已經擁有了你想要的事物和生活體驗，例如：完美的工作、完美的關係、環遊世界、夢寐以求的巨額財富，你會有什麼感覺？

## 開始有意識創造你的未來

為了更加覺知你提供給宇宙的想法，你不只要決定你想擁有什麼，而且還要練習感受當你擁有它時會經歷的情緒。*也許你想換個職業、搬到另一州、贏得某個重要的專業獎項、擁有自己的電視節目，或是從一場大病中康復。當你「達標」時，你會有什麼感覺？你一整天都做了些什麼事？你會和誰一起度過？

你越關注和談論你真正想要（而非不想要）的事物，你就會越快實現你的夢想和目標。把你的思想想像成你的智慧型手機或汽車上的全球定位系統，你想像的每張圖片，就像是在「輸入」你想去的目的地。每當你表達對某件事的喜好時，你就是在表達一種意念：靠窗的桌子、會議的前排座位、頭等艙的機票、有海景的房間、和諧的關係，這些圖像和想法全都是在向宇宙發出請求。

---

*請參考準則三，幫助自己釐清想要什麼；若是想練習你達成目標時的喜悅與滿足，請參考準則十二。

## 讓宇宙關注你願望的語言

如何陳述你的目標，對這個聚焦過程非常重要。與其說「我想擺脫債務」（這會令你的思想聚焦在你現在的債務上）不如說「我正過著寬裕和富足的生活」這樣的話語會讓你處於積極正向的思考狀態。

當你與其他人聊起你的現況時，也同樣要留意。因為談論及描述你的現況，其實會在你的未來創造更多相同的情況。**透過思考與表達你對現況的看法，你其實是在為未來預做準備，而非單純地描述現況**，我是在經歷某件事後，才了解到這兩者的差異之大。幾年前我跟馬克．維克多．漢森搭機飛往紐約，我們是因為《心靈雞湯》系列叢書所產生的正面影響，而入選「艾達絲．羅代爾（Ardath Rodale）名人堂」*。在飛往紐約的飛機上，坐我隔壁的那位男士，全程都在談論這個世界有多可怕——政府、經濟、犯罪、腐敗、汙染，以及青少年有多失控和忘恩負義，他是個不快樂的人。

馬克和我在頒獎儀式後去吃晚飯時，我們談論的都是生活中發生的所有美好的事情——我們近期的成功、我們正在進行的專案、我們如何能幫助對方、我們想把對方介紹給誰、我們的洞察力、我們的感恩，以及我們生活中所有的正向層面。

擁有一個積極正向的前景、使用未來思考的語言，並對即將進入你生活的美好事物充滿期待，這就是「要求」宇宙提供你想要的人、事、物和經驗的最佳方法。

## 用正面取代負面

就像你的美好未來人生劇本是由你自己撰寫，你也可以讓你的思想遠離你不想要的事物。每當你看到你不想要的事物，就下定決心不去想它們、不去寫它們、不去談論它們、不去反對它們或關注它們。

每當你發現自己在擔心或是一直感到匱乏時，立刻用你想要且享受的事物圖像、感受和情緒來取代這些負面想法。這是刻意為之的白日夢，善用視覺化的力量。

每當你陷入評斷自己或是某人或某事時，要意識到你正聚焦在你不想要的事物上。趕快採取行動轉換你的思維。民權領袖金恩博士最偉大的演講不是以「我有一個抱怨」為題，而是以「我有一個夢想」為題。每當德蕾莎修女（Mother Teresa）被問到她為什麼不參加反戰示威時，她的回答是：「我永遠不會那樣做，但如果有支持和平的集會，那我就會去。」這些偉大的領導人明白，反對某些事物，形同聚焦你對它的反對，只會創造更多的反對。

* 艾達絲·羅代爾致力透過生活和教育來改善人類的健康和福祉。

這就是為什麼冥想、正念和關注是如此重要。

**當你學會集中注意力並監控你的思想時，你創造理想事物的力量就會變得更強大**。請用更多能產生幸福、滿足、關愛、接受、希望、和平和快樂的正向思想，取代會產生認命、無望、憂鬱、內疚、恐懼和憤怒的負面思想。

## 向宇宙要求想要的事物

正如我在準則三中提到的，你唯一的工作是專注於你想要的東西，不必擔心如何得到它，那是宇宙的工作。而且我們將會看到，宇宙非常善於把人、情況、金錢、資源和其他必要的東西結合起來，以實現你理想的目標。

精準地決定好你想要什麼，能使你更有目的。集中你的思想，它們會吸引符合你思想內容和振動的人、事、物和經驗。就像我前文提到的全球定位系統，當你向宇宙提出你的目標時，你將會對它提供的東西感到無比驚豔，這就是魔法和奇蹟真正發生之處。所以不論是基督徒還是其他有信仰的人，都願意把自己的夢想、恐懼和欲望交給神。

主在以〈賽亞書〉第五十五章第八節中說：「我的意念非同你們的意念，我的道路非同你們的道路。天怎樣高過地，照樣，我的道路高過你們的道路，我的意念高過你們的意念。」

## 第二步：相信你會得到你想要的事物

「我們的意念會吸引實現預期結果所需的元素和力量、事件、情況、環境及關係。我們不需參與其中的細節，事實上，過於努力可能會適得其反。就讓非本地的智慧同步宇宙的行動，來為你實現你的意念。」

——狄帕克．喬布拉（Deepak Chopra），醫生、演講者、《人生成敗的靈性七法》（*The Seven Spiritual Laws of Success*）作者

「相信你會得到你想要的事物」是什麼意思？這意味著保持一種積極正向的期待，篤定地過好一天，因為你知道你已經把未來交到了比你更偉大的力量手中。

這就是以堅定的信念做決定，因為你確信你想要的事物絕對會發生。但說起來容易做起來卻難，因為許多人會畫地自限，使富足和幸福無法進入他們的人生。如果你就是這樣的人，你必須把你的局限信念轉變成：你值得擁有一切美好的事物、你是有價值的、可愛的、

有理想的且是有能力的，而且你足夠聰明、足夠強壯、足夠有吸引力、足夠富有、足夠善良，你的其他每個方面都是「夠好的」。

我在準則三十三中寫了一個簡單的策略：超越你的局限信念，幫助你消除任何阻礙你發展的信念。如果你需要把你內在的批評者變成一位教練，請參考準則三十二，找出方法克服負面思想，這些負面思想會阻礙正向的期望，而正向的期望對吸引力法則的運作至關重要。

當你相信自己一定能得到夢寐以求的事物，接著就該採取行動。當你採取能夠創造理想結果的行動，它會堅定你的信念，令你更加確信自己想要的東西觸手可及。

你需要採取一些「理所當然的行動」，比方說，如果你的目標是成為一名醫生，你就應該修習生化學及解剖學課程；如果你的目標是減肥，你就該改變你的飲食。你不必等待宇宙提供給你一套特有的環境。這些理所當然的行動是你應盡的本分，而且這些機會乃是唾手可得的，並不需要費盡心力爭取。

你還需要採取我所謂的「靈光乍現的行動」，這些行動是對你的內在指導、預感或直覺等突如其來的想法做出反應，像是「我不知道為什麼，但我有股衝動想給我的大學室友打個電話」或是「我覺得我無論如何都要參加那個會議」，所以許多人會在冥想時，事先備妥紙和筆隨時記錄下這些想法。多數時候你不會看到整個計畫的全貌，但只要你的信念夠堅定，你就一定可以向前邁進並採取行動，然後觀察其他行動步驟的出現。

## 與其照本宣科，不如跟著感覺走

「透過思考，你想要的東西被帶到了你面前；透過行動，你得到了它。」

——華勒斯．華特斯（Wallace Wattles），《失落的致富經典》（*The Science of Getting Rich*）作者

珍妮特．莫（Jeanette Maw）的新工作是在一家大型國有銀行銷售 401(k) 退休金計畫*，做了四個月後，管理階層就宣布，如果銷售團隊再不盡快扭轉頹勢，並交出令人滿意的數字，他們所有人都將被解雇。

在此之前，整個銷售團隊都兢兢業業地遵照上級規定的銷售步驟：每天打一定數量的陌生推銷電話，每週要安排一定數量的當面推銷，並且按照事先寫好的話術，來回應潛在客戶的反對意見。

雖然那些都是前人用過、百試百靈的銷售策略，但對他們的團隊就是不管用。而且現在團隊還浪費大把時間討論是什麼地方出了問題、是誰犯了錯，以及為什麼事情沒有成功。

* 美國創立的一種延後課稅的退休金帳戶計畫，因相關規定在《國稅法》第 401(k) 條中，故簡稱為 401(k) 計畫。

在得知如果情況再不好轉、他們的工作就岌岌可危後，珍妮特毅然決然地扔掉了那些沒用的腳本，決定嘗試新的做法。

她記得聽人說過一種寫日記的技巧：如果你每天用已經達成目標的口氣寫一頁日記，等你寫完整本日記，你就會得到你想要的東西。珍妮特所剩的時間不多了，所以她找了一本最小的筆記本，大約五公分乘七點五公分，僅二十五頁，她只花了兩分鐘就寫滿了第一頁。

她寫下了與潛在客戶相談甚歡，對方非常喜歡她介紹的產品，而且迫不及待地想盡快實施該退休金計畫。她還寫下了她當場就感覺與客戶建立了良好的關係，而且她提供的產品，確實為客戶的公司提供了完美的解決方案。

在她寫完第一篇許願文後，她跟自己確認了下一步該做的行動，結果答案是「好好吃頓午餐！」

自從她開始做這份工作以來，從未好好吃過一頓午餐，她的午餐都來自大廳的自動販賣機。買好食物後她會立刻跑回辦公室，利用打電話向企業主推銷產品的空隙，囫圇吞下那些不健康的食品。

然而這一天她決定聽從內心的指引，好好吃一頓健康的午餐。能夠走出辦公大樓，坐在戶外的用餐桌，在風和日麗的春天享用她最愛的希臘美食，感覺好奢侈、好滿足。吃完美味的食物後，她感覺心情舒暢，她還把吃剩的皮塔餅皮扔給附近的麻雀。

結束了令人心滿意足的午餐後，她不急不徐地走回辦公室，電梯裡有個陌生人跟她打招呼，並問她是誰。她回答：「我叫珍妮特，負責向中小企業銷售 401(k) 退休金計畫。」

對方大吃一驚，簡直不敢相信自己的耳朵！他要求珍妮特跟他去他的公司，他的辦公桌上堆滿了各家廠商提供的 401(k) 退休金計畫資料。他說他完全搞不懂這些計畫的內容，也不知道她的銀行有向中小企業提供 401(k) 退休金計畫。她趕緊遞上自家的銷售資料，對方非常高興，說這正是他想要的東西，他還問珍妮特多快可以為他的公司實施這個計畫。

又驚又喜的珍妮特請對方把她介紹給他們公司的人力資源總監，對方立刻指示他的人力資源總監，盡快簽署珍妮特需要的任何東西，他希望這個退休金計畫能夠立刻啟動！

此時距離她寫下的第一頁日記還不到兩個小時，她已經獲得了驚人的成功，她的同事和經理同樣感到震驚，因為這種情況從未發生過。

珍妮特將此成就歸功於放棄管理階層要他們照本宣科的制式行動，而是做了自己感覺不錯的事。

## 適時採取靈光乍現的行動

當吸引力法則開始為你的目標運作時，你會覺知到許多想法、策略和靈感，它們很可能是你在冥想時靈光乍現的洞察力。有時候機會還會以意想不到的方式出現，例如一通突如其來的電話或一個剛認識的人，為你帶來了「幸運的突破」。有時則是一筆天外飛來的金錢交易、回饋金或其他財務上的及時雨，解決了你的燃眉之急，讓你能朝向你的目標邁出第一步。但它也可能僅是一種衝動、一個靈光乍現的想法，或是在你寫下它時福至心靈的策略。

我把它們統稱為靈光乍現的想法，它們並非你一時興起的隨機想法，也不是你認為可能有效的策略，而是你以前想都沒想過的方法，只有在你使用吸引力法則的情況下才會想到。

無論出現了什麼，你的任務是搞清楚這些機會的真實情況，然後在相關的「能量」對你有利時迅速行動。光有正向思考是不夠的，還必須把握機會立即採取行動。

本書甫一出版，另一位作者珍奈特．斯威策就想出售她寫的作品《即時收入》（*Instant Income*），她打定主意要從紐約一家知名出版商那裡獲得出版合約，於是她花了好幾天時間寫了一份精心設計的出書提案，因為她很篤定採取行動的大好機會將會出現。不到兩週，珍奈特就接到時代華納圖書集團（Time Warner Book Group）的前主席兼執行長的電話，他最近剛退休並創辦了自己的文學經紀公司，一位朋友向他提及珍奈特的最新專案，所以他打電話來問是否可以當她的經紀人。由於珍奈特已經準備好了她的出書提案，也很清楚自己想要什麼，且明白這是一個幸運的機會，所以她立刻採取了行動，並迅速簽約成為那人的第一批客戶之一。幾週內珍奈特就在紐約與美國最大的出版公司之一會面，幾天後就把她的新書賣了出去，並獲得一大筆預付款。

當你剛開始刻意創造你的未來時，這些靈感和機會似乎很快就會出現，而且數量眾多令人目不暇給。你可能不會完全相信它們，甚至有可能會覺得它們正在嚴重影響你的待辦清單，你該怎麼做才能分辨出真正的靈感想法，然後確定它們的優先次序，並立即採取行動來完成所有的想法？你如何分辨哪些行動是最重要的，哪些則可以晚一點再處理？

方法之一是練習所謂的「軀體決策」（somatic decision making），也被稱為「搖擺測試」（the sway test）。它的原理是，我們的身體本能地知道什麼對我們是正確的，因此可以透過考量不同的選擇來幫助我們做出決定。做法如下：雙腳併攏站立，雙臂輕鬆地垂放在身體兩側，閉上眼睛簡單地問你的身體：「什麼是對的答案？」待你的身體自動向前或向後傾斜，便問你的身體：「什麼是錯的答案？」如果它朝相反的方向傾斜，你便成功地校準了你身體的答案。當你確定哪個方向對你來說意味著「是」，哪個方向則意味著「否」，你就可以開始測試校準的準確性，問你的身體一些你已經知道答案的標準問題，例如：我叫傑克嗎？我住在德州的達拉斯嗎？我穿的是藍襯衫嗎？

一旦你確定你可以信任你得到的答案，你就可以拿那些靈感問題問你的身體：我該跟喬納森合夥做生意嗎？我該嫁給道格嗎？我該買下馬庫斯今天在電話中提及的那條船嗎？

驗證靈感想法的第二個方法是，看看哪些想法會不斷出現在你面前。當我第一次得到創立「變革型領導協會」（Transformational Leadership Council）的想法時，我並沒有立即採取行動。事實上，我過了好幾個月才採取了必要的步驟，但是這個想法不斷在奇怪的時刻出現在我的腦海中。一些新的具體想法不斷萌生，例如該邀請誰成為會員、組織該有哪些目標、我們將在哪裡舉行年度大會等。我根本沒辦法把這些想法從我的腦海中排除，當年推出《心靈雞湯》系列叢書的第一本書也曾發生同樣的事，我收到了好多好多訊息，我知道我必須對這個想法有所行動。

## 第三步：和你的目標和諧共振

你還記得我曾說過：「地球上的萬物都以其特有的頻率在振動」嗎？為了得到你想要的東西，你的必須跟它的振動頻率契合，就像一個在特定頻率上廣播的電台，如果你想聽爵士樂，你必須把頻道調到播放爵士樂的電台，而不是播放重金屬的電台；如果你希望生活中有更多的富足和繁榮，你必須把你的思想和情感的振動頻率，調成富足和繁榮的振動頻率。

讓振動頻率契合的最簡單方法是，一整天都專注於創造愛、喜悅、讚賞和感激的正向情緒。你也可以練習感受已經擁有想要事物的情緒，你還可以透過你的思想來創造這些情緒。

事實上，你的想法一直在創造各種感受，所以當你的情緒變得負面時，一定要努力用《這才是吸引力法則》（*The Law of Attraction*）的作者希克斯夫婦（Esther and Jerry Hicks）所說的「優質想法」（better feeling thought），取代那些負面情緒。

像是一想到錢不夠繳房貸，會產生害怕和絕望的負面情緒，甚至會因為無力供養家人而感到內疚和羞愧，但與其給這些負面想法不斷挹注能量，不如把你的思維轉移到正面的想法，例如：「我一定會找到解決方法」或想像「自己按時輕鬆付房貸」。

剛開始你可能對這個過程感到很陌生，但只要假以時日，你必定能學會只選擇能振奮人心、激勵人心和給人力量的想法。這其實只是一種靠意念和紀律就能養成的習慣。

## 使用肯定語創造頻率共振

讓自己與想要之物達到相同振動頻率契合的另一個方法，是使用肯定語（準則十中有詳細的敘述）。肯定語其實就是用已經達成的語氣，對你的目標或願望做出聲明。你寫下這些聲明後，可以定期複述，用目標已經完成時的想法、景象和感受，潛移默化你的潛意識。

肯定語像是：「我好高興和感恩，竟然能住在夏威夷卡納帕裡海灘（Ka'anapali Beach）旁這戶一百多坪的海景房裡」或是「我好高興和感恩，每個月都能輕鬆存十萬元到我的銀行帳戶」。

當你使用肯定語來想像你的目標已經完成時，你就會讓自己處於情緒十分高昂的喜悅狀態，這能讓你與你想要的東西達到相同振動頻率。反之，沒有得到想要之物的怨恨，會令你無法達到相同振動頻率。當你感到內疚、痛苦，或是在指責、評斷別人時，根本不可能接受或允許你想要的東西，那些負面的感受會推開你想要的事物。

「要是你這一生唯一說出的禱詞是感謝你，那就足夠了。」

——艾克哈大師（Meister Eckhart），德國神學家和哲學家

## 用讚賞和感恩創造振動

「讚賞」和「感恩」是最能快速顯化目標的兩種感覺。試想，不論你正想要什麼，你都會因為得到它而感到讚賞和感恩。所以讚賞是一種值得關注的良好感受，感恩則是一種強大的心態，可以吸引來更多你想要的事物。你可以養成讚賞的習慣，當作一項日常儀式：每天空出五到十分鐘來專注於讚賞。在你的日記中列出令你感恩的所有事。當初我就是這麼做

的。你也可以透過冥想來練習讚賞和感恩。

還有一種很棒的練習技巧，伊絲特與傑瑞・希克斯稱之為「讚賞的狂歡」（Rampage of Appreciation），你只須環顧四周，注意能讓你高興的事物，把注意力停留其上，並想想它有多美妙、多美麗或多有用。如果它是你擁有的物品，請讚賞它已經出現在你的生活中；繼續觀察它，直到你感覺你的讚賞正在擴大。當你這樣做時，你就是在告訴宇宙：「請給我更多這樣的東西。」然後請選擇另一個物件來讚賞，接著是另一個再另一個。

在時間比較長的研討會，我會請學員走出培訓教室，進行一場無聲的讚賞狂歡練習，並指示他們關注環境中所有為他們服務的事物。我告訴他們，不僅要感激地毯，感激它使房間變得更好看，使聲音更悅耳，讓我們更舒適地走在地板上，還要感激用吸塵器吸除地毯髒汙的旅館工作人員、製作地毯的人、安裝地毯的人、製作染料的人、提供羊毛的羊、為羊剪毛的羊農。大家結束練習返回教室時，臉上都帶著微笑，且心中充滿喜悅，感覺比稍早離開房間時要快樂多了。

看到這裡，你說不定也想稍做休息，並且試一次讚賞狂歡，請留意它帶給你什麼樣的感覺。關鍵是養成讚賞的習慣，並開始不斷尋找你生活中值得讚賞的事物。你還可以把讚賞的習慣應用於你所遇到的人，當你學會關注對方的優點（而非他們的缺點），你會驚奇地發現你們之間的關係將發生變化。

讚賞與感恩的心態，為那句老話提供了力量：你想到和感恩什麼，就會為你帶來什麼。

當我和《祕密》片中的其他幾位老師一起上《歐普拉脫口秀》時，攝影棚裡坐在觀眾席前排的一對夫婦跟大家分享，在觀看《祕密》前，他倆的關係已經「相敬如冰」好長一段時間了，但太太在看完電影後，決定全心關注丈夫的正向層面，而非他的所有缺點及會惹惱她的事情，她還開始寫紙條讚賞她先生，並把紙條放在廚房的流理台上，好讓他上班前能看到，有時候她甚至會附上一張五美元的鈔票，上面寫著：「我愛你，我請你在星巴克喝杯咖啡，讓你的一天有個美好的開始。」她說才過了短短幾週，他倆便重拾當初的愛意和浪漫。你可以從他們像一對高中情侶一樣，握著手微笑依偎在一起的親密模樣，看出太太說的都是真的。

「關注於不如預期的結果只會產生更多的不如預期。為了在你的經歷中產生真正的正向變化，你必須無視事情的現狀，以及別人是怎樣看你的，並且更加關注於你喜好的走向。透過練習，你將改變你的吸引力，並體驗到你的人生經驗出現了實質的變化。」

——伊絲特與傑瑞・希克斯

## 把吸引力法則發成習慣

正如前文所說，本書中提供了許多關於善用吸引力法則的原則和做法。不過你若想更深入地探索吸引力法則，我建議可以從下面這四本書開始著手：

- 傑克・坎菲爾與衛金斯（D.D. Watkins）合著的《活用吸引力法則的關鍵》（*Key to Living the Law of Attraction*）
- 伊絲特與傑瑞・希克斯合著的《這才是吸引力法則》
- 朗達・拜恩（Rhonda Byrne）的《祕密》
- 傑克・坎菲爾、馬克・維克多・漢森、吉娜・嘉貝莉妮（Jeanna Gabellini）與伊娃・桂格莉（Eva Gregory）合著的《掌握吸引力法則的人生建議》（*Life Lessons for Mastering the Law of Attraction*）

如果你還沒有看過《祕密》這部電影，我強烈建議你去看。雖然它是以紀錄片的形式呈現，無法跟好萊塢的大片相提並論，但我認為這是快速了解吸引力法則最簡單的方法。

一旦你發現了吸引力法則的威力，你一定會把它當成生活中的固定習慣，而且你每天都將抱持著這種心態過生活。

# 07 把願景轉變成可測量的目標

「如果想要快樂，要設定一個目標，統轄你的思考、解放你的能量、激發你的希望。」

——安德魯．卡內基（Andrew Carnegie），一九〇〇年代早期美國首富

**一旦了解你的人生目的、釐清你的願景、知道你的真實需求和渴望，就必須將之轉變為具體可測量的目標。然後確信自己能達成，並付諸行動。**

成功學專家皆知，人腦是一種企求目標的有機體。不論你潛意識為自己設下什麼目標，潛意識都會日夜運作，幫你達成。

## 實現目標的三大方法

就我記憶所及，訓練師常引用一份耶魯大學（Yale University）針對「確立目標」所做的研究，研究顯示，對於自己的未來，僅有三%的畢業生寫下未來具體目標。二十年後發現，比起完全沒有清楚目標的人，這群三%的人所賺收入高達十倍以上，頗為驚人。話說回來，這份「研究」後來發現僅是無稽之談。多明尼克大學（Dominican University）心理學教授蓋兒・馬修斯博士（Dr. Gail Matthews）和來自哈佛大學（Harvard University）的社會心理學家史蒂芬・肯若斯（Dr. Stephen Kraus），他們廣泛審查研究文獻，揭露這份研究根本從未進行過！

由於這項發現，馬修斯博士決定親身研究，寫下目標、致力於目標導向的行動、對這些行動負起責任，是如何影響目標的達成。

研究受試者有兩百六十七人，年齡從二十三歲到七十二歲，招募自美國、歐洲、澳洲、亞洲，各領域的創業家、教育家、保健專家、藝術家、律師、銀行家、行銷人員、公共服務者、經理人、副總裁、非營利組織總監等。受試者被隨機分成五組。

第一組人員僅被要求深刻思索自己的目標，也就是「接下來四週，自己想要成就何事」，但是沒有要求他們把目標寫下來；第二、三、四、五組被要求寫下自己的目標；第三組還被要求另外制訂一份行動承諾清單；第四組被要求制訂一份行動承諾清單，然後把目標行動承諾清單寄給一位支持他們的朋友；第五組被要求以上全部都要執行，並且向朋友提出每週進度報告。

四週後，受試者被要求評分自己的進度，也評定他們的目標達成程度。第一組，僅有四三％的受試者達到目標，而第五組有七六％的受試者達成目標，比第一組多出三三％。完整結果摘要如圖表1-7。

這項研究提供實證，說明三大必不可少的成功準則和效能，這三大準則是：

1. 寫下目標。
2. 公開宣告你的目標。
3. 對另一人負起責任。此人可以是教練、可靠夥伴或同儕智囊團，這些人全都能幫你實現目標。

另外，維吉尼亞理工大學（Virginia Tech）名譽教授大衛．科爾（David Kohl），進行了一項研究，顯示有八〇％的美國人說自己沒有目標；大約一六％的人說自己有目標，可是沒把目標寫下來；不到四％的人花時間寫下目標；不到一％的人定期檢視目標。有一小部分比例的美國人寫下目標，並且定期檢視，終其一生，比沒有設定目標的人，他們所賺收入多達九倍以上。光靠這份研究，就應該足以激勵你寫下自己的目標。

## 定下期限，具體陳述

為了確保你潛意識的力量能助你達成目標，務必符合兩項準則：必須以某種方式陳述，且你和任何其他人皆能加以測量。

僅說「我會減重四．五公斤」，效力絕對不如「一月三十日下午五點，我會瘦到六十一公斤」，這句話更清楚，因為任何人都可以在一月三十日五點檢視你的體重。這個數字不一定要是六十一公斤，但要是準確的數字。

| | 第一組 | 第二組和第三組 | 第四組 | 第五組 |
|---|---|---|---|---|
| 思索目標 | √ | √ | √ | √ |
| 寫下目標 | × | √ | √ | √ |
| 與朋友分享 | × | × | √ | √ |
| 向朋友提出每週進度報告 | × | × | × | √ |
| 成功率 | 43% | 56% | 64% | 76% |

圖表 1-7　目標實驗摘要

這兩項準則也就是「程度如何」（可供測量的數據，例如：頁數、公斤數、金額、坪數、點數等）與「截至何時」（特定的時間和日期）。

目標務必盡量具體明確，例如：型號、色彩、年分、特色等，還有尺寸大小、重量、形狀、型式等細節。切記，不明確的目標會產生含糊不清的結果。

## 「想法」與「目標」的差別

若無任何衡量準則，那就純粹只是某件你想要的事、某個願望、某種偏好、一個好主意。為使潛意識參與其中，「目標」或「目的」必須是可以量測的。圖表1-8是兩者間的不同，幫助你釐清。

| 想法 | 目標 |
|---|---|
| 我想要一間很棒的海邊房屋。 | 2017年4月30日中午，在加州馬里布市太平洋海岸公路旁，我將擁有一棟面積約一千坪的房子。 |
| 我想減肥。 | 2017年1月1日下午5:00，我會瘦到84公斤。 |
| 我必須給員工更好待遇。 | 本週五下午5:00，我將表揚至少六名員工，認同他們對本部門的貢獻。 |

**圖表 1-8　目標實驗摘要**

# 目標要具體明確

要讓目標變得清楚具體，最好的方式就是：詳細寫出來，就好像你在寫出工作標準程序，把目標想成是一種對上天、本源、普世思想、量子力場的請求。要囊括每項可能細節。

假若你想擁有某間房子，要以色彩鮮明又栩栩如生的細節，寫出這間房子的具體詳情，例如：地點、景觀、家具、藝術品、音響系統、平面圖等。如果可以取得這間房子的相片，務必留存一張。假如這間房子尚未有實體，那麼就花時間閉上雙眼，在腦海填滿全部細節，然後定下期限，你期盼在這天之前持有這間房子。

女士，請看，就是你，要求一個黑髮、大鼻子、深邃雙眼的知名影星。

圖表 1-9　目標需要明確敘述

一旦你全部寫出來，你的潛意識將會知道運作何事，潛意識將明白要把注意力集中在哪些機會，協助你達到目標。

在建立目標時，務必寫下某些遠大目標，而這些目標需要你成長茁壯，方可達成。若有某些目標要你走出舒適圈，讓你略感不適，這倒是件好事。為什麼？因為除了達成你的實質目標，終極目標是要主宰人生。為求做到這一點，你必須學習新技能、拓展你對一切可能事物的願景、構築新關係，並且學會克服自己的恐懼、憂慮和絆腳石。

## 建立突破自我的目標

願景要轉為可供測量的目標，也要例行設定所有的季度目標、每週目標、每日目標。除此之外，我還鼓勵大家設定「自我突破目標」，擴展你和你的人生。大多數目標使我們的人生進取不懈，這些目標宛如美式足球賽裡，讓你推進四碼（約三．七公尺），但是如果你能先馳得點，在首場比賽就丟出五十碼（約四十五．七公尺）好球，又會怎樣？這將是你場內進度的「大躍進」。正如美式足球賽促使你往前大步邁進，人生也有賽局，運作方式相同，包括：減重二十七公斤、寫一本書、登上《歐普拉脫口秀》、贏得奧運金牌、創建紅透半邊天的網站、取得碩士或博士學位、獲選為工會或職業協會的主席、主持自己的廣電節目等。一個目標將會改變一切，成效斐然。

該項目標是否值得熱情追尋？這件事是否應該每天做一點，直到達成為止？

如果你是專業的獨立銷售員，也明白自己可以拿下更好的業績、可觀的獎金，甚至一旦達到特定客數，即可能獲得升遷，那麼你是否願意日夜工作，達成該項目標？

如果你是家庭主婦，假設你可以藉由加入傳銷公司，賺取外快，每月一千到兩千美元，你的整個生活方式和財力將因此改變，你是否願意追尋每個可能機會，直到你達成該項目標為止？

這就是我指的「自我突破目標」。此事改變你的生活、帶來新機會、遇到合適的人，你所涉及的每項活動、關係或團體，皆可提升至更高層級。

對你而言，何謂「自我突破目標」？就我來說，「寫出暢銷書」是一個自我突破目標。我與馬克·維克多·漢森合作《心靈雞湯》系列叢書，促使我們的能見度不止局限於特定領域，而是國際知名。這創造出更大的需求，我們因此參加廣播節目、演講和研討會，產生額外收入。我們得以改善生活方式、退休無虞、聘僱更多員工、推行更多專案，也對全世界發揮更大影響力。

## 反覆閱讀你的目標，一天三次

一旦寫下你所有目標，不論大小，接下來就要檢視你的清單，每天兩到三次，提升你潛意識的創造力。花時間閱讀你的目標清單，如果身處適合的地點，請滿懷熱情和熱忱，大聲讀出這份清單，一次朗讀一個目標。閉上雙眼，在心裡描繪每個目標，彷彿目標皆已實現。再多花幾秒鐘，想像如果已經實現每項目標，你將會有什麼感覺。

遵從這項日常的成功紀律，將可刺激你的欲望，也能增進心理學家所稱的腦內「結構張力」（structural tension）*。你的大腦想要彌平「現實」與「願景」之間的鴻溝，透過持續以視覺化預想目標已經達成，即可促進這種結構張力。如此將可增強你的動機、刺激你的創造力、提高你的意識，這些全都有助你達成目標。

務必檢視你的目標，每天至少兩次，在每天早上醒來後，及晚上就寢前。我把自己的每項目標寫在一張約八公分乘十三公分的索引卡。我把這副索引卡放在床邊，然後，早晨時刻，我一次讀一張卡片，直到全部讀完，晚上睡前再次重複這個練習。出門旅遊時，我也會隨身攜帶這些卡片。

在你的行事曆或月曆本裡，放入一張你的目標清單，你也可以製作一張提示便條或螢幕保護程式，列出你的目標，放在電腦、平板或手機上，目的是為了讓你可以時時看見你的目標。

奧運十項全能比賽金牌得主布魯斯・詹納（Bruce Jenner），某次詢問滿屋子希望入選奧運的人「是否寫下目標清單」，每個人都舉手說有。他再次提問，當下有多少人把目標清單帶在身邊？僅有一人舉手。此人正是丹・歐布萊恩（Dan O'Brien），他在接下來一九九六年亞特蘭大奧運，獲得十項全能比賽的金牌。千萬別小看「設定目標」與「持續檢視目標」的力量。

## 製作一本「目標書」

為求加速實現你的目標，另一種強效方式即是製作一本「目標書」。購買一本三環活頁夾式的剪貼簿，或是一本約二十一・五公分乘二十八公分的日誌。然後，針對你的每項目標，個別製作獨立一頁。在頁面最上方寫下目標，再從雜誌、目錄和旅遊宣傳單剪下圖片、文字和短句，詳盡闡述這項目標，描繪你的目標彷彿已經實現。只要出現新目標和渴望，僅

＊ 指平衡理想與現實間差異的能力。

須把它們添進你的清單和目標書。檢視的目標書頁面，每天至少一次。

## 隨身攜帶最重要的目標

當我初次開始為W．克萊門特．史東工作，他教我在我的名片背面，寫下我最重要的目標，放進皮夾隨身攜帶。每當我打開自己的皮夾，我就會提醒自己這項最重要的目標。認識馬克．維克多．漢森時，我發現他也使用相同技巧。完成首版《心靈雞湯》後，我們寫下：「我很高興，一九九四年十二月三十日，《心靈雞湯》銷量高達一百五十萬本」。然後，彼此在對方卡片上簽字，放進皮夾，隨身攜帶。我還裱框我的卡片，放在書桌後的牆面，至今依然如此。

雖然出版商大笑，說我們瘋了，但是在我們設定的目標日期之前，這本書持續售出一百三十萬本。有些人可能會說：「實際銷量比你的目標短少了二十萬本！」或許如此，但其實沒差多少。況且這本書持續暢銷，在全球翻譯成四十七種語言，售出一千萬本。相信我，這樣的「失敗」對我來說不算什麼。

## 為自己開一張支票

一九九〇年左右，金．凱瑞（Jim Carrey）還是奮鬥不懈的加拿大喜劇演員，年紀尚輕，努力在洛杉磯闖出一片天。他駕駛自己的老舊豐田汽車，前往穆荷蘭大道（Mulholland Drive）。他一邊坐在那裡看著底下的城市景象，夢想著自己的未來，一邊為自己寫了一張一千萬美元支票，兌現日期是一九九五年感恩節，並且附註一句話「表演工作費」；從那天起，他把這張支票放進他的皮夾。之後他名留青史，成就眾所周知。凱瑞既樂觀又執著，最後得到回報。截至一九九五年前，電影《王牌威龍》（*Ace Ventura: Pet Detective*）、《摩登大聖》（*The Mask*）和《阿呆與阿瓜》（*Dumb & Dumber*）票房熱賣，非常成功，他的片酬已經提高到兩千萬美元。一九九四年，凱瑞的父親過世，他把一張一千萬美元支票放進父親棺材，向啟發並培育他明星夢的男人致敬。

## 列出一百項想達成的事

「如果你感到厭世，每天早晨起床缺乏鬥志，無力做任何事，這表示你目標不足。」

——盧・霍茲

盧・霍茲是聖母大學美式足球隊名聲顯赫的教練，也是眾人津津樂道的目標設定者。他設定目標的信念源自一九六六年他所學到的教訓。當年他只有二十八歲，才剛獲聘擔任南卡羅萊納大學（University of South Carolina）助理教練。他的妻子貝絲懷了第三胎，已滿八個月，而他為了買房的自備款散盡家財。一個月後，原本聘僱他的主教練辭職，而他驚覺自己丟了工作。

為求振作，他的妻子給他一本大衛・舒茲（David Schwartz）的《就是要你大膽思考》（*The Magic of Thinking Big*）。那本書說，人皆應該寫下人生想要達成的全部目標。盧・霍茲坐在餐桌前，天馬行空想像，然後在不知不覺中，他竟然列出一百零七個死前想要達到的目標。這些目標涵蓋人生各方面，包括獲邀至白宮用餐、出席《今夜秀》、面見教宗、在聖母大學擔任教練、領導他的隊伍晉級全國冠軍賽、高爾夫球一桿進洞。到目前為止，盧・霍茲已經達成這些目標中的一百零二項，包括一桿進洞，不僅一次，而是兩次！

花時間製作一份清單，列出你人生想要達成的一百零一項目標。要以栩栩如生的細節寫出來，註明何處、何時、程度如何、什麼型式、什麼規模等。把這些目標寫在幾張約八乘十三公分的卡片上、寫在頁面上，或寫入一本目標書裡。每當你達到其中一項目標，核對目標並且打勾，在旁邊寫著「獲勝」。

我寫了一份清單，列出死前想要實現的一百零九項重大目標。在短短二十四年內，我就已經達成其中的六十八項，包括去非洲旅行、滑翔機飛行、學會滑雪、參加夏季奧運會、寫一本童書、在電影客串一角等。

## 妨礙成功的三件事

一旦設定某個目標，就會有三件事開始浮現，阻止大多數的人，但絕對不是阻止你；請了解這一點，非常重要。如果你知道這三項僅是過程中的一部分，那麼就懂得以平常心看待——這只是尚待處理的事情，別讓事情使你裹足不前。

憂慮、恐懼、絆腳石，這三件事會妨礙成功。一旦你說「想要來年收入倍增」，過了一會兒，憂慮開始浮現，例如：「我必須加倍努力工作」、「我沒空與家人相處」、「我老婆肯定氣急敗壞」。你可能還會想著：我的商業版圖已經擴至最大了，實在看不出在我目前的例行拜訪裡，怎麼可能使買家向我購買更多產品。如果你打算跑馬拉松，你腦袋可能有聲音說「你可能會受傷」或「你每天都得早起兩小時」，甚至還可能會想，自己年紀太大，無法跑步。這些想法稱為「憂慮」。正是這些原因，促使你不願嘗試目標，而這些原因總是說著一切不可能。

不過，讓這些憂慮浮上檯面也是好事。這些憂慮存在你潛意識已久，長期以來妨礙著你。現在你把這些憂慮帶入「自覺意識」（conscious awareness），你能夠加以處理、面對、放下。

另一方面，「恐懼」是一種感覺。你可能害怕遭拒、擔心失敗、深怕自欺欺人。你可能畏懼遭受身體上或情緒上的傷害，擔憂即將喪失全部存款。**這些恐懼並不少見，但僅是過程中的一部分。預先明白恐懼，有助於你看透恐懼**。

最後，你會察覺「絆腳石」。這純粹是外在情勢，遠超過你腦海裡的想法和感受。所謂的「絆腳石」可能是沒人想加入你的專案、缺乏資金，無法繼續進行，或許你需要其他投資人。絆腳石也可能是你所處的地區或國家已有法律規章，禁止你去做想要的事，或許你必須向政府請願，變更這些規定。

企業經營專家史都．利奇曼（Stu Lichtman）曾經接手緬因州一家知名鞋廠，該公司財務狀況極度糟糕，幾乎要倒閉了。這家企業欠債權人高達數百萬美元，那時尚缺兩百萬美元支付必要應繳款項。史都提出周轉方案，其中一項是要協商出售某間靠近加拿大邊境的閒置廠房，這樣就能為公司帶來六十萬美元收入，但是緬因州對那間廠房實施扣押令，政府將會取走所有收益款項。於是，史都拜訪緬因州長，說明這間公司的兩難困境。他說：「我們要不是破產，導致將近一千名緬因州居民失業，被列入失業救濟金名冊，耗費政府數百萬美元，不然就是公司與政府攜手合作，讓公司持續運作，協助維持該州的經濟，讓將近一千人繼續保住工作，直到另一家公司接管。」實現該項目標的唯一方法即是要克服絆腳石，也就是該州對這間廠房的扣押令，與其讓扣押令阻礙他，史都決定說服這位能夠移除絆腳石的人。結果，州長決定取消扣押令。

當然，你遇到的絆腳石可能不需要你面見州長。不過再次重申，你也很有可能有必要這樣做，一切端視你的目標有多大！

絆腳石僅是這世界丟給你的障礙，比如說，準備舉辦戶外音樂會，卻突然下雨了；你的妻子不願意搬家到肯塔基州；你缺乏金援等。絆腳石僅是外在形勢，必須由你加以處理、移除障礙，再度向前。這些只不過是你必須應付的事情。

遺憾的是，每當出現這些憂慮、恐懼、絆腳石，多數人把它們視為一種停止訊號。這些人說：「現在，我有一種感覺，我認為根本沒必要再追尋這項目標了。」可是我要告訴大家，**千萬不要把憂慮、恐懼和絆腳石視為停止訊號，而是正常過程中總會出現的一部分**。你在改建廚房的時候，身上難免沾到少許灰塵，也帶來一些滋擾，這些都是你所須付出的部分代價。你僅須學會好好處理。同樣的道理也適用於憂慮、恐懼、絆腳石，只需要學會如何應付即可。

事實上，這些煩擾理應出現，如果都沒出現，就代表你設定的目標還不夠遠大，以致於無法使你施展本領或成長茁壯，這意味著你沒有開發自我潛力。

看到憂慮、恐懼和絆腳石出現，請學會歡迎它們，因為很多時候，它們正是長久使你人生裹足不前的因素。一旦你看清這些潛意識的思想、感覺、阻礙，一旦你有所覺察，就能懂得加以面對、處置。只要付諸行動，即可充分準備，迎接你的下一場冒險。

## 精進自己，成為更厲害的人

「要設定足夠遠大的目標，在實現目標過程中，成為值得蛻變的人。」

——吉姆・羅恩（Jim Rohn），白手起家的富翁、成功學教練、哲學家

當然，克服這些憂慮、恐懼、絆腳石，終極好處不一定是你獲得實質的報酬，而是你在過程中獲致的個人發展。金錢、汽車、房子、遊艇、迷人配偶、權勢和名利，全都可能消失無蹤，有時甚至轉眼之間失去一切，但是在實現目標的過程中，你成為了什麼樣的人，這是

絕對不會被剝奪的事。

為求達到遠大目標，你必須成為更厲害的人；你必須培養新技巧、新態度、新能力；你必須拓展自我，如此一來，就能精進自己。

一九九一年十月二十日，加州奧克蘭和柏克萊景色宜人的山丘爆發猛烈火勢，每十一秒燒毀一棟建物，燃燒超過十小時，毀損兩千八百棟房屋。我一位作家朋友因此失去一切，包括全部藏書、滿滿的研究檔案，以及他正在撰寫的手稿。短期內，他確實非常消沉，雖然如此，他很快就領悟到，縱使他擁有的一切確實被火燃燒殆盡，但他學過的一切、在寫書過程中培養的技能和自信，皆已造就了他的內在蛻變，這些全都內化，絕不會因為大火而消失。

**你可能失去實質事物，但絕不會喪失你的精熟度，也就是你所學的一切，還有在目標達成過程中，你成為了什麼樣的人。**

人生在世即是要成為精通許多技能的大師，我深信此道。耶穌基督是一位靈性大師，能把水變成酒、療癒眾人、走在水面上、平息暴風雨。祂說你我皆能做出所有這些事，甚至更多事。我們肯定有那樣的潛能。

現今，在德國某鎮廣場裡，矗立著一尊耶穌基督雕像，祂的雙手在第二次世界大戰期間被炸掉了，幾十年前，雖然鎮上居民有辦法修復這尊雕像，但他們體悟到更重要的教訓，於是反而在雕像底下放了一片牌匾，上面寫著「耶穌基督失去自己的手，卻可借助你們的手」

上帝需要我們的手，來完成祂在地球上的任務。但是為了成為大師，進行這項偉大工作，我們全都必須樂意歷經憂慮、恐懼、絆腳石。

## 不順時，改變方法而非目標

「事情不會發生，而是註定要發生。」
——約翰．F．肯尼迪（John F. Kennedy），美國第三十五任總統

某次我在印度清奈舉辦一場研討會，我非常榮幸，遇見CK和維娜．庫馬拉威爾（Veena Kumaravel）這對夫妻。他們的故事闡明了致力投入目標的驚人力量。CK和維娜的子女開始上學後，維娜決定想要做些事，每月賺取六萬盧比（大約一千三百美元）。維娜原本可以輕鬆待在家，成為家庭主婦，或是可以找一份工作，但是她非常堅持想要自己當老闆。

難題在於該做什麼。我協助教導大家釐清自己人生想要什麼，其中一項技巧即是思考哪些事激怒你或挫敗你，然後看看其中是否存有機會。**如果某件事困擾你，這件事很有可能也**

**會困擾其他人，換個方式來說，就是要「找出需求，填補需求」**。

維娜想到，他們住處附近缺乏品質良好又經濟實惠的美容院，她對此非常惱怒。只有在五星級飯店裡，才有品質良好的美容院，但是對於印度多數人來說，飯店裡的美容院價格昂貴，令人心生畏懼，較平價的服務則是地方上的小型美容院和理髮店，品質標準和衛生程度遠低於一般水準。CK和維娜明瞭該處需要一家品質良好又價格實惠的美容院，服務男女客源。

下定決心要開一間品質良好又經濟實惠的美容沙龍後，接下來的挑戰即是要找到這些人才。維娜不是美容師、理髮師或化妝師，而CK的美容相關知識更是少之又少，他以為修指甲的東西是用在腳上，足部保養的東西是用於雙手。他們聘請來自印度頂尖五星級飯店「泰姬陵酒店」（Taj）美容院主管，接著由他雇用其餘員工。

接下來的挑戰，則是要籌措資金，這可能是每位創業家皆會面臨到的重要挑戰。CK去找他所謂的三大族群，也就是朋友、親人和傻瓜，因此得以向這些人籌足金錢，開創第一間「男女皆宜的天然沙龍SPA」（Naturals Unisex Salon and Spa），地點位於清奈的卡德納瓦茲汗路，成功讓維娜自己當老闆，達成每月賺進六萬盧比（一千三百美元）的目標利潤，甚至開設了第二家沙龍，他們決定繼續擴大事業。

他們設定新目標，決定擴增四家分店，要將這間天然沙龍美容院拓展為連鎖美容沙龍。

他們開始洽詢銀行員，籌募必要資金，但是全都遭拒。但是他們讀了本書，明白這句「不行」其實暗指「下一個」，因此他們一次又一次不斷詢問，直到問到第五十四位銀行員。這對夫妻團隊如此全心投入，一起開創事業，那位銀行員印象非常深刻，終於點頭說「好」，同意貸款十三萬美元給他們。

生活漸入佳境，「男女皆宜的天然沙龍SPA」名聲漸起，蓬勃發展。後來他們決定開放讓人加盟，在兩大報社刊登廣告，期盼會有五百多人探詢，結果僅收到三百三十四位詢問。然後，他們寄發表格，給這些三百三十四個潛在人選完整填寫，但是僅有三十二位回覆。面試了這三十二位潛在人選後，他們發現只有三位是非常認真的，而過了不久，三位全都沒有意願。

回溯二〇〇七年那個時候，無人願意加盟沙龍美容院，因為當時沙龍店被視為禁忌行業，況且「男女皆宜的天然沙龍SPA」根本不是跨國企業品牌。

但是他們已經學會，每當面臨障礙，最好要尋求替代方法來達成目標，而非變更目標。於是他們改變作戰計畫。他們與某些親友商談，說服親友成為加盟夥伴。這些人起初猶豫不決，可是CK和維娜創造新公式，藉此讓對方也能與他們共同投資，不但扮演合夥人角色，同時也是加盟主，在精神上和財務上提供所需的舒適感給潛在人選。那一年，沙龍店的數目擴增至十三間。

到了二〇〇九年，他們旗下沙龍店總數是五十四間，二〇一〇年是一百零六間，二〇一一年是一百八十間，二〇一二年是兩百四十間，二〇一三年是三百二十間，然後截至二〇一四年六月，他們在印度全國已經開了總共三百七十六間。他們現在也有協定，要在印度巴蒂集團「Easyday」零售通路裡，開設兩百五十間沙龍店。他們也瞄準目標，要在波斯灣地區開設五十家店，因為有數百萬個印度人在那裡工作定居。

但是，最讓CK和維娜倍感欣慰的並非是所賺金額，也不是首屈一指的沙龍店地位，更非他們所得到的全數獎項。他們創造出一百八十四位財務成功的女性創業家，其中有八〇%出身自家庭主婦，這點最讓他們感到心滿意足。並且，截至目前為止，他們已經創造了六千四百個工作機會*。

CK告訴我，他其中一個夢想是，要從字典抹去「家庭主婦」一詞，並且到二〇一七年十二月三十一日前，要創造出一千位成功女企業家、三千家沙龍店、五萬個就業機會。†

---

* 二〇一三年，我在印度清奈的時候，庫馬拉威爾夫婦邀請我參加其中一間新沙龍店的開幕典禮。真是絕佳體驗！正面能量溢於言表。沙龍店非常乾淨，燈光明亮，熱情友好，全體員工也是如此。不過最讓我深受感動的是，其中幾位員工有視力障礙，庫馬拉威爾夫婦發現，這些人由於觸覺特別強，可以成為最佳的足底按摩師和按摩治療師。如今，他們大量雇用這些年輕男女，使其免於流離失所，不至於淪落貧窮或遭人忽視。

† 二〇二二年，已有七百家沙龍店、超一萬名員工。

# 08 拆解人生目標

「想要突飛猛進，祕訣在於開始實行。付諸行動，訣竅是要將錯綜複雜的龐大任務拆解成細碎工作，易於管理，然後從最優先的那一項開始著手。」

——馬克．吐溫（Mark Twain），美國知名幽默作家

有時候，我們最重要的人生目標宛如龐然巨物，讓我們難以著手施行，我們很少把目標看成一系列小任務，但事實上，將某項大型目標細分為幾個較小目標，然後一次完成一項，正是達成大目標的方法。所以若你已經知道自己真正想要什麼，且訂下特定日期確立可供量測的目標，下一步即是要釐清未來所需的行動步驟，實現你的目標。

# 擬定步驟的三種方法

實現目標有幾種採取行動的方法，其中一種即是找人諮詢（這個人已經達成你想做的事），並且向對方探詢他們採取什麼步驟，從對方經驗裡找出所有必要步驟，針對應該避免的隱患，對方也能提出忠告；還有一個方法，就是購買能概要說明其中過程的書籍、手冊或線上課程。另外，**還可以從未來的角度回顧審視，你僅須閉上雙眼，想像當下已實現目標，然後回顧自己在過程中必須做什麼，以便達成當下的成就**。你最後做了什麼事？然後之前做了什麼？在這之前又做了什麼？往前推演，直到你想出開始著手的首次行動為止。

不清楚如何進行某件事？切記，這沒什麼大不了。向知曉訣竅的人探詢指引和建議其實很正常，有時可以免費取得，有時則須付費。要習慣詢問：「能否告訴我，如何著手？」與「我必須做些什麼？」還有「你是如何……」繼續研究調查，不停探詢，直到你能制定出務實的行動計畫為止，使你能開始進行，最後達成你想要的目標。

你需要做什麼事？你將要準備或籌募多少錢？你須學習什麼新技能？你須動員哪些資源？你的願景須招募何人加入？需要向誰尋求援助？須將何種新紀律或習慣，內建到你自己的人生裡？可採用「心智圖」（mind mapping），為自己的目標製作一份行動計畫。

## 用心智圖製作行動計畫

「心智圖」是一種簡單卻強效的方法，用來製作詳盡的待辦清單，以達成你的目標。*心智圖供你釐清需要蒐集什麼資訊、必須與誰對談、需要採取哪些小型步驟、需要賺取或籌措多少資金、需要訂定哪些期限等，針對每一項目標皆是如此。

創建我的第一堂教育課程，這是一項突破自我的目標，為我和我的事業帶來非凡收穫。當時，我首次使用心智圖幫助自己拆解目標，將龐大的目標細分為眾多單一任務，如同製作一份「專輯」。

我為自己的影音課程製作一份心智圖。若要以心智圖展現你自己的目標，請遵循下例所示步驟：

**步驟一：畫出中心圓，寫下你的目標名稱**

以我為例，即是「製作影音教育課程」。

## 步驟二：在外圍小圓，細分任務種類

在外圍圓圈，將這項目標細分為幾項主要的任務種類，這些任務全是你須實現的事。以我為例，即是「主題」、「工作室」、「受眾」等。

## 步驟三：畫出外圍小圓的放射狀線條

線條呈放射狀，從每一個小圓圈向外散開，為每條線標出字詞（例如：寫腳本、找地點、安排午餐等）。每條線各自連接小圓，寫下須採行的步驟。逐一拆解這些細項的工作，填上行動項目，幫助你建立自己的待辦清單（見圖表1-10）。

* 至於心智圖的最佳入門書籍，請見東尼・博贊（Tony Buzan）和巴利・博贊（Barry Buzan）合著的《心智圖聖經》（*The Mind Map Book*）。

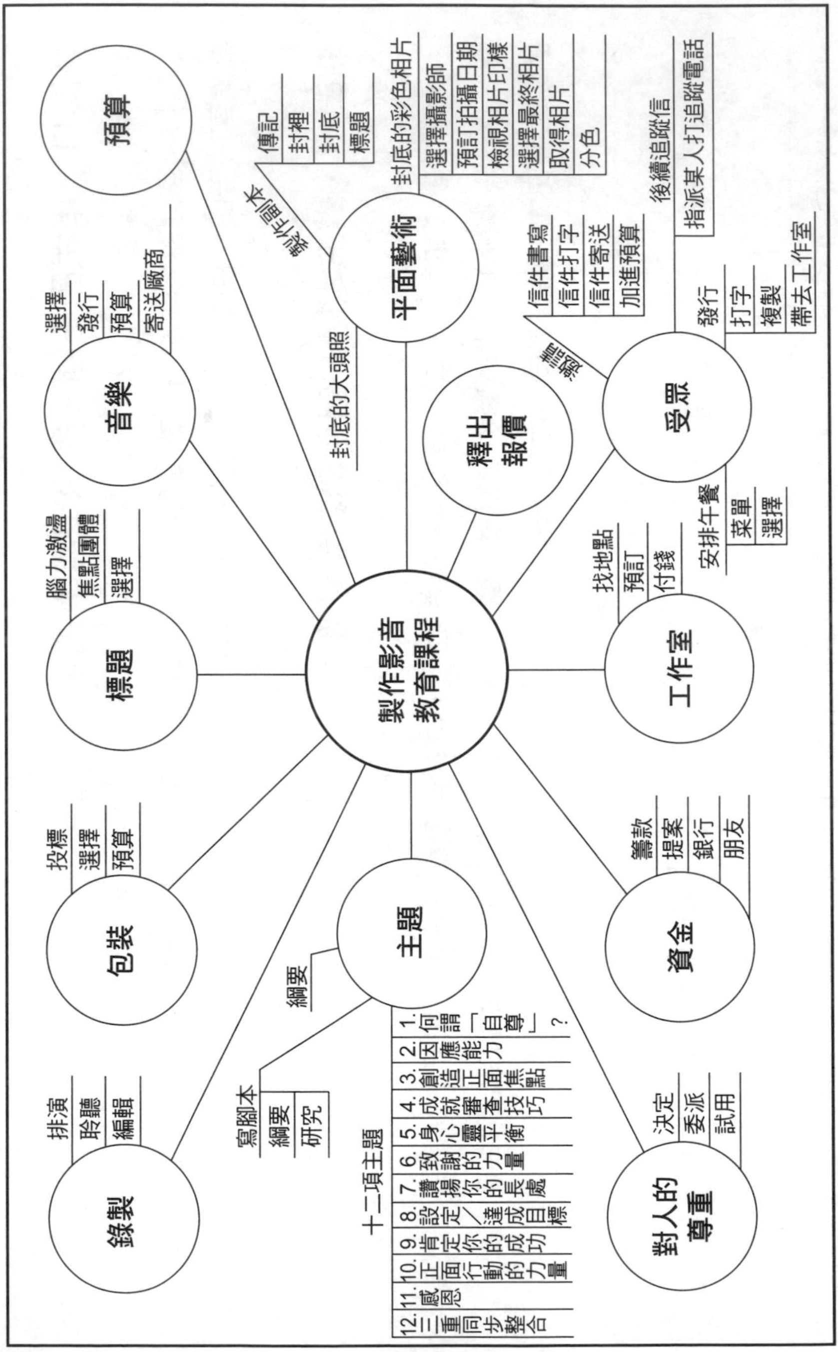
製作影音教育課程
預算
音樂
選擇
發行
預算
寄送廠商
標題
腦力激盪
焦點團體
選擇
包裝
投標
選擇
預算
錄製
排演
聆聽
編輯
主題
綱要
寫腳本
綱要
研究
十二項主題
1. 何謂「自尊」？
2. 因應能力
3. 創造正面焦點
4. 成就審查技巧
5. 身心靈平衡
6. 致謝的力量
7. 讚揚你的長處
8. 設定／達成目標
9. 肯定你的成功
10. 正面行動的力量
11. 感恩
12. 三重同步整合
平面藝術
製作副本
傳記
封裡
封底
標題
封底的彩色相片
選擇攝影師
預訂拍攝日期
檢視相片印樣
選擇最終相片
取得相片
分色
封底的大頭照
釋出報價
受眾
邀請
信件書寫
信件打字
信件寄送
加進預算
後續追蹤信
指派某人打追蹤電話
發行
打字
複製
帶去工作室
工作室
找地點
預訂
付錢
安排午餐
菜單
選擇
資金
籌款
提案
銀行
朋友
對人的尊重
決定
委派
試用

**圖表 1-10　目標心智圖**

## 製作日常待辦清單

一旦完成你的目標心智圖，要將所有待辦事項轉變為日常行動項目。方法是在你的日常待辦清單上列出每件事，並且記下每個項目的完成日期，然後依照順序，為每個項目安排時間表、納入行事曆，並且盡己所能，不論如何都要跟上時間表進度。

## 先做最重要的事

必須維持時間表進度，並且優先完成最重要的事。《時間管理：先吃掉那隻青蛙》（*Eat That Frog!*）的作者博恩．崔西，在這本絕妙好書裡，他不僅透露如何克服「拖延症」，還告訴讀者如何排定優先順序，完成你所有的行動項目。

博恩建議大家，確認一天內所須完成的一到五件事，然後挑出必須優先去做的事，這也就是最大的青蛙。假如知道自己在一天結束前，必須吃掉一隻醜陋大青蛙，你不會想花一整天的時間在擔心要吃掉牠，最簡單的做法就是優先吃掉牠，把牠消化完畢。

如此一來，這一天接下來的時光將會非常輕鬆。這個策略很棒，但遺憾的是，我們大多數人會將這隻最醜陋的大青蛙留到最後，希望牠自動離開或突然變簡單，然而，情況絕非如此。每天早晨，只要先完成最艱鉅的任務，就能底定接下來的時間，如此便能衝勁滿滿，建立自信，引領你大步加速朝目標前進。

## 在前一晚，預先規劃隔天行程

高成就人士運用工具，拆解目標、掌控自己的生活、提升效率，其中最有效的做法即是在前一天晚上，預先規劃隔天行程。這項方法是效果恢弘的成功策略，主要原因有二：

### 潛意識會在睡眠時運作流程

如果前一晚預先規劃隔天行程，例如：製作一份待辦清單，花幾分鐘以視覺化方式，預想隔天行程。你的潛意識將會整晚運作這些工作任務，想出有效方式解決問題、克服任何障礙、達到你想要的成果，假如我們願意相信量子力學理論，就會知道，潛意識也會散發能量波，吸引你所需的人力和資源，幫助你實現目標*。

## 預先了解事情的優先順序

在前一晚建立你的待辦清單，即可從容展開一天。你會知道該做何事，也知道事情優先順序，而且你已經備齊所需資料，如果你有五通電話要打，可以按照你的規劃，依序寫下對方姓名，旁邊加上電話號碼，附上手邊資料。到了上午十點左右，你的進度就已超前大多數人，而這些人浪費每天最初半小時整理桌子、列出清單、找出必要資料，簡單來說，他們正準備要開始工作而已。

## 運用「成功人士聚焦系統」

萊斯・惠特（Les Hewitt）在「成功人士教練課程」中開發出一套「成功人士聚焦系統」（Achievers Focusing System）。在我們曾經提過的七大願景領域裡，這套系統是寶貴

---

* 請見巴克・喬布拉的《人生成敗的靈性七法》和《欲望的自動滿足》（*The Spontaneous Fulfillment of All Desire*）；偉恩・戴爾的《意念的力量》（*The Power of Intention*）；羅伯特・薛弗德（Robert Scheinfeld）的《你值得過更好的生活》（*The 11th Element*）；朗達・拜恩的《祕密》；伊絲特・希克斯和傑瑞・希克斯的《有求必應》（*Ask and It Is Given*）。

工具，能讓你聚焦所有目標，透過表單進行規劃，堅定目標、對自己負責，進行長達十二週的目標和行動步驟（見第三冊附錄②）。

# 09 成功有跡可循

「成功有跡可循。」

——安東尼・羅賓斯

生活在現今富饒與充滿機會的世界裡，最棒的事就是，幾乎你想做的每件事，早就有人已經做過。不管是有關減重、跑馬拉松、開創事業、財務獨立、戰勝乳癌、主辦完美晚宴等，一定有人做過這些事，並且留下線索，形式可能是書籍、手冊、影音課程、大學授課、線上教程、座談會、研討會等。

## 學習成功者的經驗

例如，如果你想退休前成為百萬富翁，有好幾百本書可看，像是《自動千萬富翁》（*The Automatic Millionaire*）、《一分鐘億萬富翁》等，還有研討會，像是T．哈福．艾克的「MMI有錢人想的和你不一樣」（Millionaire Mind Intensive）和DC．科多瓦（DC Cordova）的「金錢與你」（Money and You）。若想要改善你與伴侶的關係，可以閱讀約翰．葛瑞的《男人來自火星，女人來自金星》、參加伴侶關係工作坊，或聽漢德克斯夫婦（Gay and Katie Hendricks）的「有意識的愛與生活基本要領」（Conscious Loving and Living Essentials）專題討論會。

對於你想做的每件事，幾乎都有書和課程可看，了解其中訣竅，甚至只要打出一通電話，即可聯繫那些已成功的人，他們目前可能擔任老師、輔導員、顧問、教練、諮詢師等。

以下有三種方法，提供你找出成功線索：

1. 找出一位老師、教練、顧問或一本手冊、書籍、影音課程和網路資源，幫助自己達成目標。
2. 找出一位成功者，詢問能否會談半小時，了解應該如何進行你的目標。

3. 詢問某人，是否願意讓你如影隨形跟著他一天，或是找到你認為可以學習仿效的對象，擔任此人的實習生。

## 停止妄自菲薄

某次我到達拉斯市（Dallas），準備參加一個晨間新聞節目，我問電視台的化妝師，她的長期目標是什麼，她說自己一直想要開一間美髮沙龍，於是我問她，你正在做哪些能實現目標的事呢？

她說：「什麼都沒做。因為我不知道如何著手。」

我建議她，邀請沙龍老闆共進午餐，詢問對方如何開設自己的沙龍店。

那位化妝師驚呼：「可以這樣做嗎？」

當然可以。事實上，你可能想找某位專家洽詢建議，可是你卻放棄了這個想法，因為你總想著：「怎麼會有人花時間告訴我，他們做過哪些事？」「他們何必教我，為自己創造競爭對手？」

打消這些念頭吧！你會發現，多數人喜愛談論自己如何建構事業或實現目標，不過可惜的是，正如達拉斯那位化妝師，多數人不願善加利用資源。原因如下：

- 認為這件事永遠不會發生在自己身上。因為我們沒見過其他人利用這些資源，所以自己也不去做。我們的父母未曾去做，我們的朋友沒有這樣去做，工作中也沒人正在做這件事。
- 覺得很麻煩。例如：必須開車跨縣市前往會面、必須犧牲看電視、親友相處時間。
- 害怕遭到拒絕。向別人探詢建議或資訊，有可能遭受拒絕，因此害怕開口。
- 害怕做出改變。學習新的方式，意味著要做出改變，而這些改變令人不適，即使是對我們有益。
- 不想付出努力。理清頭緒、找出答案，意味著辛苦工作，坦白說，大多數人不願那麼努力。

# 10 釋放心理的自我局限

「你所想要的一切，恰好就在你的舒適圈外。」

——羅伯特・艾倫，《一分鐘億萬富翁》的共同作者

你是否曾經開著車子，突然發現自己手煞車沒放？你是否更加緊踩油門，以克服煞車的阻力？當然不會，你只會鬆開手煞車，然後不須額外費力，即可開始加速前進。

人生中，多數人在心理上拉起手煞車，一路駕駛，他們緊抱負面想法不放，或是對未竟之事難以釋懷，心智和情緒受到影響，飽受折磨。他們完全待在自己一手打造的舒適圈裡，對現實產生不正確的信念，或是心懷罪惡感和自我懷疑，每當他們努力想要達成目標，這些負面想法和深植已久的舒適圈總是抵消他們的意志，不論他們有多麼努力。

成功人士剛好相反，他們發現與其增強意志力當作引擎，驅動成功，倒不如「鬆開煞車」，放下局限的信念，找出替代方法，並且改變自我形象，釋放恐懼、怨恨、憤怒、罪

惡、羞恥等負面情緒，反而較輕鬆。

## 踏出舒適圈

把你的舒適圈想成是一間囚禁你的牢房，一個由你自己打造的大型監獄。裡面聚集了「辦不到」、「必須做」、「絕不可做」與其他尚未察覺的負面信念，而這些皆是你自己累積所致，也許你甚至曾經訓練自己「畫地自限」。

## 四方法脫離舒適圈

打從一出生，大象寶寶就接受訓練，困於一個極小空間裡，訓練師在大象寶寶腿上綁著一條繩子，繫在一個深入地底的木樁，讓這頭大象寶寶監禁在那條繩子圍住的區域，也就是牠的舒適圈。起初，大象寶寶試圖弄斷繩索，但這條繩子太堅固了，於是大象寶寶發覺自己無法弄斷繩子，牠學會自己必須待在這條繩索圍出的區域裡。

大象寶寶長大成為五公噸重的巨象，已經能夠輕易弄斷同一根繩子，可是牠卻連試都不肯試，因為牠自小就學會「無法弄斷繩子」。如此一來，最細的繩索也能困住龐然巨象。

或許這就是在說你——依然被微不足道的事困於舒適圈。正如掌控大象的那條細繩一樣，只不過你的繩索是由局限的信念和想法所構成，而這些源自於年輕時曾接收到且信以為真的事。如果你正困於舒適圈，好消息是，你可以改變自己的舒適圈。要如何改變？有以下四種方式，讓你脫離舒適圈：

1. 使用肯定句與正面積極的自我對話，肯定自己已經擁有想要之物、進行想要的事、以自己想要的方式處世。
2. 創造出新的內心想法，認定已經擁有、從事、成為自己想要的人事物。
3. 運用「輕敲穴位情緒舒解療法」（Emotional Freedom Techniques Tapping）*藉由輕敲穴位，刺激自身能量，舒緩負面情緒與身體疼痛。
4. 改變自身行為。

*美國心理學家羅傑．卡拉漢博士（Dr. Roger Callahan）開發進階版的「輕敲穴位情緒舒解療法」用於各類疾病。他創設機構，訓練「思維場療法」或稱「卡拉漢技巧」（Callahan Techniques®），用於專業治療師、保健醫生、現場急救人員和一般大眾，也提供私人課程、影音說明，以消除恐懼症、焦慮、飛行恐懼症、公眾演說恐懼症等。

## 停止不斷陷入相同困境

成功人士明白一項重要概念：**困境並非難以擺脫。你只不過是反覆經歷相同經驗，因為你想著相同念頭、維持相同信念、說著相同字詞、做著相同的事。**

我們太常「強化行為」，使我們陷入連續發生的負面迴圈。我們有局限自己的想法，創造出腦海裡的意象，而那些意象管轄我們的行為，到頭來強化了原本局限的想法。想像一下，每當你在職場正要上台簡報，你可能會忘了自己想要說的話，一想到這裡，就會出現忘詞的畫面，這幅影像創造出一種恐懼感，這股恐懼感蒙蔽了你的清晰思考，使你忘掉其中一個關鍵字句，因而強化了「自己無法向大眾演說」的自我對話。你會跟自己說：「看吧，我就知道自己會忘記該說什麼。我無法對一群人演說。」──（見圖表1-11）。

只要你繼續抱怨現況，你的心智就會聚焦現況。

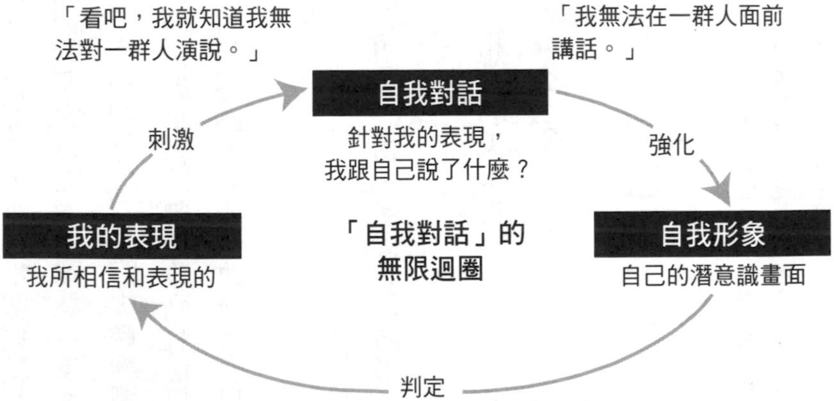


圖表 1-11　無限循環困境

持續不斷談論、思索、寫下事情狀況，是在腦內不斷強化相同的神經迴路，造成你今日的處境，且你是在持續散發相同的振動頻率，繼續吸引你已創造出來的相同人、事、物。

為了改變這個循環，你必須轉而聚焦於思考、談論、寫下你想創造的事物。務必使你的潛意識充斥這個新的想法和意象。

「我們不能用製造問題時的思維來解決問題」。

——阿爾伯特．愛因斯坦

## 只要感到不適，下意識想回到舒適圈

你的舒適圈運作方式恰如房子恆溫器的運作。一旦室內迫近你設定的溫度臨界點，恆溫器發出電子訊號給暖爐或冷氣，以便啟動或關閉。隨著室溫開始變化，電子訊號持續因應這些變化，將溫度維持在想要的範圍內。

同樣地，**你也有內在心理恆溫器，調節你在世界上的表現。你的內在表現調節器不像電**

**子訊號那樣，反而是利用「不舒服」訊號，使你持續待在舒適圈裡**。只要你的行為或表現開始迫近舒適圈的邊緣，你就會開始覺得不舒服。假如你正遭遇的事，超出你下意識所認定的自我形象，你的身體就會傳送「精神緊張」和「身體不適」的訊號給你。為了避免這類不舒服的感覺，你下意識會把自己拉回舒適圈。

我的繼父曾任安迅資訊公司（NCR）區域業務經理，他注意到他團隊的每個業務員皆以「銷售員」的自我形象看待自己。他們要不是月入兩千美元，就是月入三千美元。

如果業務員認定自己只能「每月賺取三千美元佣金」，那麼只要當月第一週就賺到這麼多的佣金，在那個月的剩餘日子裡，他將會怠惰度日。另一方面，假如已經接近月底，而他只賺到一千五百美元佣金，他就會每天工作十六小時，週末假日都加班，創造新的銷售提案，並且盡其所能，達到該月的三千美元目標。

因此一個人若以「三萬六千美元的自我形象」看待自己，那麼就一定會產生三萬六千美元的收入。如果不這樣做，他們反而不自在。

我記得有一年，繼父在新年前夕出門，推銷收銀機。在午夜時分，他到處兜售，想要多賣兩台收銀機，如此一來，他就能夠達成年度銷售額，獲得夏威夷旅遊的資格，所有銷售員只要達到自己的年度業績，即可獲獎。幾年來辛苦奔波，他早就得過這份旅遊獎，而他的自我形象不容許自己在那一年輸掉獎項，最後他賣出那些機台，獲得那次旅行。他原本可以待在舒適圈，但是他並沒有這樣做。

你的存款帳戶也是如此，有些人只要存款帳戶有兩千美元，就覺得心安自在了；其他人則不然，一旦儲存的金額少於八個月收入，就會覺得不安；有些人即使沒有存款且背負兩萬五千美元卡債，也覺得無所謂。

如果某人需要八個月收入的儲備金才覺得心安，同時還要預留一萬六千美元的意外醫療費用，那麼他會削減開支、加班工作、出售舊物，不管付出什麼代價，都要讓存款金額恢復預期水準。同樣地，如果他突然繼承一筆金錢，他很可能覺得錢夠用了，於是不再刻意存錢，待在舒適圈裡。

難怪大家常常聽聞，多數樂透得主在中獎後短短幾年內，就將彩金全數散盡，胡亂花費、揮霍無度、到處撒錢。事實上，美國有八〇%的樂透得主在五年內破產！原因是他們沒有培養「富翁心態」，他們下意識重現先前心態。坐擁巨款讓他們覺得不自在，於是他們想辦法回復自己以往熟悉的舒適圈。

不論餐廳種類、住宿的飯店、駕駛的車種、居住的房子、穿著的衣服、採行的度假方式、結交的朋友等，我們都有熟悉的舒適圈。

假如你曾經走在充滿精品店的紐約第五大道（Fifth Avenue）或比佛利山莊羅迪歐大道（Rodeo Drive），你可能走進某家店後，馬上覺得自己不屬於那裡，對你來說，那些店面太高檔了，你覺得很違合。這就是舒適圈的運作方式。

## 延伸舒適圈，改變形象

當我第一次搬到洛杉磯，我的新老闆帶我去買衣服，地點是韋斯特伍德區（Westwood）一家非常高檔的男士服飾店。我以前買過最貴的襯衫是在高檔連鎖百貨公司諾德斯特龍（Nordstrom）買的，一件才三十五美元。可是老闆帶我去的那間店，最便宜的襯衫居然要價九十五美元！我目瞪口呆，突然全身一陣冷汗，那天我的老闆買了很多東西，我只買了一件義大利設計師品牌襯衫，價格是九十五美元，我竟然遠遠脫離自己的舒適圈，差點不能呼吸。接下來一週，我穿上這件襯衫，很驚奇這件襯衫居然比其他襯衫更好穿，感覺起來也更好，穿著這件襯衫，我外表看起來更得體。我每週穿這件襯衫一次，經過幾週後，我真的深深愛上它了，一個月內我又買了另一件。之後的一年我只穿那樣的襯衫，我的舒適圈慢慢改變了，因為我已經習慣某些更好的事物，縱使價格較貴。現今，我常花三百美元，購買量身訂做的襯衫。

「百萬美元論壇」（Million Dollar Forum）和「收益建構者國際機構」（Income Builders

International）這兩個組織致力於教導大家如何變成富翁，我曾任這兩家組織的老師，課程舉辦地點皆是加州拉古納海灘的麗思卡爾頓酒店（Ritz-Carlton Hotel）、夏威夷大島上的希爾頓酒店（Hilton Hotel）或其他高級的度假飯店，因為要讓與會人士習慣受到一流方式對待。這是為了延伸他們的舒適圈，改變他們自認的形象，每次訓練皆以晚禮服宴會收場，對於許多與會人士來說，這是他們第一次參加晚禮服宴會，這也再次延伸另一個舒適圈。

## 利用肯定句，改變你對自己的看法

「我一向相信魔法。如果在鎮裡沒事可做，我每晚會前往市區，坐在穆荷蘭大道旁，俯瞰這個城市，伸展雙臂，然後說：『人人皆想與我合作。我是絕佳演員，有各式各樣的電影演出邀約。』我會再三重複這些話，就像已經有幾部電影排隊等我演出。我會開車下山，做好準備，認定『電影邀約就在那裡等我，只是我還沒聽見而已』這些全都是肯定句，解開我原生家庭的枷鎖。」*

——金・凱瑞，知名演員

* 出自一九九四年七月的《電影線上》（*Movieline*）訪談。

延伸你的舒適圈，其中一項方法是：以新的想法和意象，不斷轟炸你的潛意識。想像銀行帳戶有巨額存款、苗條健康的身體、振奮人心的工作、有趣的朋友、難忘的度假時光，想成全都是你已完成的目標。你所採用的這個技巧稱為「肯定句」，是一種聲明，運用「已經達成的狀態」來描述某個目標，例如：「在美國夏威夷茂宜島卡納帕裡海灘，我住在美麗的海濱公寓裡，遠望拉奈島那邊的夕陽餘暉，非常享受。」或「我的完美體重大約六十公斤，覺得身體輕盈活躍，值得慶賀。」

## 制定肯定句的九大準則

為求有效，務必運用以下九大準則，建構你的肯定句：

1. **以「我是」起頭：**這兩個字是語言裡最強而有力的字眼。潛意識會接受任何以「我是」為開頭的字句，並且將之詮釋為一種命令，也就是一種指令，讓一切發生。

2. **描述現況：**描述你想要的狀況，宛如你已經擁有這些人、事、物，夢想皆已實現。

×錯誤句子：我將有一輛全新紅色九一一車型保時捷。

○正確句子：我正享受著駕駛全新紅色九一一車型保時捷。

3. **正面積極陳述**：肯定你想要的事，而非你不想要的事。正面積極說出你的肯定句，潛意識聽不進任何「否」或「不要」字眼。也就是說，陳述「不要大力關門」，其實聽起來會是「大力關門」。潛意識是以心像畫面思考，而「不要大力關門」會喚起一幅「大力關門」的畫面。「我再也不怕搭飛機」，會喚起「害怕搭飛機」的影像，若改說「我很享受搭飛機的快感」，則會喚起愉悅享受的影像。

×錯誤句子：我再也不怕搭飛機。

○正確句子：我很享受搭飛機的快感。

4. **簡明扼要**：將你的肯定句想成是一首廣告短曲。想像每字價格高達一千美元，以此付諸行動。字句務必夠短又很好記。

5. **具體說明**：含糊的肯定句會產生模糊不清的結果。

×錯誤句子：我正在駕駛紅色新跑車。

○正確句子：我正在駕駛全新紅色九一一車型保時捷。

6. **用「正在進行」表達某項行動**：喚起「正在進行」的心像，增強作用力。

×錯誤句子：我誠實開放心胸，表達自我。

○正確句子：我正在以很有自信的方式，誠實開放心胸，表達自我。

7. **內含至少一個動態情緒或感覺：**內含情緒上的陳述，你將覺得宛如已經達成目標。例如：享受、愉悅、快樂、慶賀、驕傲、冷靜、平和、高興、熱忱、喜愛、安全、沉著、勝利。

×錯誤句子：我正維持完美的八十公斤體重。

○正確句子：我體重八十公斤，覺得靈活敏捷，棒極了（這句話有著廣告歌詞的餘韻。潛意識喜愛韻律和旋律）！

8. **為自己製作肯定句，不是為別人：**在建構肯定句時，要用這些話描述你自己的行為，而非他人的行為。

×錯誤句子：我正看著強尼打掃他的房間。

○正確句子：我向強尼有效傳達我的要求和願望。

9. **增添「或者會更好」：**使用肯定句獲得某項特定狀況（工作、機會、度假等）、實質標的物（房子、汽車、遊艇等）或關係（丈夫、老婆、子女等），一定要加上「或者情況（某人）更好」。關於我們想要什麼，有時候我們的準則源於我們的自尊心或有限的經驗。有時候，可能有更好的人、事、物等著我們，所以如果適宜，你的肯定句也要內含這句話。

例如：在美國夏威夷茂宜島卡納帕裡海灘，或者其他更好的地方，我住在美麗的海濱別墅裡，非常享受。

## 運用肯定句和視覺化的六方法

如何運用肯定句和視覺化？

1. 檢視你的肯定句，每天一到三次。早晨醒來時檢視一次，每日中午重新聚焦自我，就寢前再度進行一次。
2. 如果可以，大聲念出每個肯定句。
3. 閉上雙眼，以視覺化想像自己成為肯定句所述那樣。內心預想，從你的內在向外看，換句話說，別旁觀自己在場景裡，而是要以第一人稱往外看，猶如你實際存在其中。
4. 一旦成功達到肯定句所述的事，傾聽所有聲音，比如說，海浪拍打岸邊、群眾呼嘯、國歌響起等。將你生命裡的重要他人納入其中，與你一起慶祝，聽他們對你的成就有多麼開心。
5. 成功後你有何感覺？預想那種感覺，感受越強越有效。如果你難以創造出這種感覺，你可以用肯定句說：「我利用肯定句，有效運作，正在創造強大感覺。」

6. 再次說出你的肯定句，並且重複這個過程。

## 時時提醒自己的肯定句

如何使用其他肯定句？

1. 在約八乘十三公分的索引卡片上面，寫下你的肯定句，貼在家裡各處。
2. 在家裡或房間各處，懸掛你想要事物的圖片。你可以放一張畫，而畫裡有你。
3. 利用「零碎時間」，反覆說著肯定句，例如：排隊時、運動時、開車時，你可以在心裡重複默念或大聲說出來。
4. 錄下你的肯定句，在工作、開車或睡覺時播放。
5. 你從小到大，想從父母身上聽到什麼鼓勵事項？或是目前想聽到什麼認同的話？請父母其中一人錄音，說出這些話。
6. 使用第一人稱（「我是……」）、第二人稱（「你是……」）和第三人稱（「他／她是……」），重複說著你的肯定句。

7. 在電腦、平板或手機裡，把你的肯定句當作螢幕保護程式。每次使用電腦，就能看見這些肯定句。

## 確實執行，看見改變

我大約二十多歲時，第一次學到肯定句的力量，當時，W・克萊門特・史東要我設下一個遠遠超出我當前能力的目標，如果我達成了，境遇將會有驚人轉變。雖然我認為史東的建議很有道理，但我沒有認真落實到生活裡，直到幾年後，我決定進行一次大躍進，從原本的年收入兩萬五千美元改為年賺十萬美元以上。

看過美國心靈導師佛羅倫斯・斯科維爾・希恩（Florence Scovell Shinn）寫的肯定句後，我所做的第一件事就是精心琢磨出自己的肯定句：「上天給我無限資源，在神的恩典之下，為大眾謀求最高福祉，我迅速財源廣進，輕鬆賺錢、存錢、投資，每年收入高達十萬美元。」

接下來，我複印出一張大型鈔票，面額十萬美元。我把這張鈔票貼在床頭天花板。每天醒來，我能看見這張鈔票，然後閉上眼睛，重複默念肯定句，並且以視覺化方式，想像我正享受年收入十萬美元的生活。我展望我將來所住的房子、室內陳設和藝術品、駕駛的車子和假期。我也設想，一旦我達到那種生活方式，我會體驗到什麼感受。

過了不久，某天早晨我醒來，想到賺進十萬美元的點子。腦袋靈光一閃，如果我的書《一百種增強自我概念的方法》（*100 Ways to Enhance Self-Concept in the Classroom*）能夠賣出四十萬本，每本版稅可抽二十五美分，我就能賺到十萬美元收入。我的晨間視覺化練習添加了一幅畫面，想像我的書遍布各大書店，而出版社簽了一張十萬美元支票給我。不久之後，某位自由撰稿人找我，寫了一篇文章，內容有關我在《國家詢問報》的工作。因此在那一個月裡，我的書多賣了上萬本。

越來越多賺錢點子湧入我的腦海，幾乎每天如此。例如：我刊登廣告自行賣書，每本可賺三美元版稅，而非僅有二十五分美元；我創辦自己的郵購目錄，也納入其他作者的相關書籍，甚至還從這些相同買家賺到更多錢。麻薩諸塞州大學（University of Massachusetts）看到我的郵購目錄，邀請我參加某次週末會議，推銷這些書，幫我在兩天內賺進兩千美元以上的收入，並且還向我介紹另一套策略，一年可賺十萬美元。

同時，我也視覺化書籍銷量更高，還舉辦研討會和座談會，從中產生更多收入。我向某位工作性質類似的友人問起，我該如何收取更高費用？他透露自己的報價早就已經是我的雙倍！有了他的鼓勵，我將演說費用提高至三倍，發現那些請我演講的學校已備有預算，甚至高於我的報價。

在很大程度上，我的肯定句招來好結果。但是如果我原先沒有設定目標賺取十萬美元，也沒有制定肯定句並且加以視覺化，那麼我就無法提高演說費用、創辦郵購目錄、參加重大會議，也不會接受大型出版社的訪談。

因此，我那一年的收入暴漲，從兩萬五千美元飆升至九萬兩千美元！雖然比我十萬美元目標短少了八千美元，但我向大家保證，我一點也不沮喪。我反而欣喜若狂。短短不到一年內，運用視覺化和肯定句的力量，我的收入幾乎增加四倍。突發奇想「靈感點子」時，也積極付諸行動。

達到九萬兩千美元那一年，妻子問我：「如果肯定句說十萬美元有效，你會不會覺得，這些句子對一百萬美元也行得通？」於是我使用新的肯定句：「我的書非常暢銷，我很高興存進我的百萬美元版稅支票。」然後視覺化。從那時起，我們繼續達到該項目標，還持續每年賺到一百萬美元以上。

# 別等三十年後才開始

一九八〇年代，一場商業人脈早餐聚會裡，美國音樂家喬・紐伯瑞（Joe Newberry）聽到我說起十萬美元的故事，但是他沒動手在天花板貼上自己的十萬美元鈔票，直到三十年後才這樣做。

那時候是六月，他正在想辦法提高自己的收入。在《祕密》電影裡，他看到我重述這個故事，他衝回家，把自己的十萬美元鈔票置於床頭上方，每天早晨醒來就看得到。到了九月，有人打電話，聘請他擔任顧問。不久後，他成為兩家唱片公司的代表人，替重要表演者協商合約。

然後在一月，他搭機飛往紐約，向巴諾書店洽談生意，請對方下單購買他所提出的唱片作品。那一天，有好幾十個其他業務代表也在洽談，他是其中之一。喬與巴諾書店相談甚歡，聊到自己的子女和家庭，然後很訝異地看到，對方拿出文件，當場和他簽約。

不過，這並非喬原先預期的普通訂單。他走進電梯，看著手上文件。對方所寫的訂單金額實在可觀，他迅速計算自己的佣金，剛剛居然賺進十萬美元，分毫不差！

# 11 運用視覺化實現願景

「想像力即是一切，預習生活即將吸引而來的人事物。」

——阿爾伯特・愛因斯坦

在腦海創造出激動人心又栩栩如生的畫面，這種行為即是「視覺化」。你擁有這份致勝工具，但你可能不常使用，而它卻能大大加速任何成功。視覺化具有以下三大效果：

1. 視覺化啟動潛意識的創造力量。
2. 視覺化聚焦你的腦袋，為腦部網狀活化系統（reticular activating system, RAS）*編制指令，注意從未發現到的可用資源。

---

* 大腦下端的一個組織，其功能在調節人的警覺和興奮感。

3. 透過吸引力法則，視覺化為你磁吸必要的人力、資源和機會，以求達成目標*。

研究發現，**每當你做一件事，如果你將過程事先視覺化，你的腦袋將會套用完全相同的過程。換句話說，你的大腦看不出視覺化的某事與實際發生的事之間有何差別**。

這項準則也適用於學習任何新事物。哈佛大學研究發現，學生預先視覺化，執行任務時，有將近一〇〇%的準確度；而那些沒有視覺化的學生，僅達到五五%的準確度。

單憑視覺化就能使大腦達成更多事。雖然學校都沒教過我們這些，但是自從一九八〇年代起，運動心理學家和巔峰績效專家廣為宣導視覺化的力量。如今，幾乎所有的奧運選手和職業運動員都會運用視覺化的力量。

傑克．尼克勞斯（Jack Nicklaus）是傳奇高爾夫球手，贏得四十二場錦標賽與五百萬美元獎金。他曾說：「我在腦海裡，若無預先想出一個清晰聚焦的畫面，我絕對無法打擊出去，就連練習也不行。這個畫面宛如彩色電影，首先我會『看見』自己想要完成何種成就，身上衣著得體又白淨，高坐在明亮綠色草地上，然後場景迅速轉換，而我『看見』這顆球往前跑，包括它的路徑和方向，甚至它落下時的行進方式。接著有點像畫面淡出，而下一個場景顯示我的揮桿動作，將先前的畫面轉換為現實。」

## 大腦會自動幫你解決問題

當你不斷視覺化你的目標宛如已經完成，潛意識裡，就會在「你所視覺化的事情」與「現況」之間，創造出一種「矛盾」（結構張力）。你的潛意識為了解決矛盾，會把現況轉換為振奮人心的現實。

透過持續視覺化，這種矛盾會隨著時間加劇，產生三種效果：

1. 為你的腦部網狀活化系統進行編程，讓你開始覺察有助於達成你目標的事物。
2. 刺激你的潛意識，創造解決辦法，取得你想要的目標。早晨醒來，你開始充滿新點子，洗澡時、長程漫步時、開車上班途中，你會發現自己突然想到點子。
3. 讓你更積極。你會開始注意到，自己在無意間做出某些事，帶你往目標前進。突然間，你在課程舉手發問、自願承擔工作上的新任務、在員工會議勇於發言、更直接要求你想要的事、為你想要的東西存錢、清償信用卡債或在生活裡承擔更多風險。

* 「吸引力法則」基本上是指不論你在思考什麼、談論什麼、幻想什麼、強烈感覺什麼，皆會吸引相關人、事、物到你的生命裡。

讓我們細看腦部網狀活化系統如何運作。在任何時候，皆有大約一千一百萬位元的資訊進入你的大腦，大多數是你無法留神注意或沒必要的事，所以你的腦部網狀活化系統過濾大部分資訊，使你的意識只注意到有助存活的訊號，達成你大多數重要目標。那麼，腦部網狀活化系統如何知道應該允許什麼事進入你的意識？應該過濾什麼事？

腦部網狀活化系統會將有助達成目標且持續視覺化的事，獲准進入大腦；關於你自己和其他人，如果符合你的信念和意象，也會容許進入。

腦部網狀活化系統是強效工具，但僅是用於尋找辦法，達成你給它的確切畫面。你的潛意識具有創造力，但不是以言詞來思考，而是用圖像來思考。那麼，所有這些事，如何幫助你努力成功，實現你的夢想人生？

**當你向大腦顯現具體、色彩鮮明、栩栩如生、令人信服的畫面，大腦就會往外探查，捕捉所有必要資訊，為你將畫面轉換成現實**。如果你給心智一道一萬美元難題，心智會想出一萬美元的解決方法。如果給心智一道百萬美元難題，就會找出百萬美元的解決之道。

如果你給的心像是美麗的家、親愛的配偶、激勵人心的職涯、異國風情的度假，心智會努力達成這些事。相反地，如果你持續餵養負面、恐懼、焦慮的畫面給心智，猜猜會怎樣？心智也會照單全收。

## 如何進行視覺化？

視覺化過程其實相當簡單，你僅須閉上雙眼，預想你的目標已經完成。

如果你的目標是要擁有一間湖濱美宅，那麼就閉上眼睛，預想自己走遍這間你想要擁有的房子。要填滿全部細節，外觀看起來像什麼？建築物周邊的園林美化是怎樣？它有什麼樣的景觀？客廳、廚房、主臥室、餐廳、休閒室長什麼樣子？屋內家具如何布置？逐一想像每個房間，並且填充所有細節。

盡可能讓影像清晰鮮明。任何目標皆適用此法，不論是工作、娛樂、家庭、個人財務、人際關係或慈善事業皆可。寫下你的每項目標和目的，然後每日加以檢視、肯定、視覺化。

接著，每天早晨醒來與晚上就寢前，大聲詳讀這份目標清單，每讀一項就稍微暫停一下，閉上眼睛，在腦海裡視覺化，重現「已實現目標」的影像。持續讀遍這份清單，直到全都視覺化為止。整個過程大約花費十到十五分鐘，端視你有多少目標而定。如果你進行冥想，在完成冥想後，要立即視覺化。冥想可達到深層狀態，提高視覺化的影響力。

## 為畫面增添聲音和感覺

如果想要有更好的視覺化效果，請添加聲音、氣味、滋味和感覺到你的畫面裡。你會聽到什麼聲音？你會聞到什麼味道？你會嚐到什麼滋味？最重要的是，假如已經達成目標，你會有什麼情緒和感覺？

例如當你想像自己的海濱夢幻房屋，你可能會添加屋外海浪拍打岸邊的聲音，你的孩子在沙灘玩耍的聲音，以及配偶對你說的感謝話語。然後，擁有房屋讓你自豪，也添加這份感覺，還有達成目標後的滿足感，以及坐在甲板遠望海上的美麗日落，夕陽餘暉映照臉上的感覺。

## 用情感加強畫面

到目前為止，這些情感都是願景的推動力。研究學者知道，一旦伴隨強烈情感，即可永久鎖住某種影像或場景的記憶。

二〇〇一年九月十一日，美國世貿大樓被撞毀，我肯定你還記得當時自己在哪裡。你的腦袋牢牢記得絕大部分細節，因為處於緊張時刻，你的大腦不僅過濾所需的求生資訊，而且這些畫面本身就帶來強烈情感。事實上，這些強烈情感刺激了人腦神經元樹突棘*的增生，最後創造出更多的神經連結，因此更加牢固鎖住在記憶裡。你可以添加鼓舞人心的音樂、真實生活的味道、深刻的感受，甚至是無比的熱情，大聲喊出你的肯定句，將強烈的情感帶到你的視覺化裡。你能激起越多熱情、興奮和精力，最終成果越強大。

* 樹突上的分支。樹突是神經元的輸入通道，負責將資訊帶回細胞。

別吵爸爸，他正忙著預想無與倫比的事業成就。
補充一下，他是想為我們求得更好的生活。

**圖表 1-12　將目標視覺化**

## 靠想像，克服不可能

彼得．維德馬是奧運金牌得主，以下是他描述自己如何使用視覺化，成功追尋金牌：

為了保持專注在奧運目標上，每次鍛鍊結束時，我們開始視覺化自己的夢想。我們練習假想體操決賽過程，視覺化自己實際參加奧運競賽，實現夢想。

我會說：「提姆，我們來想像一下，這是奧運會的男子體操隊決賽。美國隊當晚參加最後一場賽事，恰好是高單槓體操競技。代表美國隊晉級決賽的最後兩人是提姆．達傑特（Tim Daggett）和彼得．維德馬。中國長久以來都是世界體操冠軍，我們夢想能與中國並駕齊驅，而我們必須完美執行比賽指定動作，贏得奧運隊金牌。」

那時候，我們每個人都在想：「沒錯，我們絕不可能與那些人並駕齊驅。他們贏得布達佩斯世錦賽多項冠軍，而我們隊伍甚至沒拿到金牌。我們絕對辦不到。」

可是，要是真的辦到了，又會怎樣？我們會感覺如何？

漫長的一日接近尾聲，在空蕩蕩的體育館裡，我們會閉上眼睛，視覺化奧運競技場，一萬三千名觀眾座無虛席，電視上有其他兩億人正在收看直播。然後我們練習指定例行動作，一開始，由我先當唱名者。我雙手在嘴巴圍成杯狀，吶喊「接下來是來自美國的提姆．達傑特」。然後，由提姆完整演練他的例行指定動作，猶如一切真實發生。

接著，提姆走到體育館另一頭，以唱名者之姿，雙手圍住嘴巴邊緣，吶喊「接下來是來自美國的彼得．維德馬」。輪到我了。在我腦海裡，我有一次機會，完美執行我的例行指定動作，為我們隊伍贏得金牌。如果我做不到，我們就會輸。

提姆大喊「綠燈」，而我看著裁判長，通常是由我們教練馬克（Mako）擔任。我會舉起自己的手，而他會舉起右手示意。然後我轉身，朝向體操單槓，抓緊，開始進行我的例行指定動作。

一九八四年七月三十一日，有趣的事情發生了。

那天是奧運會，在加州大學洛杉磯分校選手席舉辦男子體操隊總決賽。一萬三千人坐滿觀眾席，全球有兩億多名電視觀眾正在收看。美國隊那一晚的最後一場賽事，也就是高單槓體操競技。最後代表美國上場的兩人正是提姆．達傑特和彼得．維德馬。並且一如我們視覺化所想，我們隊伍與中國並駕齊驅。我們必須完美表現高單槓指定動作，才可贏得金牌。

我看著教練馬克，他當我的教練已經十二年了。他一如既往，心神集中，只說：「好了，彼得，上場吧！你知道該怎麼做。你已經進行上千次了，就像先前在體育館每天練習那樣。我們只是再練習一次，然後就回家了。你已經準備就緒。」

他說得沒錯。我早就預先想過此刻，視覺化這個場景數千次。我正準備執行例行指定動作。與其想著自己實際站在奧運競技場內，觀眾席有一萬三千人，電視觀眾有兩億人，我反而在心裡回溯我以前的畫面，在加州大學洛杉磯分校體育館裡，每天尾聲之時，僅有兩人留在體育館裡。

唱名者喊著「這是來自美國的彼得．維德馬」。我想像那是好友提姆．達傑特在說話。綠燈亮起，顯示指定動作表現時間已到。我想像那不是真的綠燈，而是提姆喊的「綠燈」。當我舉手朝向德國籍的審判長，我腦海裡將他視為是我的教練，正如數百次鍛鍊結束時，我每天把他假想成審判長那樣。在體育館裡，我總是運用視覺化，想像自己身處奧運總決賽。而在奧運總決賽裡，我視覺化過往在體育館的場景。

我轉身過去，面對單槓，縱身一躍。以往在體育館裡，我日復一日進行視覺化，並且不停鍛鍊，現在我要開始展現這些相同的指定動作。我勾起回憶，僅是再次展現我已經做過數百次的動作。兩次鬆手動作的風險很大，但我迅速完成這個動作，有很大機會成為世界冠軍。我流暢完成其餘指定動作，以穩若磐石之姿，空翻著地，焦急等待評審給我分數。

喇叭傳來一陣低沉聲音，宣布：「彼得．維德馬，九．九五分。」我大喊：「太好了！我做到了！」群眾歡聲雷動，隊友與我慶祝成功。

三十分鐘後，我們站在奧運頒獎台上，競技場內有一萬三千名觀眾，超過兩億人收看電視播出。金牌正式掛在我們脖子上。我與提姆和其他隊友光榮站著，戴著金牌，聽到國歌響起，美國的國旗升至競技場最高點。我們在體育館裡，早已視覺化這個時刻數百次了。只不過這一次，美夢已然成真。

## 建構「心智電影」，影像重新站起來

在《祕密》影片裡，希瑟·奧布賴恩·沃克第一次看到我，這也是她初次聽聞正面自我對話與視覺化的訣竅。她告訴我：「你說著自己的故事，說明這項策略如何對你奏效，以及如何為你帶來成功，我緊盯螢幕，非常入迷。可是我要如何創造有效的視覺畫面？」

她選擇運用我分享的知識，結合她在好萊塢的經驗。她曾在好萊塢與許多大牌演員共事，例如布魯斯·威利（Bruce Willis）、派屈克·史威茲（Patrick Swayze）、湯姆·克魯斯（Tom Cruise）、茱兒·芭莉摩（Drew Barrymore）、伊麗莎白·泰勒（Elizabeth Taylor）、黛咪·摩爾（Demi Moore）等。電影產業的人都很擅長創造引人入勝的影像，似乎能把你拉進另一個世界。螢幕閃爍的視覺畫面很有力量，帶你踏上一趟情緒旅程，能夠翻轉你對人生的看法。

所以她決定創造出自己的「心智電影」，加上正面積極的「自我對話」。多年來，這些方法對她非常有效，助她克服萬難。她也制定一句口號，每當遭逢試煉時期，被潰擊到一敗塗地，她總是告訴自己：「千萬別放棄！站起來！」她說：「我完全沒想到，選擇製作自己的『心智電影』和口號，居然救了我。」

二〇一一年七月，希瑟歡天喜地，規劃即將來臨的婚禮，同時晉升至精品零售商主管，監督由三十位顧問構成的團隊、五十家廠商，以及數百萬美元的商品。但在七月二十九日，有人粗心大意，在儲藏室通道放了一個滿是垃圾的紙箱，害她跌倒。她猛烈往前一摔，額頭撞到粗重鐵架，昏了一下子，接著整個臉狠狠撞上水泥地板，再度昏迷。

她的未婚夫TW接到電話，發狂似地衝到醫院。希瑟在醫院加護病房醒來，隨即感受到整個房間天旋地轉，就像遊樂園裡的旋轉咖啡杯一樣。她覺得自己的頭宛如被老虎鉗壓碎，腦子裡傳來震耳欲聾的迴聲。她幾乎看不見，覺得房裡燈光非常刺眼，身邊全是巨大聲響，猶如某人把音量調至最高，耳朵鼓膜快要炸開，她掙扎起身想要坐著，釐清到底是怎麼一回事，卻發現她的雙腿無法動彈。

她後來得知，自己遭受創傷性腦損傷，頭部的重擊將會從此影響她全身機能。她感受不到雙腿的存在，也無法動彈，只要她想抬起雙腳，就覺得雙腳緊繫沉重鉛錘。她甚至無法坐直，因為會頭暈目眩，沒有方向感，噁心想吐。她講出來的話含糊不清，而她無法想起談話內容細節，也跟不上談話速度。更糟的是，醫生沒有說她會復原，反而說類似的創傷患者只能在養護之家度過餘生，無法下床生活自理，有些人甚至突然陷入昏迷，與世長辭。

就在那時候，她才明白，**唯一能負起全責救自己的人，只有自己**。於是她選擇開始努力建構自己的「心智電影」。問題來了，她企圖用大腦療癒自己，但是她的大腦正是受創甚深之處。不過，雖然挑戰十分艱鉅，她知道這將是促成她復原的必要資產。話雖如此，由於大腦不能配合，她難以建構自己的心智電影。

她告訴TW，覺得全身猶如遭到痛毆一樣，TW開玩笑地說，那一定感覺像是在與拳王邁克．泰森（Mike Tyson）打拳擊賽。然後她靈光一閃，《洛基》（*Roky*）！這是他生平最喜愛的其中一部電影！她還記得，一聽到電影主題曲《現在要去飛》（*Gonna Fly Now*）前幾個小節的音樂，她總是想要一躍而起。

接下來一個月，希瑟積極接受治療，並且播放她的「心智電影」，因為在那時候，她除了回家不作他想。就算被警告她可能無法擺脫折磨人的多種症狀、無法走路或生活自理，她最後還是出院了，由她的未婚夫全天候照顧，他必須幫她洗澡、穿衣、餵飯、帶她上廁所，並且協助她所有的用藥和治療，同時還要努力兼顧他的工作。

過了不久，希瑟再次遭遇毀滅性的打擊。她在復健醫院待了一個月，出院後的某週，在一次回診返家途中，她和TW被一個粗心的身障駕駛撞到，希瑟歷經第二次腦傷手術。因為車禍時，安全氣囊發揮作用，把她的頭撞向副座位車窗，就她的狀況而言，能夠活下來，已經十分幸運。但是禍不單行，TW也在車禍裡受到重傷，他一隻腿斷了、背部嚴重受創，後續需要幾項手術治療。

那場車禍後的幾週，是他們有史以來最黑暗的日子。儘管如此，希瑟選擇堅守她的「心智電影」和「千萬別放棄！站起來！」口號。

車禍後不久，某一天，TW想出一個主意。他告訴她，他有個新的「心智電影」靈感。他說他們必須創造出自己的婚禮電影，並且正式定出他們的婚期。希瑟起初完全反對，希瑟其實非常生氣，她說：「訂定結婚日期真是太瘋狂了！我痛苦坐在輪椅上，被推著走過禮堂通道，口中努力念著含糊不清的字句，極有可能跟不上當時狀況，完全把自己搞成傻瓜一樣，這鐵定不是我心裡想要的婚禮。」

希瑟繼續說：「我絕不會忘記，TW輕柔靠在我的輪椅扶手上，把我身體往前靠向他，直接看著我的眼睛，以他一貫的開玩笑方式說：『你會成為沃克女士（Walker，意指走路的人），所以由你自己站起來，讓自己快點再次走路。你將會自己走過禮堂通道。』他總是有辦法讓我大笑，但我知道在笑話背後，他認真看待，我回看他的雙眼，發自內心回答：『我相信做得到。』我每天聚精會神數次，播放我的赤腳海灘婚禮『心智電影』，浪花拍打岸邊，從中不斷傳來『千萬別放棄！站起來！』。我可以感覺到腳趾之間的沙粒，微風輕撫臉龐，想像自己獨力走過禮堂通道。二〇一二年四月十四日，也就是我第二次腦部受傷存活七個月後，TW與我結婚了，舉辦一場唯美的赤腳沙灘婚禮。我確實靠自己力量，走過禮堂通道，正如我以前在『心智電影』聽過與見過的數千次那樣。」

時至今日，希瑟透過專題演講、研討會和教練集會，向全世界客戶分享她的故事。希瑟還把她的故事寫成新書出版，書名是《別放棄！站起來！》。

所以，每當你的毅力遭到考驗，像希瑟與TW那樣大受打擊，切記，千萬別放棄！站起來！

## 看不到影像，也能思考畫面

有些人是心理學家所謂的「視覺清晰者」（eidetic visualizer）。只要這些人閉上眼睛，即可用鮮明、清楚的立體多彩影像，想像任何事。然而，我們大多數人不是視覺清晰者，也就是說，我們大多是在思考畫面，而非真正看見影像，這倒是沒什麼，這種方式也同樣有效果。想像你的目標已經完成，進行視覺化練習，一天兩次，每天都做，依舊能達到相同益處，正如宣稱實際看到影像的人一樣。

## 利用圖片輔助，讓潛意識專注在目標

如果預見目標有點難度，請使用你所蒐集的圖片、影像和符號，讓你的意識和潛意識保持專注在你的目標上。舉個例子，如果你其中一項目標是要擁有一輛全新凌志汽車，你可以帶著相機，前往當地的凌志經銷商，請業務員讓你坐在駕駛座，要求對方幫你拍一張照片。

如果你的目標是要到巴黎觀光，找一張艾菲爾鐵塔的海報，從某張相片剪下你的影像，把這張影像貼在艾菲爾鐵塔底部，猶如這是一張你在巴黎所拍的照片。幾年前，我用這個方法，做了一張雪梨歌劇院的相片，短短一年內，我就遊歷了澳洲雪梨，站在雪梨歌劇院前。

假如你的目標是要成為百萬富翁，你可能想為自己寫一張百萬美元支票，或製作一份銀行對帳單，上面顯示你的銀行帳戶或股票投資組合，還剩一百萬美元餘額。

馬克．維克多．漢森與我製作一份「《紐約時報》暢銷書排行榜」樣板，而首版的《心靈雞湯》名列第一。在十五個月內，這個夢想成真了。四年後，我們有七本書同時名列《紐約時報》暢銷書排行榜，榮登金氏世界紀錄。

## 製作「願景板」，放在每天都能見到地方

一旦已經創造出目標影像，你可以把它們放入一個三環活頁簿，一頁放入一項目標，然後每天檢視，你也可以製作一個夢想板或寶藏圖，拼貼全部影像，放在布告欄、牆面或冰箱門，你每天都能見到的地方。

當年，美國國家航空暨太空總署忙著要把人送上月球，他們在主要的建構區域裡，用一大張月球圖片覆蓋整面牆，從天花板到地板。每個人都能清楚視覺化這項目標，而他們比時間表超前兩年達到目標！

## 創造的影像將一一實現

一九九五年，約翰・亞薩拉夫製作一張願景板，把它高掛在辦公室牆上。每當他看到一個很想要的東西，或是很想去的旅行，他就會取得相關相片，黏貼在願景板上。然後他預想自己，已經正在享受他所渴望的事物。

二〇〇〇年五月，他在幾週前，才剛搬進南加州的新家。某天早上七點半，他坐在辦

公室裡，他的五歲兒子基南（Keenan）走進來，坐在兩三個箱子上，這些箱子已經存放四年。基南問他父親，箱子裡放了什麼？約翰說箱子裡有他的願景板。基南回答：「你有什麼願景？」

約翰打開其中一個箱子，拿出願景板給基南看。約翰看著第一張願景板，上面有賓士跑車、一只手表、一些其他物件的圖片，全都是他當時已獲得的東西，他面露微笑。

但是隨著他拿出第二張板子，他開始哭泣。在那塊板子上，是一張房屋相片，正是他剛剛買的這間房子，而他們已經住進來了，不是一個很像的房子，而是完全一模一樣的房子！這間屋子面積約一百九十七坪，坐落在約二．四公頃的壯闊景觀上，約有八十四坪的招待所和辦公區、網球場，以及三百二十棵甜橙樹。四年多前，他從《夢幻房屋》（*Dream Homes*）雜誌剪下這張圖片，而他的新家正是他在圖片裡看到的房子！

## 相信任何事都有可能發生

「你想成為什麼人？創造出這樣的願景，然後活在那樣的畫面裡，猶如願望已經成真。」

——阿諾．史瓦辛格（Arnold Schwarzenegger），
演員、健身愛好者、電影製作人、加州前任州長

馬來西亞魔術師卡比爾．可汗（Kabir Khan）年僅六歲時，某天晚上看見世界最偉大魔術師大衛．考柏菲（David Copperfield）的電視表演，他找到自己的天職。有好幾天，他一直說著那場魔術秀。幾週後，他的父母買給他一組魔術套件，內有一個小機關，可讓硬幣消失，他花了好幾個小時，在房間內練習。到了十一歲，他的母親買了全套魔術設備給他，於是他開始在生日派對和校內表演魔術。

幾年過去了，他更有野心，他渴望接受世界頂尖魔術師的訓練，這些人全都身處美國。可是他要如何到那裡？他的家境並不富有，而家人期望他追尋常規職涯。高中畢業後，他就讀大學，主修行銷學，但是他也持續追尋夢想，定期在吉隆坡某間大型飯店表演。後來在他二十歲生日那天，他收到一本我寫的《成功準則》。

從第一頁開始，他就迷上了。當他得知我即將前往吉隆坡演說，他知道自己必須見我一面。在課程裡，他聽我說起寫下目標、製作願景板、使用肯定句，並且要為自己人生負起全責。他在本書全都早就讀過了，但不知何故，他裹足不前，無法付諸行動。現在，他要一躍而入！

我所教的其中一項準則是「擬真演練」。要以彷彿你已經身處想要境地的方式行動。也就是說，思考、穿著、行為和感覺都要像已達成目標的成功者。於是他問自己，假如我已經是一個世界知名的魔術師，我會怎麼行動？我會穿著什麼？我會到哪裡購物？他想到大衛・考柏菲只會去最高檔的商店，就搭火車到高級購物中心，在那裡看到一間展示各類型美麗手表的店。

其中一只由瑞士公司「富利斯」（Fortis）製造的手表，真的相當吸引他。店員說，俄國太空人都戴那只手表，他把手表戴在自己手腕，立刻愛上了這種感覺。手表非常牢固，做工良好，可是要價三千美元，他沒有那麼多錢。

他趁手表依然戴在手腕時，用手機拍了一張照片。他在家列印相片，把它黏貼在願景板上。他記得我的指示，每天看一下這張手腕戴著富利斯手表的相片。

在我的研討會後大約六個月，他找到一個團體，願意出資讓他去讀美國的魔術學校，但是他的喜悅稍縱即逝，因為經過更多考量後，這個團體認定他太年輕了，他們跟他說應該先完成大學學業後再來洽詢。他極為震驚，覺得受到羞辱，他已經跟所有朋友說自己要去美國，現在他該怎麼辦？

他待在家裡幾天，覺得糟糕透頂，然後他從報紙得知，隔天我正好排定在吉隆坡舉辦另一場演說，他猜我可能住在哪間飯店，於是立刻前往，坐在大廳等了六小時，手裡拿著我寫的《成功準則》，逐一掃視每個剛進門的人。最後，他看到我進來了，手裡拿著書走向我說：「傑克，我需要你的幫忙。」我認出他是上次演講的聽眾，於是邀請他到我的房間來好好談談。

他說完自己的故事，我說：「卡比爾，你已經做得非常好。但是你要微調你的目標。別說『我想去美國攻讀魔術』，要改說『我正在美國攻讀魔術』。變更一下你的願景板，運用影像和字句，創造出你已經成功的感覺。」我提醒他「不斷提問，開口要求」和「遭受拒絕，永不低頭」。切記，**有成千上百萬個機會在等你，如果你遭到拒絕，只是剛好還沒問到正確人選而已**。

聽完我的鼓勵，他開始洽詢所能想到的每個人，請對方贊助他去美國念書，他找過企業家、社區領袖，甚至是總理！他堅韌不懈。為了對自己負起全責，他定期寫電子郵件給我，報告進度（還記得「對另一人負起責任」的重要研究嗎）。

不久後，某位中國成功企業家翁先生願意贊助，付錢讓他前往美國。這位企業家見過他的家人後，拿了一張八萬馬來西亞令吉幣（約一萬七千美元）的支票給他，比他在願景板上的金額多了兩萬令吉幣（約四千三百美元）！有了這筆錢，他得以前往美國，就讀一年制的魔術學校，拿到畢業證書，甚至更渴望成為世界知名魔術師，希望成為「馬來西亞的大衛·考柏菲」！

回到吉隆坡，他開始在馬來西亞到處定期表演，最後遍及中東和亞洲。他對目標的衝勁日益增加，但若要真的一舉成名，他知道自己必須在美國表演，尤其是要在好萊塢魔術城堡裡，以及拉斯維加斯的酒吧或飯店。現今，魔術城堡是頗富盛名的魔術師舞台。僅有第一流的魔術師，才可獲准在那裡表演。

由於翁先生給了他一張支票，讓他實現出國念書的願望，因此他信服視覺化的力量，所以他請朋友製作一張仿真報紙文章，標題是「馬來西亞魔術師即將在好萊塢登台表演」。在那篇文章裡，他把自己的相片加進去，內容是他已經獲邀在好萊塢魔術城堡和拉斯維加斯登台表演。

他把這篇「文章」貼在願景板上，每天閱讀，體驗感激萬分之情，如同夢想成真一般，只要走過願景板旁邊，他的心就會充滿喜悅。

那張手腕戴著富利斯手表的相片依然釘在願景板上，而在日常視覺化裡，他也把這張相片納入其中。他繼續存錢，打算買下那只錶。最後終於存夠錢，可是當他走入那間店，他的心跳快停了，整個富利斯展示櫃全都沒了！銷售員告訴他，那家手表的產品線在馬來西亞銷量不佳，所以他們撤櫃了。銷售員看到他很失望，於是對他說：「請等一下。我看是否有存貨。」然後拿了一堆手表回來，說這是專為私人表演提供的手表，並把這些手表放在櫃子上，他的手表就在那裡！他把手表拿起來戴上。店員告訴他，因為已經斷貨了，可以給他折扣。所以他只花一千美元，就買到夢幻手表！

接著，經過一年的視覺化，並且進行本書的其他練習後，他獲邀至魔術城堡表演。他也獲得拉斯維加斯夜總會不少預約。現在只差沒有足夠的資金遊歷美國；他的報酬尚不足以涵蓋所有開銷，甚至動用了他為那只手表存下的錢也不夠，他決心不讓這個機會溜走，於是絞盡腦汁想辦法籌錢。

就在那時候，他想出一個很棒的主意。他拿起電話，聯絡新加坡的富利斯銷售代表，對方曾聽聞卡比爾對富利斯手表的熱中，以及卡比爾有多麼堅持想要得到這只手表。事實上，對方一直有考慮由卡比爾擔任富利斯的非官方代言人，激勵消費者購買手表。

卡比爾說：「麥可先生，事情確定了！我將成為第一位在好萊塢和拉斯維加斯表演的馬來西亞魔術師！這是富利斯的大好機會。請問貴公司願意贊助我在美國的旅費嗎？」麥可先生聯絡富利斯瑞士公司的主管，隔天打電話給他，說他們同意贊助他。他要前往美國了！

這趟旅行棒極了，而在魔術城堡和拉斯維加斯登台表演，從頭到尾正如他所想像的那樣精采刺激，很有成就感。不過，最令他感動的時刻，是在他離開馬來西亞前發生的事，他瀏覽網路，看到雅虎新聞刊登他即將出發的消息，簡直不敢相信自己的眼睛。他已經閱讀自己杜撰的標題新聞好幾個月了，而這篇文章現在就真實出現在眼前：馬來西亞魔術師前往好萊塢表演。他實現了！而且非常快就實現，當年他才二十六歲。

他是馬來西亞第一位獲邀至好萊塢和拉斯維加斯表演的魔術師，在好萊塢連續表演二十一場節目，由於他的事蹟和紀錄，大馬記錄大會（Malaysain Book of Records）*頒發榮譽獎項給他。

卡比爾繼續在國際登台演出，甚至為杜拜領導人表演。翁先生與他現在是事業夥伴，一起策劃精采刺激又獲利豐厚的專案，包括在世界第七高的吉隆坡塔高空旋轉餐廳表演！

他剛開始學習魔術的時候，最愛的一項戲法就是讓錢消失。多年後，他歸功於本書，教導他另一種魔法——賺錢魔法，顯現名聲、成就、幸福。現今，他告訴觀眾「魔法就是相信任何事皆會發生」。

## 一小時的視覺化等同七小時的身體力行

每天都要撥出時間，視覺化你的每項目標，猶如已經成功。這是幫你實現夢想的關鍵。有些心理學家宣稱：一小時的視覺化等同於七小時的身體力行。看起來像是唱高調，可是正中要點。**在你的成功工具箱裡，視覺化是其中一項最強大的工具**，務必使用。

視覺化你的未來成就，不須耗費一小時，只要十到十五分鐘就很充足了。加拿大知名演說家艾辛・賈邁勒（Azim Jamal）介紹「權能時間」（the Hour of Power），亦即二十分鐘的視覺化和冥想、二十分鐘的練習、二十分鐘閱讀心理勵志或資訊豐富的書籍。想像一下，如果你每天這樣做，人生將會發生何事？

＊專門記錄馬來西亞人所創下的驚人事蹟。

# 12 擬真演練，裝作已經成功

「裝作事情不可能失敗，相信並付諸行動。」

——查爾斯．富蘭克林．凱特林（Charles F. Kettering），擁有超過一百四十個專利的發明家、近三十所大學的榮譽博士

絕佳成功策略之一就是「裝作你已經成功」，也就是說，思考、說話、穿著、行為和感覺，都要像已經實現目標的人。「擬真演練」傳送強而有力的指令給你的潛意識，找出有效的方法，達到你的目標。它會為你的腦部網狀活化系統編制指令，開始注意到哪些事有助於你成功，也會傳送強烈訊息給宇宙，傳遞你真正想要達到的目標。

我第一次注意到這種現象，是在我當地的銀行裡，有幾位行員正在工作，其中某位總是穿西裝打領帶的行員特別引起我的注意，這位年輕人不像其他兩位男性行員只穿襯衫和領帶，他反而看起來像主管。

一年後，我注意到他已經升遷，擁有自己的辦公桌，處理貸款申請；兩年後，他成為貸款專員，不久變成分行經理。有一天，我向他問起此事，他回答，他一直相信自己將來會當上分行經理，於是他研究經理的穿著並仿效，他也研究經理如何待人，並開始以同樣方式與人互動。早在他真的成為經理前，他就已開始表現得宛如分行經理。

「為了如思緒般快速飛躍，到達想去的地方，你首先必須認知自己已經抵達該處，並以此開始著手。」

——李察·巴哈，《天地一沙鷗》作者

## 精神狀態，是加速成功的關鍵

一九七〇年代晚期，我遇到某位研討會授課老師，他剛從澳洲返國。當時我也決定要全球巡迴演說，我問自己，必須做什麼才能成為國際顧問？我打電話給簽證處，請對方寄一份申請書給我；我買了一個時鐘，可以顯示所有國際時區；我請人印刷名片，上面印有「國際顧問」頭銜。最後，我決定第一站先去澳洲，於是我前往旅行社，拿了一張大型旅遊海報，上面有雪梨歌劇院、艾爾斯岩，以及袋鼠橫越馬路的標誌。每天吃早餐時，我看著冰箱上的這幅海報，想像身處澳洲。

不到一年，我獲邀至澳洲雪梨和布里斯班舉辦研討會。一旦我的行為舉止開始猶如國際顧問，整個宇宙回應我，待我有如國際顧問。強大的吸引力法則非常奏效。

吸引力法則就是在說「物以類聚」。你創造的「已經擁有某事」振動頻率越大，也就是你的精神狀態越強大，就越快吸引那件事到你身邊。這是宇宙的永恆法則，也是加速成功的關鍵。

## 演練到場景化為真實

擬真演練成效卓著，美國高爾夫球選手弗雷德．卡波斯（Fred Couples）和知名播音員吉姆．南茨（Jim Nantz）的故事正是絕佳實例。他們從小就很喜愛高爾夫球，夢想十分遠大，弗雷德的目標是將來贏得美國名人賽（Masters Tournament）；吉姆希望有朝一日擔任哥倫比亞廣播公司的播音員。就讀休士頓大學（University of Houston）時，弗雷德和吉姆兩人是室友。他們經常玩角色扮演，其中一幕是眾人護送美國名人賽贏家前往巴特勒小屋（Butler Cabin）*，收下他的綠外套，並且接受哥倫比亞廣播公司播音員的採訪。他們在休士頓大學陶布廳（Taub Hall）†已經演練許多次。

十四年後，這個場景化為真實，全世界的人都在看。弗雷德．卡波斯贏得美國名人賽，主辦單位帶領他前往巴特勒小屋，他在那裡接受採訪，播音員不是別人，正是哥倫比亞廣播公司體育播音員吉姆．南茨，相機鎂光燈停止閃爍後，兩人擁抱彼此，熱淚盈眶。他們總是認定弗雷德將會贏得美國名人賽，而吉姆將會在場為哥倫比亞廣播公司進行播報。他們深信不移，顯現「擬真演練」的驚人力量。

## 假裝自己是富翁，就真的變富翁

在我的「突破成功」訓練課程裡，我們進行角色扮演練習，稱為「百萬富翁雞尾酒會」。每個人都站起來，與其他與會者社交應酬，猶如身處真正的雞尾酒會，他們也必須裝

---

* 美國名人賽在奧古斯塔國家高爾夫俱樂部舉辦，巴特勒小屋為當中提供會員、客人住宿、休憩之用。

† 位於宿舍區的一廳。

作已經達成人生所有財務目標，行為舉止宛如已經擁有人生想要的一切，像是夢想房屋、度假小屋、夢想汽車、夢想事業等，也要裝作已經達成個人、職業或慈善的目標。

突然間，每個人變得更熱烈、活潑、熱情、開朗，幾分鐘前，大家還十分害羞，如今已經能打成一片，堅定自信的向其他人自我介紹。室內音量提高，能量驟升，彼此興奮說著自己的成就，邀請對方到他們在夏威夷和巴哈馬的度假小屋，並討論他們最近在非洲的狩獵旅行，還有他們對第三世界國家的慈善使命。

約五分鐘後，我停止這項練習，請大家分享自己的感覺。大家都說感覺很興奮激昂、熱情洋溢、正面積極、慷慨寬宏、幸福快樂、信心十足、安心滿意。然後，我請他們感受內在是否有所不同（包括情緒和生理），雖然他們尚未成為真實世界裡的百萬富翁，但僅是藉由假裝自己是富翁，他們已經開始像是百萬富翁了。

## 辦一場派對「遇見未來的你」

一九八六年，我參加一場派對，那場聚會深深影響了所有參與者的人生。那是一場名為「遇見一九九一年的你」派對，在加州長灘市瑪莉皇后號（Queen Mary）郵輪上舉行。參加這場聚會的人，都要預先想像自己在一九九一年（也就是五年後）將會變成怎樣。

我們抵達時，假裝當時已經是一九九一年，而我們的願景皆已成真。我們穿著得體、講話得體，並且帶了道具展現我們的夢想已經成真，例如：已經寫好的書、已經贏得的獎項、已收到的大筆薪酬等。我們花了一晚上時間，誇耀自己的成就，說我們有多麼快樂充實，還討論我們接下來要做什麼，我們整晚都扮演這樣的角色。

那時候我們遇到二十位大學生，他們受雇擔任「忠實粉絲」和「狗仔隊」的角色，鎂光燈閃爍不停，粉絲大喊我們的名字，要求我們簽名。

我是以「暢銷書作家」身分前往，假裝我的書盤踞《紐約時報》暢銷書排行榜第一名，我帶了幾張書評給大家看；有個男人是以「大富豪」身分前來，穿著打扮就像經常在海邊玩樂的人，這就是他的退休願景，他花了整晚的時間，分發真的樂透彩券給派對上的每個人；某位女士帶了一個仿真版的《時代雜誌》（*Time*），封面上有她的大頭照，因為她促成和平運動，榮獲國際獎項。

某位男士想要退休後以「雕刻家」身分度過餘生，穿著皮革雕刻家的圍裙現身，手裡拿著槌子和鑿子，戴著護目鏡，還有他已經完成的雕刻品相片；有人想要成為成功的股票交易員，花了整晚時間拿手機回覆致電，精力旺盛的講著電話，然後下達指令：「買進五千股」或「賣出一萬股」，他還真的雇請某人，在派對期間，每隔十五分鐘打電話給他，就只為了成功完成「擬真演練」。

有位女士想要從事寫作，但是尚未賣出任何一本書，她來的時候，帶了三本她所寫的書籍仿真品。大家互相支持彼此的夢想，在這樣的氛圍裡，每個人都跟她說，他們在《歐普拉脫口秀》和《今日秀》的節目看過她。這位女士是蘇珊．傑佛斯（Susan Jeffers），那個夜晚使她徹底改頭換面，後來連續出版了十七本大受好評的書，包括國際推崇的《恐懼OUT》（*Feel the Fear...and Do It Anyway*）。

同樣的事也發生在我身上。我繼續寫作、編輯超過兩百本書，包括十一本《紐約時報》暢銷書排行榜第一名的書。那場派對裡，我們扮演未來的自己長達四小時，假裝已經達成我們的抱負，以強而有力的影像充斥自己的潛意識。這些經歷栩栩如生，充滿當晚聚會產生的正面情緒，鞏固了我們腦內的正向神經通路，有時逼真如常，其他時候感受更強烈，深化了我們成功的自我形象。

事情奏效了。這場派對的與會人員接下來全都美夢成真，實現那一晚所扮演的角色，而且成就更大。

許下承諾，邀請你最親近的朋友圈、你的公司、事業夥伴、畢業班同學或幕僚小組，舉辦一場「遇見未來的你」派對。自從本書首次出版以來，許多大企業和小公司已將「遇見未來的你」內建到公司內部教育訓練、討論會、銷售會議。何不為你自己舉辦一場派對？思考一下，這場派對將會激發的創造力、覺察和支持。你可以使用下列邀請函：

**遇見未來的你！**

加入我們，大肆慶祝吧！延伸你的想像，躍入自己的未來。

時間：

地點：

主辦人：

敬請回覆給：

來到現場，扮演五年後的你。請盡量穿戴最好的服飾。假裝已經身處五年後，而你的目標已經達成，所有夢想全都已經成真。

在你抵達時，錄影機鎂光燈將會對你閃爍不停。請帶著道具前來，向大家出示你這些年來已經達成的事，例如：你寫的暢銷書、有你相片的雜誌封面、你贏得的獎項、你的成就相片或剪貼簿等。整個晚上，你將為別人的成就鼓掌喝采，同時接受眾人的慶賀。

## 所有設定的目標終將實現

墨西哥蒙特雷科技大學（Tecnológico de Monterrey）機器人技術學教授塞爾吉奧·席達斯·澤西（Sergio Sedas Gersey）參加我的「突破成功」訓練課程，同時也是第一次參加「遇見未來的你」派對。以下是他的故事：

在研討會起初兩天，我設定自己人生想要達成的一些目標：

- 擔任TED大會的客座講者。
- 寫一本有關「情境學習」（Context-Based Learning）*的書。這是我所開發的新式教育模型。
- 帶妻子造訪希臘。
- 擁有一棟湖濱房屋。
- 創立一家科技博物館。
- 開發一套全國課程，幫助年輕人發展自信和使命感。

這些顯然是遙不可及的夢想。我沒錢、沒時間、沒經驗，甚至還得取消排定的家庭度假。

無論如何，我準備參加「遇見未來的你」派對，想要大玩一場。我妻子幫我挑出一些相片，用來製作仿真相本，成為我的道具，向大家出示我的成就。這些相片上面有希臘群島、羅馬、湖畔美宅。她甚至使用 Photoshop 軟體合成相片，把我的照片放在 TED 大會舞台上面。

抵達現場時，我有點緊張，我先去找認識的人閒聊。我有個新朋友，穿著打扮很像奧運教練，她與大家分享，說自己是乙級聯賽的教練，準備進軍奧運。然後很快輪到我分享了，他們問我：「你打算做什麼？」

我開口說道：「我在 TED 大會發表演說，才剛回來。我的書《情境學習》已經出版。還有，我帶家人去希臘和羅馬度假。」然後我感謝他們來到我們的湖畔美宅作客。我清楚描述這間房屋：有一間主屋，比鄰兩間小屋，裡面盡是上下舖雙層床，一間是女孩專用，另一間是男孩專用。

派對持續進行超過一小時，而我向將近一百人分享「最近五年來的成就」。最後是

---

* 教學時，使用生活中的示例，讓學生透過經驗進行學習。

用餐時間，大家慢慢開始前往飯廳，那裡已經備妥晚餐等著我們。我真的不太想走，我對未來感到舒適自在，我很怕一旦離開大廳，我馬上會變回原來樣子。用餐時間到了，就在我進入飯廳時，我覺得困惑，到底什麼才是真的？我再也不確定了。

一年半後，我獲邀前往印度清奈TED大會發表演說。我的主題是「情境學習：透過認知理解來學習」。幾個月後，我提交一篇《情境學習及透過認知理解》（*Context-Based Learning and Learning Through Understanding*）報告給「教育創新大會」，榮獲最佳論文獎。

不僅如此，我某位希臘朋友邀請我，創設一家名為「改善墨西哥生活」的非營利組織。我們首次會議是在六月舉辦，地點是在雅典，於是我必須前往雅典，天時地利人和，加上有多餘的預算，於是我請妻子陪我前往。就在我打算要買機票時，我妻子建議：「何不順道去羅馬一趟？然後在希臘聖托里尼島留宿？那是希臘群島其中一島。」

天啊！我那晚在「遇見未來的你」派對所說的一切，全都實現了！

首次參加「遇見未來的你」派對後三年，我的全國課程也已成真，全國有三十三間大專院校納入這套課程，我現在是國際演說家和訓練師。而且在每場研討會尾聲時，我們都會來一場「遇見未來的你」派對。

聽到大家說出自己的夢想，並且親眼見證自己的夢想化為現實，我總是非常高興。

學員米爾頓（Milton）已經成立自己的錄音室。葛莉絲（Gris）開拓自己的農場。米格爾（Miguel）創立自己的酒席承辦事業。一切實在太神奇了！

幾週前，我拿起妻子為我首場「遇見未來的你」派對製作的那本相簿。我看完整本相簿，一張照片突現眼簾。那是我妻子合成的相片，裡面的我就站在TED標誌前，與我在印度TED大會上的相片簡直一模一樣！

## 創造充滿情感的經驗

新罕布什爾州康威市（Conway）的健康教育老師崔夏・傑考森（Trisha Jacobson）。決定執行為期兩週實驗性質的「成功準則課程」，對象是她的八年級學生。在課程最後一天，她籌辦一場「遇見未來的你」派對。她曾參加過我的幾次訓練，這個派對性質很類似我教的派對。以下是發生經過：

我稱這場派對為「遇見未來已經成年的你」，並且鼓勵孩子全都盛裝出席，準備好扮演他們的理想成人生活，與同學互相打招呼，彷彿他們從八年級後就未再見過彼此。

週五早上，派對開始，一群孩子們聚集在教室中央，面露微笑、互相擊掌、擁抱彼此，猶如彼此已經多年未見，並且分享自己的故事，說著自己很酷的工作、房子、汽車和家庭。

瑪麗亞（Mariah）是其中頗受歡迎的女孩，穿著高跟鞋和閃閃發亮的全套服裝出席，帶了一個塑膠麥克風，宣稱她是一位廣受歡迎的歌手及流行歌曲作家，才剛完成新專輯的宣傳巡演回來。她提到自己的豪宅、超帥的新婚丈夫，以及她的跑車。

傑夫（Jeff）穿了他的棒球校隊球衣，跟我說他剛獲聘為紐約洋基隊（New York Yankees）選手。他仍與中學戀人交往，不久還打算結婚。他談到自己的旅行時程表非常緊湊，平均打擊率打破紀錄，還有即將購買哪一台新車。

伊恩（Ian）是地方電視台體育節目主持人，已婚有三個小孩，還有一隻狗，並且在新罕布什爾州過著令人稱羨的生活。

賈斯汀（Justin）買下了家庭農場，和家人一起過著單純的生活。

奧黛麗（Audrey）依然是瑪麗亞最好的朋友，現在是她的私人助理，陪她四處巡演，照料她的所有雜事。

布萊恩（Brian）是航空設計工程師，在自己的高科技住宅辦公室工作，裡面有整面牆的螢幕電視，閒暇之時，他與友人一起玩電動遊戲。他已經設計出一套令人驚豔的設備，正要前往搭機，到甘迺迪太空站親眼目睹設備發射。

教室內的互動激勵人心，除了右邊角落的兩個小孩。這兩個孩子逕自坐著，麥特（Mate）穿襯衫打領帶，安靜坐在桌前，看著自己的日誌本；艾蜜莉（Emily）穿了略大的海軍藍商業套裝，沉默無語，正在讀一本書。

我走向前去，問候麥特，他解釋自己是會計師。他有一間房子、妻子、兩名子女、一隻狗、一輛好車。他有幾個好友，而他喜好安靜，並且花費大量時間處理數字，非常樂在其中。

艾蜜莉起初不願意與我分享她的故事，不過後來跟我說，她向母親借穿商業套裝。她說，要她裝作身處未來，實在很難，但是她知道自己想當律師，就像她母親一樣。她還告訴我，自己想要改善社交技巧，因為她很害羞，在學校時常遭人取笑。

麥特聽到我跟艾蜜莉的對話，告訴我們，他也非常害羞，由於自己是怪咖，經常被人嘲弄。

我突然靈光一閃，說某些人需要他們的服務，我問他們，是否願意由我引介。他們一臉茫然，但是起身跟著我，前往人群聚集處，而那些人正在扮演自己的角色。

我走向未來搖滾巨星瑪麗亞與棒球明星傑夫處，我說：「瑪麗亞，再次見到你，實在太棒了！我聽說你出專輯了，好厲害！現在你這麼成功，我猜你可能需要聘請優秀會計師和律師。這兩位是我的朋友麥特和艾蜜莉。麥特是會計師，艾蜜莉是律師。」

傑夫立刻走過來，與麥特握手，然後說：「朋友，你可以幫我看看我的新合約嗎？」同時，瑪麗亞詢問艾蜜莉，成為律師的感覺如何？

我看著接下來的開展，激動到起雞皮疙瘩。傑夫與瑪麗亞向其他同學介紹麥特和艾蜜莉，並且推廣他們的會計和法律服務給需要幫忙的人。鐘聲響了，學生拿起自己的日誌本，感謝我舉辦這麼有趣的派對，接著前往下一節課的教室。

我驚奇不已，但比起我在下週一見證的事，這份驚奇不算什麼。我走在走廊上，正要前往上課，我聽到某人叫我名字。我轉過身去，看見瑪麗亞、艾蜜莉和奧黛麗往我走來，勾肩搭背，滿懷笑容，看起來她們已經成為終生好友。

我踏進教室，看到傑夫和麥特靠近麥特的桌子坐著，他們正在規劃，由麥特在放學後教導傑夫寫完數學作業。

雖然以前我就體驗過「遇見未來的你」派對的力量，我從未預料到，這樣的活動居然對年輕人造成巨大衝擊。只不過短短半小時，大家緊密相連，改變想法，克服害羞，還能欣賞彼此的獨特天賦。

「遇見未來的你」派對主旨是要創造出充滿情感的經驗，了解自己一旦辦到了（已經實現自己的夢想），將來境況會是怎樣。當你花一整個下午，過著自己想要且應得的生活，**強而有力的藍圖深深烙印在你的潛意識裡，往後將會支持你，察覺機會、創造強效解決辦法、吸引合適的人，並且採取必要行動，達成你的夢想和目標**。

不過，需要明白一點，像這樣的派對，本身不足以全面改變你的未來，你仍須採取行動，讓一切發生。然而，在全面的「擬真演練」裡，這好比如虎添翼，支持你創造出渴望的將來。

## 現在就開始，擔任你想成為的人

你現在就能開始，裝作你已經達成想要的目標，依此行事，而**「擬真演練」的外在經歷將會創造內在體驗，在未來引領你顯化這項體驗**。

一旦選擇自己想要成為、去做或擁有什麼的目標，你所必須做的就是，行為舉止要裝作你已經成為、進行或擁有這樣的人、事、物。

如果你已經是每科優等的學生、頂尖銷售員、高薪顧問、有錢創業家、世界一流運動員、暢銷書作家、國際推崇的藝術家、廣受歡迎的演說家、知名演員或音樂家，你會如何行事？你將如何思考、說話、行動、舉手投足、穿著打扮、對待別人、處置錢財、飲食、生活、出門旅行？

一旦你有了清楚畫面，就要動手去做，現在就開始！

成功人士充分顯露自信，追尋自己想要的東西，並且說出自己不要什麼。他們認為「任何事情皆有可能」，也願意承擔風險。他們存下一定比例的收入，也捐贈部分財富，甚至早在成為富翁且功成名就前就在做這些事。這些事花不了多少錢，只要想做就可以了。況且，只要你開始「擬真演練」，將會開始吸引確切的人、事、物在真實生活裡幫你達成一切。

切記，事情的正確順序是：現在就開始，擔任你想成為的人，去做那個人會做的行動。你很快就會發現，自己輕鬆擁有人生想要的一切，包含健康、財富、充實的人際關係、社交影響力等。

# 13 採取行動，好事為你而來

「原地等待的人也許也會撿到一些東西，但那些都是別人搶完剩下的。」

——亞伯拉罕．林肯（Abraham Lincoln），美國第十六屆總統

「我們所思、所知或所信，到頭來無足輕重。唯有採取行動，才會對結果產生影響力。」

——約翰．羅斯金（John Ruskin），英國作家、藝術評論家、時事評論員

**世界不會因為你知道什麼而給你報酬，只會基於你的行動給予回報。**「天道酬勤」是歷久不衰的成功原理。話雖簡單，道理也很真確，但令人訝異的是，有許多人深陷泥淖，只是不停分析、規劃、組織，但實際上他們僅須採取行動即可。

當你採取行動，就會引發各種事物自然帶你邁向成功。要讓身邊的人知道你認真看待自

己的意圖。大家有所察覺，開始注意，擁有類似目標的人與你志同道合，你開始從自己的經驗中學習，這些都無法藉由傾聽他人或閱讀書籍學到。你開始得到別人的意見回饋，知道如何做得更好、更迅速有效；看似混淆不清的事情，開始變得日漸清晰；曾經很艱難的事情，開始變得容易；你開始吸引其他人，而這些人將會給你支持鼓勵。一旦你開始付諸實行，各類好事將為你而來。

## 坐而言，不如起而行

多年來，我在公司和研討會裡教導大家，還提供培訓輔導，我發現贏家總是採取行動，這也是「贏家」與「輸家」的分別。贏家僅是起而力行，去做必須完成的事，一旦制定計畫，隨即著手進行，開始動起來。即使起頭時不夠完美，但他們會從錯誤學習教訓，進行修正，然後繼續付諸實行，無時無刻不充滿幹勁，直到他們獲得想要的結果，或是得到遠比預想更好的事物為止。

為求成功，你必須去做成功者所做的事，而成功者講究採取行動。一旦你創造出某項願景、設定目標、拆解目標成為小型步驟、視覺化你的成功並且加以肯定，還選擇相信自己的夢想，那麼現在正是採取行動的時候了。註冊參加課程，接受必要培訓，撥打推銷電話，致電給旅行社，著手撰寫書籍，開始為買房自備款存錢，加入健康俱樂部，報名鋼琴課程或寫出提案。

## 除非採取行動，否則一事無成

「如果你等的船沒有向你駛來，那就朝它游過去吧！」

——喬納森．溫特斯（Jonathan Winters），葛萊美獎喜劇演員、作家、藝術家

在我的研討會裡，為了展示「採取行動」的力量，我手拿一張百元鈔票，然後問：「有誰想要這張百元鈔票？」可想而知，觀眾席裡的大多數人都舉手了，有些人大力揮動自己的手，有人甚至大喊「我想要」、「我拿走了」或「給我吧」。但我只是冷眼旁觀，站在那裡，拿著那張鈔票，直到他們「得到」鈔票為止。最後，某個人從座位躍身而起，衝到室內前方，從我手中取走這張鈔票。

這個人坐回原位，由於她的努力，她多賺了一百美元。我問觀眾：「為何這個人做了其他人不做的事？她起身前行，採取行動，她為了獲得這筆錢，做了必要的事，如果你們想要人生成功，這正是你們該去做的事。多數情況下，你們必須採取行動，越快越好。」然後我又問：「你們有多少人想過走過來拿走這筆錢，卻裹足不前？」

接著，我請他們想一下，為什他們會選擇按兵不動？答案通常是：

「我不想表現得非常想要或迫切需要。」

「我不確定你是否真的會給我。」

「我的位置太遠了。」

「其他人比我更需要它。」

「我不想看起來很貪心。」

「我很怕做錯事，然後別人會批判我或取笑我。」

「我在等候進一步的指示。」

然後我指出，不論因為什麼而裹足不前，正是這些念頭阻礙了他們的餘生。

**你如何做一件事，等於你如何做所有事**，如果你總是小心翼翼，你可能凡事如履薄冰，戒慎恐懼，假如因為怕看起來太蠢而躊躇不前，你可能凡事猶豫不決，害怕處處顯露你的愚蠢。請務必識別這些模式，加以突破。現在正是時候，停止裹足不前，勇敢追求夢想吧！

# 不斷嘗試，直到成功為止

自從小學三年級起，魯本・岡薩雷斯（Ruben Gonzalez）一直想要成為奧運選手。他很尊敬奧運選手，因為他們是他深信不疑的模範。奧運選手願意專心投入一項目標，甘冒逆境風險追逐目標，即使失敗，也不斷嘗試，直到成功為止。

一九八四年他上大學後，他看到史考特漢・米爾頓（Scott Hamilton）*在塞拉耶佛奧運的競賽，他才真正下定決心，要受訓參加奧運。魯本告訴自己：「如果這麼嬌小的男人都能做到，我也能做到！我要參加下一屆奧運！就這樣決定了！我要找出某項運動來學。」

魯本稍微研究奧運的體育項目，然後他決定挑選以力氣為主的運動。他了解自己是個還不錯的運動員，但不算是頂尖的運動員。他堅忍不拔，從未半途而廢。事實上，在高中時代，他已博得「鬥牛犬」美名。他認定自己必須找到一種非常艱難的體育項目，這個運動可能導致多人骨折，很多人因此退出。如此一來，由於人員流失率高，或許他就能一鳴驚人！最後他選定雪橇運動。

當年尚未有網路，於是他向《體育畫刊》寫信詢問：「要到哪裡學習雪橇運動？」他們

---

* 花式溜冰選手，身高約一百六十公分。

回答：「紐約州的普萊西德湖（Lake Placid）。那是一九三六年和一九八〇年的奧運競賽場地，有雪橇軌道。」

於是魯本打電話給普萊西德湖機構：「我是休士頓的運動員。我想學習雪橇運動，四年後想參加奧運。請問能否幫我？」

接電話的人詢問：「你今年幾歲？」

「二十一歲。」

「二十一歲？你實在太老了！你晚了十年。我們從十歲就開始訓練。你不要想了。」

但是魯本不放棄，他開始跟對方說自己的人生故事，以便爭取時間，直到腦袋出現想法為止。在談話中途，他恰好說到自己在阿根廷出生。

突然間，電話那端的人語氣興奮：「阿根廷？怎麼不早說？如果你要代表阿根廷角逐，我們會幫你。」原來，雪橇運動正面臨危機，有可能從奧運項目剔除，因為參賽國家數目無法構成國際等級。「若你要進軍奧運，你必須前往阿根廷，假如我們能助你晉級成為前五十名的雪橇好手，就能多出一個國家參加雪橇項目，這個運動項目將會更為有優勢。如果你能成功辦到，對美國隊大有助益。」然後他又說：「在你大老遠跑來普萊西德湖前，務必了解兩件事。一是如果你想在這個年紀從事這項運動，而且想要在短短四年內達成，過程將會十分辛苦，十個人裡，有九個人因此退出。另一項就是，你要預料自己有可能斷掉幾根骨頭。」

魯本想著，太棒了！完全契合我的計畫。我不是半途而廢的人，情勢越艱困，對我反而越有利。

幾天後，魯本・岡薩雷斯走在普萊西德湖大街上，探尋美國奧運訓練中心。一天後，他參加初學者課程，班上還有其他十四位雄心勃勃的奧運選手。第一天簡直慘不忍睹，他甚至想過要退出，但是他的朋友克雷格（Craig）幫助他重新專注在他的奧運夢。在第一季結束前，儘管其餘十四位有志青年最後全都退出，魯本依然完成夏季訓練。並且一如眾多奧運選手，魯本接下來的生涯十分成功，還成為激勵人心的演說家。

成功是
10%熱情和
90%的汗水
MORRIS
我在想這裡怎麼會有那樣的怪味。

圖表 1-13　付出努力才會有所收穫

## 不讓規劃只是空談

我認識的多數成功人士，鮮少容忍無謂規劃，也不會只是空談。他們迫不及待展開行動，想要開始著手進行，渴望有所進展。我朋友鮑伯．克蘭格爾（Bob Kriegel）的兒子奧帝斯（Otis）正是絕佳範例。

大學一年級的暑假，奧帝斯帶著新女友回家，他們倆開始找工作。奧帝斯僅是拿起電話，開始到處詢問，看看有誰需要幫忙，而他女友起初花了一週時間，撰寫履歷表，然後又重寫履歷表，第二天尾聲時，奧帝斯已經輕而易舉找到工作。他的女友仍舊反覆修改履歷表。奧帝斯只是採取行動，他想，如果有人要看履歷表，到時候再給也不遲。

預先規劃，有其必要性，但務必適度而為。**有些人耗費整個人生，等候完美時機出現，才去做某件事，但世上極少有所謂「完美時機」，重要的是，只要著手去做就對了**，一頭栽進賽局吧！一旦付諸實行，就會有人給予回饋，幫助你進行必要的修正、達到成功。一旦你有了行動，就會以更急切的速度，展開學習。

## 擊中靶心的最快方法——射擊

大多數人都很熟悉「預備、射擊、瞄準」的步驟，問題在於，太多人耗費終生，只瞄準卻從未射擊，他們總是想做好準備，要求凡事完美。要擊中標靶，最快的方法是射擊，看子彈落在何處，然後據此調整你瞄準的目標，如果擊中點高於標靶五公分，那就稍微降低你瞄準的位置。再度開火射擊，看看擊中何處。繼續射擊，不斷重新調整，你很快就會正中靶心。任何事皆適用此道。

我們一開始行銷初版《心靈雞湯》時，我突然想到一個好主意，如果從書中摘錄片段文章，免費發給小型報社和地方報社，以此換取他們在故事結尾的小方框刊登宣傳，告訴大眾這個故事節錄自《心靈雞湯》，可到當地書局購買，或是打免費諮詢熱線給我們。我以前從未提供某篇故事給報社或雜誌社過，所以不能肯定是否可行，於是我僅是寄發書中某篇故事，標題為〈切記，你是在教養小孩，不是栽種花朵！〉（*Remember, You Are Raising Children,Not Flowers!*）那篇故事是有關我鄰居及其兒子。我還附上一封自薦信給《洛杉磯父母》（*L.A.Parent*）雜誌社編輯傑克・比爾曼（Jack Beerman）。信中內容如下：

親愛的傑克：

我想要提供這篇文章，請你刊登在《洛杉磯父母》雜誌裡。隨信附上一份簡短自傳。懇請你刊登一段宣傳短文，連同我的文章，內容出自我的新書《心靈雞湯》。如果你想要這本書，我很樂意送你一本！

感謝你撥冗讀信。

傑克．坎菲爾敬上

幾週後，我收到以下回信：

親愛的傑克：

你的傳真讓我很煩。你居然膽敢要求我刊登書中的一小篇短文作為宣傳。對於這種不請自來的信件，你怎會肯定我對感興趣？然後我讀了這篇文章。無庸置疑，我將會刊登你的宣傳短文，而且不只這些！

這道練習深深感動了我。我很肯定，它也會觸動我們二十多萬名讀者的心，甚至遍布聖地牙哥。

這篇文章是否曾經出現在我的讀者群中？如果是，那是在哪裡呢？我期待與你一起合作，了解如何教養子女，而非栽種花朵。

祝你一切順心

總編輯傑克．比爾曼

我以前都不知道，原來寄信投稿有制式的格式，但是無論如何，我採取行動了。傑克．比爾曼後來打了一通電話給我，慷慨教我正確的雜誌投稿方式，針對下次如何做得更好，他給我意見回饋。現在我已經知道流程了，也從經驗學到一課。

在一個月內，我把同樣的文章投稿給五十多家當地雜誌社和全美各區的親子教養雜誌社。其中有三十五家刊登我的文章，向六百多萬名父母簡介《心靈雞湯》這本書。

# 想到就去做

我的導師W．克萊門特．史東習慣分發胸章給人，上面印著「立即行動」。當你受到啟發，有衝動想付諸實行，請立即行動。麥當勞創辦人雷．克洛克曾說：「成功之道有三項關鍵：天時地利人和、明白自己所處位置和採取行動。」

一九七五年三月二十四日，查克．溫柏（Chuck Wepner）還名不見經傳，是賠率三十比一的魯蛇，居然辦到其他人始料未及的事——他與世界重量級冠軍穆罕默德．阿里（Muhammad Ali）對打十五回合。在第九回合，他一記右勾拳打中阿里的下巴，將拳王擊倒在地，阿里與在場觀戰的粉絲倍感震驚。僅差幾秒，溫柏就可成為世界重量級冠軍。然而，阿里立即復原，繼續贏得這場十五回合的拳擊比賽，保住他的頭銜。

遠在一千六百公里之外，一個辛苦奮鬥的演員席維斯．史特龍（Sylvester Stallone），才剛買了新電視，觀賞這場比賽。在他看到阿里與溫柏的對打前，史特龍一直想著要寫一齣電影劇本，內容有關某個時運不濟的拳擊手，一擊致勝而獲得頭銜。雖然如此，他不認為這種情形有可信度，但是溫柏原本是沒沒無聞的人，居然對打有史以來最知名的拳手，他在看過溫柏的比賽後，腦中只想著「趕快拿筆寫下」。那晚，他開始撰寫，三天後，他完成了《洛基》電影腳本。這齣電影後來贏得三座奧斯卡獎項，包括最佳影片獎。史特龍也因此展開他收入數百萬美元的電影生涯。

「只有空想卻未曾行動，無濟於事。」

——查理．卓別林（Charlie Chaplin），演員、喜劇泰斗、電影製片人

## 想得到，就先行動

有個故事是，一個男人前往教堂，祈禱著：「上帝啊！拜託你幫幫忙，我需要贏得本州樂透彩券。一切全靠你了，上帝。」這個男人沒中樂透，一週後，他返回教堂，再度祈禱：「上帝，我已經對妻子親切和藹、戒酒，我真的變好了。拜託你幫幫忙，讓我中樂透吧！」一週後，他沒有變得更有錢，於是再度回去祈禱：「上帝，我似乎沒講清楚，我已經使用正面積極的自我對話、說出肯定句、視覺化這筆錢財。上帝，拜託你幫幫忙，讓我中樂透！」

突然間，天堂開啟，光耀整間教堂，天籟音樂響徹大地，某個低沉聲音說道：「親愛的

子民，拜託你幫幫忙，先買一張樂透彩券吧！」

## 越挫越勇，讓失敗具有教育意義

「人皆因犯下許多重大錯誤，因此變得偉大或更好，毫無例外。」

——威廉．尤爾特．格萊斯頓（William E. Gladstone），英國前首相

許多人害怕失敗，所以不採取行動。成功人士正好相反，他們明白「失敗為成功之母」，知道**「失敗」僅是一種透過反覆試驗的學習方法**。我們不僅必須停止害怕失敗，還須願意承擔失敗，甚至渴求失敗，我將此類具有教育意義的失敗稱之為「越挫越勇」。只須開始著手進行、犯下錯誤、傾聽意見回饋、修改矯正，然後繼續朝目標前進。每次經驗將會產生更有用的資訊，下次就派得上用場。

在新創事業領域裡，或許這項準則最能展現說服力。例如，創投金主知道大多數事業都會失敗，但是在創投產業裡，一項新的統計數字顯示，如果企業創辦人是五十五歲以上，該項事業有七三％的機會存活得更好。這些較為年長的創業家已經從錯誤中學到許多教訓，他

們因為終生從錯誤汲取教訓，憑此發展出一套知識庫、技能套組、自我肯定，更能促使他們跨越障礙，邁向成功。

「不怕學的太少，就怕學的不夠。我深諳此道，原因是我已經犯下許多錯誤。」

——巴克敏斯特．富勒（Buckminster Fuller），數學家、哲學家，曾是大學中輟生卻榮獲四十六個名譽博士頭銜

我最愛的一篇故事，是有關某位知名研究科學家，他已經造就幾項非常重要的醫學突破。他曾接受報社記者訪問，對方問他，為何他認為自己能夠達到這麼多成就，遠超乎一般人？換句話說，何事使他如此與眾不同？

他回答，一切全都源自他母親給他的教誨，當年他才兩歲。那時他試圖從冰箱拿出一罐鮮奶，不小心手滑了，全部鮮奶灑落廚房地面，他的母親沒有指責，反而說：「你搞得一團亂，真是厲害啊！我很少看過這麼大的牛奶水坑。既然已經倒了，你想不想坐在地上，玩一下牛奶，然後我們再來清理？」

他真的照做了，幾分鐘後，他母親繼續說：「你知道吧？不論何時，若你把事情搞得像這樣一團亂，最後你都必須收拾乾淨，所以你會想要怎麼做呢？我們可以使用毛巾、海綿或

拖把，你想用哪一個？」

他們清完鮮奶後，她說：「我們所做的事，是一項失敗的實驗，想了解如何使用兩隻小手拿出一大罐鮮奶，我們可以去後院，把罐子裝滿水，看看你是否能夠找出方法，拿出這罐水卻不會失手掉落。」然後他們開始進行。真棒的教誨！

那位科學家後來評論，就在那個時刻，他知道自己不必害怕犯錯。相反地，他學到「錯誤僅是機會，用來學會新事物」，而這就是科學實驗的核心。

一罐灑落的牛奶造就了終生學習，憑藉這些經歷，我們不斷累積，獲取世界知名成就和醫療突破進展！

Frank and Ernest

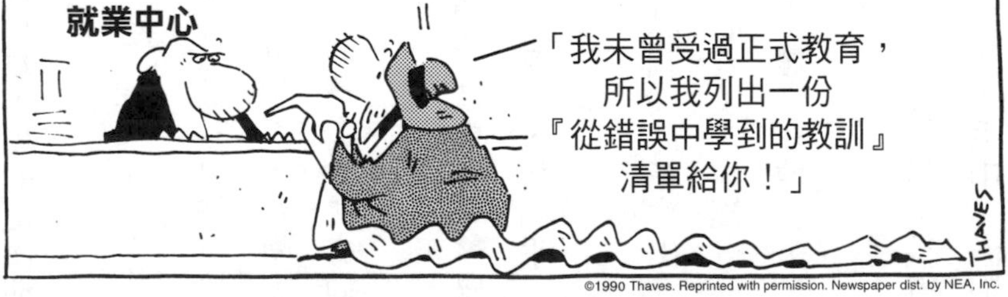
就業中心
「我未曾受過正式教育，
所以我列出一份
『從錯誤中學到的教訓』
清單給你！」
THAVES

**圖表 1-14　不怕犯錯，從錯誤中學習**

# 14 接納契機，挺身前進

「千里之行，始於足下。」

——中國古諺

在許多情況下，只有勇往直前才會成功。你敞開心胸接納契機，願意去做必要之事，進一步追尋成功，無須簽訂合約、對成功立下承諾或類似期許。與其坐困愁城慎重考慮、認真反省、通盤考量，你僅須開始進行，挺身前進，了解自身感覺，然後看看是否想要繼續下去。

# 勇往直前，締造衝勁

勇往直前的好處超凡，其中一項即是「你開始擁有衝勁」。這是一股無形的能量驅力，帶來更多機會、更多資源和更多人，這些人能在正確時間，為你人生提供助力，利己利人。

許多廣為人知的演藝生涯、創業追尋、慈善事業與一夜成名的事蹟之所以發生，是因為他們面對問題時，這樣回應：「你是否考慮過……」或「我能否說服你去做……」或「你是否願意試看看……」他們挺身前進。

「僅是注視海水，無法橫渡海洋。」

——羅賓德拉納德．泰戈爾（Rabindranath Tagore），一九一三年諾貝爾文學獎得主

## 即使漫漫長路，也要挺身前進

「義無反顧踏出第一步。不須看到整座樓梯，只要踏出第一步就好。」

——馬丁・路德・金恩

當然，挺身進行某項專案或機會，也意味著你必須樂意開創一切，不一定一開始就能看見完整路徑。你必須著手進行，看看前方如何展開。

人皆有夢想，由於無法預見如何達成，我們害怕開頭去做，畏懼投身其中，因為前路不明，結果也不確定。不過「挺身前進」需要你探索，涉足未知的水域，深信會柳暗花明。僅須開始行動，然後在接下來的路途中，穩定步伐，這趟旅程最終將會引領你，前往你想去的地點，或甚至更佳的境地。

## 保持前進，探尋潛在動機

打從有記憶以來，雅娜・史坦菲爾德（Jana Stanfield）就想成為歌手。她不清楚自己的夢想最終將會引領她至何處，但她知道自己必須去找。她挺身前進，參加一些歌唱課程，最後獲得一份工作，每個週末在當地鄉村酒吧駐唱。到了二十六歲，她揹起行囊，前往田納西州的納什維爾（Nashville），追尋她的夢想——成為詞曲作者及歌手。

她花了三年漫長時間在納什維爾打拚，見過數百位才氣縱橫、天賦異稟的表演者，但錄製唱片的人卻少之又少。雅娜看出音樂產業充斥著吃角子老虎機，僅是吐出錢幣，就能刺激你玩下去。製作人喜愛你的作品，藝人考慮將你的歌曲納入她的下一張專輯，或許有唱片公司說你很棒，但鮮少有吃角子老虎機大中頭獎，也就是眾人夢寐以求的唱片合約。

雅娜在唱片促銷公司工作，徹底了解這項產業，幾年後，她必須面對一項事實：這行毫無保障可言，她可能永遠都在投幣，然後在納什維爾日漸衰老。

最後，她自己也承認，繼續努力獲得唱片合約交易，就像把自己的頭連續重擊牆面一樣。當時她並不明白，通常在你挺身前進時，沿途會有阻礙，強迫你改弦易轍，而另一條路徑或許更加貼近你的真實目的。

「每一次失敗，都還有另一套行動方案，你要做的就是找出這套方案。遇到擋路石，你就從兩邊繞道而行。」

——玫琳凱．艾施（Mary Kay Ash），玫琳凱化妝品公司創辦人

## 方法不只一種，別被形式困住

雅娜學會許多成功人士已知的事：萬一無法筆直前進，你可以向右轉或向左轉，但是務必保持前進。透過個人開發課程，她發現，有時候急忙實現我們的夢想，反而會被自以為是的形式困住，以為那樣才可實現夢想。以雅娜為例，就是她堅持要一紙唱片合約。

但是過了不久，雅娜領悟到，**如果知道自己真正追求什麼，其實有許多方式成就你的目標**。在她潛藏的渴望之下，「有機會出唱片」帶有更深層的意義，也就是她的夢想的真實動機——利用她的音樂，為人帶來精神上的鼓舞、激勵、希望。

她在日記裡寫著：「我想把在此所求的事，結合音樂、喜劇成分、說故事方式、動機。我是藝人，我的演藝技巧在我眼前開展。沿途的絆腳石已經移開。」

憑藉這個新的洞見，雅娜壯大膽子，只要到有人的地方，她就開始表演。「只要兩三人聚集，我就秀出我的吉他」這句話成為她的座右銘。她的表演場所包括聚會客廳、車道、學校、教堂等任何地方。

不過雅娜曾經茫然失措，不知該如何結合她的才華，要能對人有幫助，同時自己也能賺取收入。她想做的事是「結合音樂、喜劇成分、說故事方式和動機」，但是以前未曾有人這樣做過。沒有現有的生涯途徑可供遵循，也沒有任何人可供參考，她在開拓新的版圖，不知道自己即將前往何處，也不清楚最終將會採行何種形式，不過她還是挺身前進。

## 相信前方必有出路

雅娜開始接下零星案件，總是挺身前進，努力想出如何把她的藝術熱情和渴望轉換為助人之道，並成為她可藉此維生的事情。她在日記寫著：「我很樂意運用天賦，讓世界更好。我不確定到底該如何運用才華來做這件事，但我讓上帝知道『我已經準備好了』。」

雅娜打電話給教堂：「如果你們願意讓我在做禮拜時唱兩首歌，你們有機會認識我，以及我能帶來多大助益。然後過了幾個月，或許你們希望我再回去，舉辦一場午後音樂會。」

她只不過唱了兩三首歌，就有教會成員來找她，問她是否有自己的歌曲錄音帶。比起其他歌曲，大家最常點唱的歌是《早知如此》（*If I Had Only Known*）。他說：「妳在演唱這首歌時，我注意到很多人在哭。我也曾失去，過程非常痛苦，我在教堂忍著不掉淚，因為不知道自己哭了之後，能否整理好情緒。能不能請妳給我這首歌的卡帶？我獨處時就能聽這首歌，並且感受妳為我帶來的感受。」

雅娜花了許多時間，製作卡帶寄給大家。不過，與此同時，她的朋友一直說她該出專輯。他們說：「在你努力想得到唱片合約時，你已經錄製這麼多樣本卡帶了。何不利用你的樣本卡帶，製作一張專輯？」

雅娜想著：「天啊，我辦不到。這不是實際唱片公司出的真正專輯。這不算數，只會顯得我有夠失敗。」可是她的朋友不斷懇求，最後雅娜決定勇往直前。

她花了一百美元，請工程師蒐錄她其中的十首歌，她開玩笑地說：「這是我的『十大遭拒歌曲全集』。」她請人製作封面，然後錄製了一百卷卡帶。現在，她回想起來就會大笑，當時她以為那是「畢生僅有的供貨量」。她不斷在會客廳及小教堂之間輾轉，進行表演，演出結束後，她會把卡帶放在小桌子上販售。然後，轉捩點到來。

雅娜回想著：「我先生與我前往曼菲斯市某間教堂。我在教堂內，把卡帶放小桌子上，但是他們覺得這樣不妥。所以他們把我的小桌子放在外面的新停車場。地面才剛重新鋪過，氣溫高達攝氏三十五度，黑色軟黏的柏油地面發燙。最後，停車場都沒其他車子了，我們坐進自己車內，打開冷氣，開始數我們賺了多少錢。」

雅娜大感意外，她賣掉的卡帶居然賺進三百美元，她曾自由接案，從事電視演出工作，以此維持收支，而這個三百美元比她自由接案的週薪還多出五十美元。雅娜手裡拿著這筆三百美元，第一次領悟到：她可以去做自己所愛的事，藉此賴以為生。

現今，雅娜的公司「專題音樂會」（Keynote Concerts），為世界各地的團體舉辦鼓舞人心的演唱會，每年超過五十場。她創設自己的唱片公司「聲名遠播唱片公司」（Relatively Famous Records），灌錄了九張CD，銷量相當好，超過十萬張。幫她錄製歌曲的人包括著名鄉村歌手芮芭．麥克伊泰（Reba McEntire）、美國情聖歌手安迪．威廉姆斯（Andy Williams）、鄉謠女歌手蘇茲．勃戈斯（Suzy Bogguss）、爵士歌手約翰．斯耐德（John Schneider）和梅根．麥克唐納（Megon McDonough）。她為葛萊美大獎得主肯尼．洛金斯（Kenny Loggins）擔任暖場演出，且與作家美樂蒂．比蒂（Melody Beatty）展開巡迴演唱。她的重金屬音樂，曾在《歐普拉脫口秀》、美國電視新聞雜誌節目《二〇／二〇》和《今夜娛樂》播出過，從大西洋岸至太平洋岸的各地廣播電台也都播過，還曾出現在電影《八秒出擊》（*8 Seconds*）裡。

雅娜．史坦菲爾德實現夢想，成為一名流行歌曲作詞者及唱片歌手。這全都是因為她勇往直前，相信前方必有出路。只要挺身前進，道路自然展開，僅須相信這一點，你也能從目前所處境地起身而行，前往你想去的任何地方。有時候，就像是在茫然大霧裡開車，只能看到前方不到十公尺的路。但是如果繼續前進，路面就會顯現，最終抵達目的地。

挑選你人生想要探索的某項領域，不管是職涯、財務、人際關係、健康、體適能、娛樂、嗜好或貢獻，僅須勇往直前即可。

# 沒有完美時機，只有邊做邊學

沒有所謂的「完美時機」。如果你想了解占星學、想聯繫占星家、詢問結婚吉日、你想自行開店、推出新的產品線、展開巡迴演唱等，這些都沒問題，但是最佳策略即是一頭栽入，立刻進行，不要拖延時間，不必等候天時地利人和、萬事俱足才肯開始。做就對了。

想當公眾演說家？你可以為當地機關團體、學校或教會團體安排免費講座，僅須排定日期，即可給自己壓力，開始排練演說，撰寫演講稿。如果這樣難度太高，那麼就參加國際演講協會（Toastmasters）上演說課。

想要經營餐廳事業？去餐廳上班，了解這項事業。想當主廚？註冊就讀餐飲學校。採取行動，今天立刻開始！不必萬事皆懂才可進行，只要開始著手即可，邊做邊學。

> 「首先從懸崖跳下，然後在落下時，你就能長出自己的翅膀。」
>
> ——雷．布雷德伯里（Ray Bradbury），美國科幻小說家

別誤會我的意思，我大力提倡教育、培訓和技能學習，如果需要更多訓練，那麼請先接受訓練，現在就報名該項課程或研討會。你可能需要教練或導師，才可到達你想要前往的

境地，若是如此，就接受某項訓練吧！假如深感畏懼，那也沒關係，感受這份恐懼，不論如何，做就對了。**關鍵在於「開始進行」，不要等到你覺得準備妥當為止，世上沒有完美無缺的準備**。

我剛出社會時，在芝加哥某間中學擔任歷史老師。第一天在學校教書，我根本算不上是「完美教師」，關於課堂控制、效能紀律、如何避免被狡黠學生欺騙、如何對抗操弄行為、如何激勵沒有動機的學生等，我還有很多要學，但無論如何，我必須開始教課。正是在教學的過程中，我學會所有事。

大多數的生活都是在工作中進行訓練。有些最重要的事，僅能在過程中學到。你做了某件事，然後收到意見回饋，知道何事管用、何事無效。若是害怕犯錯、做得差勁或糟糕，所以不去做任何事，你絕對無法得到任何意見回饋，也不會因此學會或加以改善。

當年我開創第一份事業，在馬薩諸塞州阿默斯特市（Amherst）建立一座靜修會議中心，名為「新英格蘭個人和組織發展中心」（New England Center for Personal and Organizational Development），我前往當地某間銀行申貸。我去的第一家銀行跟我說，我必須要有一份事業企劃書。我不知道那是什麼，不過我去買了一本書，學會如何撰寫事業企劃書。我寫好後交給那間銀行，他們說我的計畫有太多漏洞，我問有哪些漏洞？他們告訴我後，我重新寫了一份企劃，填補我遺漏或是含糊不清、不具說服力的地方。然後我又回去那間銀行，他們說這份企劃很好，但是他們想移交給別人，我問他們，誰可能願意資助這項企劃？他們給我幾位銀行家的姓名，認為這些人可能給我善意回應，我再度動身，逐一前往每家銀行。每間銀行給我更多意見回饋，直到我把企劃書和簡報磨礪得更好為止，最後我終於獲得所需的兩萬美元貸款。

我與馬克・維克多・漢森當年首次推出《心靈雞湯》系列叢書，我想以成批數量，將此書鋪貨給某些大型行銷公司，我認為這是好主意，猜想他們可以把書給予或轉賣給自己公司的行銷部門人員，激勵這些人員相信自己的夢想、承擔更多風險，因此達到更大的銷售成就。我有一張清單，列出「直效行銷協會」（Direct Marketing Association）＊旗下所有公司。我也開始進行陌生電訪，打電話給大型公司的業務主任。有時候，業務主任不肯接我電話；有時對方回答：「我們不感興趣。」有幾次我還真的被掛電話！不過到了最後，終於接通合適的決策者，也確切討論這本書的潛在利益，情況轉好了，我成功簽下幾筆重大合約。有幾家公司非常喜歡這本書，後來還聘請我在他們的全國代表大會進行演說。

進行陌生電訪，我是否有點害怕？我會怕。剛開始我是否清楚自己在做什麼？我不清楚。我以前從未試圖銷售大量書籍給任何人，隨著我一路嘗試，我必須學會此道。不過最重

＊一種互動的行銷方式，經由一種或多種廣告媒體，對各地消費者產生影響，藉此獲得可加以衡量的反應或交易。

要的關鍵是：我著手進行。我與客戶好好溝通，找出他們的夢想、抱負和目標是什麼，並且探索我們的書如何幫助他們達成目的。由於我樂意放手一搏、一躍而入，一切事物自然展開。

不管目前境況如何，你都可以開始進行，著手付諸行動，你將到達想去的地方。

# 15 感受恐懼，放膽去做

「人生只有一次，不能重來。我們要不是躡手躡腳過完人生，希望臨死之際沒有遍體鱗傷，要麼就是過著全面充實的生活，達到我們的目標，實現我們最狂野的夢想。」

——鮑勃．普羅克特（Bob Proctor），白手起家富翁、成功學訓練師

隨著你展開旅程，從現狀前往你想要去的地方，無可避免將會面臨恐懼。恐懼是很自然的事。每當你著手進行新專案、承擔風險開創新事業或是一頭栽進某件事，通常就有恐懼，遺憾的是，多數人任憑恐懼使他們裹足不前，不敢採取必要步驟來達成夢想。成功人士則不然，他們感受到恐懼，卻不任憑恐懼阻礙他們想做或必須做的事。依他們的認知，恐懼是某件事物，需要被認可、體驗，並且沿路伴隨而來。正如蘇珊．傑佛斯所言，他們學會「感受恐懼，放膽去做」。*

* 我認為蘇珊．傑佛斯的《恐懼OUT》是必讀的書。我公開贊同此書，曾說「每個識字的人都該必備此書！」蘇珊與我是相識二十多年的好友，她的著作深具力量，使人徹底改觀，已經幫助數百萬人克服自身恐懼，往前邁進，創造人生成就。

## 我們為何會感到恐懼？

數百萬年前，「恐懼」是我們身體的訊號，提醒我們已經走出舒適圈，警示我們可能遭遇危險，促使我們爆發所需的腎上腺素，趕快逃跑。每當人類被劍齒虎追著跑，這樣的反應十分有用，但現今多數威脅不再時時刻刻攸關生死存亡。

在現代，恐懼較像是一種訊號，表示我們必須維持警戒，小心翼翼。我們可以感受恐懼，不論如何，卻能依然往前邁進。假設一個兩歲大的孩子不想跟你一起去採買雜貨，思考一下這個孩子有多恐懼，但你不會讓一個兩歲幼兒心性來主宰你的人生，因為你必須採買雜貨，所以你就只能帶著這個兩歲幼兒跟你一起去。恐懼沒什麼大不了，換句話說，**要承認恐懼確實存在，但千萬別讓恐懼妨礙你進行重要任務**。

## 接納害怕的心

有些人會做任何事，只為避免恐懼帶來的不適感。如果你是這樣的人，你就很有可能無法得到人生企盼的事。大多數的好東西皆須承擔風險，而風險的本質即是「並非凡事皆可奏效」。有人投資失敗、有人上台忘詞、有人摔落山崖、有人意外死亡。但是，正如古諺所說「不入虎穴，焉得虎子」。

二〇〇九年，彼得・道格拉斯（Peter Douglas）是白給自足的成功企業家、大農場經營者，還自詡為「西部牛仔」。在一次肩膀常規手術後，由於麻醉師出了差錯，他發覺自己無力抓取自己靴子的拔靴帶，更別提用力拉扯了，他發現，自己肩膀以下雙臂全癱。

生平第一次無法使用雙手，彼得覺得徬徨無助，他形容這是「一種突如其來的感覺，知道自己必須去做某事，可是卻無能為力」經過多年復健，彼得雙手的精細動作依舊復原有限。他可以做一些上臂三頭肌和前臂的動作，舉起手臂也沒困難，但是如他所述，他的拇指再也無法與其他手指精準抓物。

手術後接下來幾年，若無妻子或其他人的幫忙，他哪裡也不能去。他絕對無法自行出門旅遊，一想到自己孤身處於陌生之處，他就覺得恐懼，萬一他需要幫助，該怎麼辦？萬一他無法自行打開飯店房門又會怎樣？如果出現最糟情況，又該怎麼辦？

然後某一天，他覺得受夠了！他領悟到，自己是在讓未知的恐懼主宰他的人生與去處，他終於下定決心，自行出門旅遊，不過他深知沿途踏出的每一步，都將面臨恐懼、經歷恐懼，接下來將有錯綜複雜的事件、障礙或絆腳石，可能最後導致他雙手一攤（至少在理論上是如此），然後說：「就這樣吧！我要回家了！」可是他決心逐步戰勝恐懼。後來他發現，每次遭逢恐懼，解決辦法也會隨之出現。以下是彼得告訴我的：

恐懼：我很怕到機場登記通關。我不知道自己是否有足夠力氣，在自助值機亭刷信用卡。

解決辦法：我請航空公司人員代為幫忙，而他們非常樂意提供協助。

恐懼：要繫上安全帶，我很緊張。我不確定我的手是否有足夠抓力來完成這件事。

解決辦法：空中小姐很親切，幫我繫上安全帶。

恐懼：我不知道如何安頓房間內的東西。

解決辦法：一旦進入飯店房間，旅館服務員領班幫我拆開肥皂包裝、設定房間裝置、拉起窗簾、攤開被子，並且為我打開行李。

恐懼：單飛旅行，我不知道如何自行穿衣。我依然無力自行扣上衣服鈕扣。

解決辦法：我妻子幫我打包全部襯衫，預先扣好鈕扣，所以我只需把襯衫往頭上套進去就好；我的褲子有縫魔鬼氈，所以我可以自行繫上；我的襪子有繩套，我可以拉住襪子。但是，我的襯衫依舊有兩個鈕扣需要扣上。我再度要求幫忙。第一次，我請某位女服務員幫忙，她嚇到退縮了。可是現在情況變得非常好，如果我住在飯店，那位女服務員就會照料我，主動走來幫助我。

恐懼：我很怕一個人用餐。我仍舊無法切肉，也難以使用大部分餐具。

解決辦法：我隨身攜帶一副特製刀叉，可讓我自己把食物送進嘴裡。現在我已經自己旅行幾次了，我數不清有多少人主動願意幫我洗這副刀叉。

我學到的事是，我們身邊一切應有盡有，幫助我們平息恐懼。僅須看看你身邊的人，他們是陌生人嗎？沒關係。在我旅程的每一步裡，都有了不起的人，他們不但協助我，還迫不及待能有機會幫助其他人！

要找出是否能做某事，唯一之道就是「付諸實行」。正如彼得所說：「這需要一點信任，不過，若要探索自己能否單飛旅行，唯一方法就是『體驗恐懼，跨出一大步，信任自己一切安好』」。彼得獨自旅行時，依然感到焦慮，但是大部分的恐懼已經消失，取而代之的是感恩，感激大家持續為他提供所有協助。

我之所以了解彼得的故事，是因為他知道自己再也無法當牛仔後，他決定想要擔任演說家及訓練師，追尋這項終生志業。他聽過我的演講，閱讀我書中的準則，了解「不論你想做什麼，其他人可能已經做過這件事，並且留下線索可循，可能是書籍、手冊、影片、課程、培訓計畫等。後來，他決定參加我的「訓練師培訓課程」，打從那時起，已經著手撰寫《牛仔領導力》（*Cowboy Leadership*），並且根據他的生活哲學，設計演說、研討會和座談會。

## 恐懼都由自己創造

關於恐懼，請記得另一項重要的事：人類已經演化到某種階段，不會再時時處於大自然的死亡威脅，我們現在幾乎所有的恐懼全由自己創造出來。對於我們追尋的所有活動，我們空想負面結果，自己嚇自己。不過也正因為是我們自己創造這些空想，解鈴還須繫鈴人，所以我們也有辦法正視現實，停止恐懼，而非向我們的想像力投降。我們能夠選擇理智行事。心理學家喜歡把「恐懼」（Fear）依照英文字母，拆解為以下四項：幻想的（Fantasized）、經歷（Experiences）、看似（Appearing）、真實（Real）。

我們如何將捕風捉影的恐懼帶入自己的人生？為了協助大家更了解這一點，請列出一份「害怕去做的事」清單。這不是一份「恐怖物品清單」，例如蜘蛛等，而是要列出你「畏懼去做的事」，例如：害怕撿起一隻蜘蛛。你可以從「我害怕去做」開始寫：

- 要求老闆加薪
- 邀請莎莉出去約會
- 去玩高空跳傘
- 把小孩單獨留在家給保母照顧
- 辭去這份討厭的工作
- 請朋友為我探詢新的工作機會
- 把我的工作委派給別人

現在再來看看，並且使用下列格式，重新敘述每項恐懼：

我想去做＿＿＿＿＿＿＿，但我光是想到＿＿＿＿＿＿＿，我就害怕了。

關鍵字是「光是想到……我就害怕了」。想像未來某些負面結果，所有恐懼油然而生。運用上面所列的幾項相同恐懼，新的格式看起來會像這樣：

- 我想要求老闆加薪，但我光是想到他會說「不」，還會被我的要求氣到不行，我就害怕了。
- 我想邀請莎莉出去約會，但我光是想到她會說「不」，而我覺得好尷尬，我就害怕了。
- 我想去玩高空跳傘，但我光是想到降落傘可能打不開，而我會摔死，我就害怕了。
- 我想把小孩單獨留在家給保母照顧，但我光是想到他們會發生意外，我就害怕了。
- 我想辭去這份討厭的工作去追逐夢想，但我光是想到我會破產，我就害怕了。
- 我想請朋友為我探詢新的工作機會，但我光是想到他們會覺得我很勢利，我就害怕了。
- 我想把我的部分工作委派給別人，但我光是想到他們做得沒有我好，我就害怕了。

看出來了嗎？正是你自己，創造出這份恐懼。

# 如何擺脫恐懼？

「我活了大半輩子，經常自尋煩惱，可是多數事情沒有真正發生過。」

——馬克・吐溫

要實際消除你的恐懼，其中一項方法是：捫心自問，你到底在想什麼，是不是自己嚇自己？然後以正面積極的想法，取代那幅心像。

我最近搭機飛往奧蘭多發表演說，我注意到旁邊座位的女士，她緊抓著椅把不放，手指關節緊張發白，我向她自我介紹，告訴她我是輔導訓練師，說我無意間注意到她的雙手，我問她：「你很害怕嗎？」

她說：「對。」

我說：「你是否願意閉上雙眼，告訴我，你腦海裡正在經歷何種想法或畫面？」

她閉上眼睛後，回答：「我只是不斷想著飛機無法駛離跑道，然後墜機了。」

「我懂了。告訴我，你為何要去奧蘭多？」

「我要去那裡度過四天時光，陪孫子女去迪士尼樂園（Disney World）玩。」

「很好，你最愛迪士尼樂園哪項遊樂設施？」

「小小世界。」

「太棒了！可否請你想像一下，你身處迪士尼樂園，在『小小世界』這個景點裡，正與自己的孫子女坐在某個鳳尾船上？」

「可以。」

「你是否能看到，來自不同國家的所有小木偶突然出現，跳上跳下又不停旋轉，你的孫子女看到了，臉上充滿驚奇表情和笑容？」

「對，沒錯。」

說到這裡，我開始唱著：「世界真是小小小，小得非常妙妙妙，這是一個小世界，小得真美妙！」

她臉上表情放鬆了，呼吸變深，雙手鬆開椅把，不再緊握。

在她的腦海裡，她已經置身迪士尼樂園。她用正面積極的影像，想像自己渴望的結果，以此替代墜機的災難畫面。她的恐懼瞬間消除了。你也可以運用相同技巧，消除你感受到的任何恐懼。

## 緩解恐懼的有效技巧

還有另一項技巧，對緩解恐懼非常有效，那就是把焦點放在當下你認定為恐懼的身體知覺，接下來轉而聚焦於你想要體驗的感受，像是勇氣、自信、冷靜、喜樂等。在你腦中，不斷想著這兩種互異的印象，然後慢慢在兩者之間來回穿梭，每個印象各花大約十五秒。經過一分鐘或兩分鐘後，恐懼將會逐漸消失，你會發現自己能淡然處之，精神集中。

## 記住戰勝恐懼的時刻

你是否曾經學過從跳水台上跳水？如果是，你可能記得第一次走向跳水板邊緣，往下看時，水的深度看起來比實際還深，一想到跳板的高度，加上你在跳板上的視線高度，與下方的距離看起來非常遠，你嚇到半死，但你會跟父母或跳水教練說：「我不敢做這件事。我覺得需要針對此事進行治療，只要我能擺脫恐懼，我就能再度回來嘗試。」

不！你不會說這種話。

你感受恐懼，但不知何故，你從內心某處鼓起勇氣，跳入水裡。你覺得害怕，但不論如何，你還是做了。

一旦浮出水面，你可能瘋狂游到泳池邊緣，深呼吸幾次。在心裡某處，腎上腺素略為高漲，從風險中倖存，還從空氣躍入水裡，你興奮得不停顫抖。一分鐘後，你可能再次進行，一次又一次，直到足以讓你真正感到樂趣為止。所有恐懼很快就消失了，你激起水花，向朋友潑水，甚至還可能學會如何後空翻。

如果你能記住那項經驗，不管是初次開車或約會時第一次親吻對方，這就成了你人生歷程的範本。**新的經歷可能感覺駭人，這正是萬事運作方式。每次你面臨恐懼，而不論如何都要去做，就是在為自己建立更多自信。**

## 先從小挑戰開始

世界級潛能開發專家安東尼．羅賓斯說：「如果你做不到，你就必須去做；如果必須去做，你就能夠辦到。」我同意。正是這些我們最害怕去做的事，為我們帶來極致解脫與成長。

倘若恐懼如此巨大，使你完全癱瘓，那麼請按比例縮減風險。先著手處理較小的挑戰，再逐步達成所有事。如果你第一份工作是要進行推銷，你先想想哪些潛在人選或客戶一開始最能接受推銷，打電話給這些人；若你的事業需要資金，即使你認為無法取得貸款，你仍舊必須嘗試；你承擔新的工作責任，若是感到焦慮，你可要求先做自己對某專案感興趣的部分內容，以此開始；假如正在學某項新運動，先從較低層級的技能開始，精熟這些必學技能，一路前進，超越恐懼。然後繼續著手處理更大挑戰。

## 輕鬆易學的「恐懼症五分鐘療法」

某些恐懼非常強烈，能使你完全無法動彈。如果你的恐懼症全面爆發，例如：害怕搭機或不敢搭電梯，你的能力可能嚴重受到抑制，無法成功，不過還好，大多數恐懼症都有簡單的解決辦法。羅傑．卡拉漢博士（Dr. Roger Callahan）開發出一種「恐懼症五分鐘療法」（Five-Minute Phobia Cure），輕鬆易學，可自行練習，也可借助專業人士輔導。

我看卡拉漢博士的書籍和影片，從中學習這項神奇技巧，並且成功運用在我的研討會裡已經超過十五年。這個過程運用簡單卻精確的輕敲模式，敲打身體各處穴位，同時想像那些刺激你畏縮反應的物體或經驗。運作方式像電腦程式病毒，在你初次目擊所怕事物（例如：看到蛇或踏上飛機）與你所體驗到的實際反應（例如：冒汗、顫抖、呼吸急促、膝蓋發軟）之間，永久阻斷這個「程式」或腦內發生的事件序列。

我曾為房仲舉辦研討會，某位女士向我透露，她有爬樓梯恐懼症。事實上，那天早晨她就經歷了這項恐懼，她問服務人員研討會在哪個方向？服務人員指向通往會場的巨型樓梯，不過還好，那裡也有電梯，所以她才有辦法進入研討會，要是沒有電梯，她早就開車回家了。她承認自己在賣房子時，從未踏上任何一間屋子的二樓，她會假裝已經上去那裡，按照所讀的條列項目清單，告訴潛在買家，他們在二樓可能看到什麼，再由買家自行上樓探索。

我對她進行「恐懼症五分鐘療法」，然後帶領全部一百位觀眾走出去，到那個稍早讓她嚇呆的同一個飯店樓梯。她沒有躊躇不前、呼吸急促或心情激動，反而在樓梯走上走下兩次。就是這麼簡單。

## 放手一搏，別讓機會溜走

「他說『走到崖邊來』，他們說『我們害怕』，他說『走到崖邊來』，他們來了，被他推下，飛翔而起……」

——紀堯姆．阿波里奈爾（Guillaume Apollinaire），法國前衛詩人

我認識的成功人士全都願意放手一搏，縱使自己非常害怕，仍出於信仰做出大膽、冒險、不計後果的舉動。有時他們膽顫心驚，但是知道如果自己不採取行動，機會稍縱即逝，他們信賴自己的直覺，跟隨直覺行動。

「進步總是牽涉風險。你不可能盜上二壘，同時腳卻還在一壘。」

——斐德列克．威考克（Frederick Wilcox），美國作家

麥可．克利（Mike Kelley）的生活猶如置身天堂，在夏威夷擁有「茂宜島海灘活動」企業（Beach Activities of Maui）旗下幾間公司。麥可僅讀了一年大學就肄業，再也沒有返校重新取得學位，十九歲那年，他離開拉斯維加斯，前往夏威夷群島，最後到了茂宜島某間飯店，在泳池旁邊推銷防曬油。雖然出身卑微，但麥可努力不懈，打造出一家擁有一百七十五名員工的公司，為遊客提供休閒娛樂體驗（雙體船和水肺潛水遊覽），年收益超過五百萬美元，並且為這座島的旅館業者提供禮賓服務和商業中心。

在必要時，麥可總是樂意勇敢一試，他將大部分成就歸功於此向特質。茂宜島海灘活動公司當年意圖擴張事業，於是想與某間飯店合作，但是已經有個競爭對手與那間飯店締結合約超過十五年。

為了維持競爭優勢，麥可總是閱讀商貿期刊，隨時打聽他的事業領域發生何事。某天，他看到文章，得知那間飯店總經理職位即將生變，而將來就任的新總經理住在科羅拉多州銅山（Copper Mountain）。這讓麥可想到：要通過層層關卡與總經理預約會面，這實在很難做到，或許他應該試試，在總經理搬來夏威夷之前，先行與他聯繫。麥可殫精竭慮思考怎樣才是最佳聯繫方式？是否應該寫一封信？打電話給對方？正當他苦思這些選項，他的朋友道格建議：「何不跳上飛機，去見他就好？」

麥可總是身體力行，當下採取行動。他迅速做出估價單和一份提案，隔天晚上搭機前往。他坐了一整晚飛機，抵達科羅拉多州，租車駕駛兩小時車程才到銅山，未經預約，突然出現在這位即任總經理的辦公室。他解釋自己是誰，向對方祝賀升遷，告訴對方他很期待在茂宜島相見，並且要求撥冗片刻時間，說明他的公司，以及他的公司能為對方貢獻何事。

第一次會面，麥可並未拿下合約，不過一個年輕小伙子對自己及其服務如此深具信心，願意放手一搏，一路搭機飛往丹佛，驅車前來科羅拉多州中部，就只為了碰碰運氣，希望能夠與他一起共事，這件事讓總經理留下深刻印象。在他終於來到夏威夷後，麥可旋即獲得合約。隨後超過十五年的時間裡，這份合約為麥可帶來價值數十萬美元的帳面利潤。

## 勇敢一試，轉化人生

「威信來自二〇％的給予、八〇％的爭取……所以去爭取吧！」

——彼得·尤伯羅斯（Peter Ueberroth），一九八四年夏季奧運籌辦者、一九八四年到一九八八年美國職業棒球大聯盟主委

按照任何人的標準來看，大富豪約翰·迪馬提尼博士無疑是知名的成功人士。他在澳洲擁有數間房子，多年來，他每年都會花六十天以上，偕同妻子環遊世界，搭乘價值五億五千萬美元的遠洋客輪「海上世界郵輪」（World of Residen Sea），住在他們自己用三百萬美元購置的豪華海上公寓裡，這是他們賣掉自己位處紐約市的川普大廈公寓後，才買的居所。

約翰撰寫五十四套培訓課程和十三本書，也是影片《祕密》裡的導師代表。他花費整年時間，巡迴世界各地，舉辦課程，講授財務自由和勝利人生。

但是，約翰並非一開始就很富裕成功，他七歲時，被人發現他有學習障礙，跟他說他再

也無法讀寫或正常溝通；十四歲時，他成了中輟生，離開他在德州的家，前往加州海岸；到了十七歲，他在夏威夷落腳，在歐胡島舉世聞名的北岸（North Shore）衝浪，由於番木鱉鹼（Strychnine）中毒*，他差點在那裡丟了一條命。他展開復原之路，認識了九十三歲的保羅·伯格醫生（Dr. Paul Bragg）。這位醫生要求約翰重複說著簡單的肯定句「我是天才，我運用自己的智慧」，改變了他的人生。

約翰受到伯格醫生的鼓舞，繼續去念大學，並從休士頓大學取得學士學位，後來從德克薩斯整脊學院取得醫學博士學位。

約翰在休士頓開設他的第一間整脊所，一開始僅有約二十七坪的空間。在九個月內，他的室內空間就擴大超過兩倍，還提供免費的養生保健課程。隨著參加人數漸增，約翰準備再次擴店。就是在那時候，他勇敢一試，永遠改變了他的生涯。

約翰說：「那天是週一。經過整個週末，隔壁的鞋店空蕩一片。」約翰覺得這真是完美的演講場所，隨即打電話給租屋公司，但沒人回電給他。約翰論定房東不急著把空間租出去，所以他勇敢一試。約翰說：「我打電話給鎖匠，請他過來打開這個地方的門。我認為最糟狀況不過是對方會向我收租而已。」

他很快把這個空間轉變為演講廳，幾天之內，就開始舉辦免費講座，每天一場。因為這個空間恰好位於電影院右邊，他加裝擴音器，如此一來，每當戲院散場，看完電影的人走向停車場開車時，就能聽到他的演說。好幾百個人開始參加課程，終於接受這種療法。

約翰的執業生涯日益壯大。直到六個月過去了，該項物業經理才出面調查。經理說：「你膽子可真大。你讓我想到自己。」事實上，約翰膽大妄為，實在讓他印象深刻，他甚至還為約翰減免六個月的租金！他向約翰說：「任何人有膽做你這樣的事，都該值得回報。」後來，經理邀請約翰前去他的辦公室，提出二十五萬美元年薪的工作邀約。約翰婉拒了，因為他還有其他計畫，不過此事證實他勇於行動是對的。

勇敢一試，幫助約翰建構蒸蒸日上的執業生涯。他後來出售這項事業，針對其他整脊師，提供全職諮詢輔導。

約翰說：「勇敢一試，為我開啟了一扇門。假如我當時躊躇不決，假如我太過畏縮我就無法達到非凡的進展，不能造就我今日的人生。」

「你想要舒適安逸，或是放手一搏，耀眼璀璨？」

——吉米．強森（Jimmy Johnson），橄欖球隊教練，一九九二年和一九九三年領導「達拉斯牛仔橄欖球隊」贏得超級盃冠軍賽。

＊一種含有劇毒的化學物質，番木鱉鹼會使中樞神經失常，接觸少量會出現焦慮、發燒、四肢無力等症狀，如果接觸大量番木鱉鹼會導致呼吸困難或死亡。

## 保持「高目的、低執著」

如果想要人生一帆風順，務必保持「高目的、低執著」。你盡己所能，創造自己想要的成果，然後放手。**有時候，你無法在既定日期前達到預期結果，人生就是這樣，僅須持續朝你目標前進，直到抵達為止**。有時候，老天另有安排，而通常這些安排比你腦內既有的計畫更好，這正是為什麼，我建議在說完肯定句後，請附加一句「但願情況更佳」。

某年夏季，我正與家人在大溪地度假，乘船遊覽。我的親生兒子克里斯多夫（Christopher）與我的繼子崔維斯（Travis）當時都是十二歲，我偕同這艘遊輪裡的其他成員，出發參加波拉波拉島（Bora-Bora）環島自行車導覽旅遊。我想陪伴兩個兒子增進親子關係，但那天風勢真的非常強勁，旅程沒那麼輕鬆。

史黛薇．艾勒（Stevie Eller）正與他的十一歲孫子一起奮力前進，不知何時，狠狠摔了一跤，大腿嚴重割傷，我們肩負背包，身後僅有少數其他人，所以我們留在後面幫助她。周遭杳無人煙，也無店家，島上另一側幾乎沒有半點車潮，也就是說，我們求助無門，於是嘗試幾次簡陋急救包紮後，我們決定齊心協力，繼續前進，由於速度太慢，我兩個兒子覺得厭煩，突然騎車往前離去，而我耗費接下來數小時，騎車或走路，沿路跟隨我的新朋友，直到最後終於抵達一間飯店，她在那裡叫了一輛計程車離開，而我與兩個兒子再度會合。他們在環島旅途裡，曾經停下來游泳。

那天晚上，史黛薇及其先生卡爾（Karl），邀請我們參加他們的家族晚餐聚會。結果發現，他們居然是「國際成就高峰會」（International Achievement Summit）的提名委員，該會的贊助者是「美國成就協會」（Academy of Achievement），使命是要「在充滿無限機會的世界裡，激勵年輕人達成新的成就夢想」，它聚集了全球各地超過兩百位大學生和研究生代表，來與當代領袖互動，這些領袖已經達成艱難或不可能的成就，為人服務，利己利人。

我與他們相處一段時間後，他們決定提名我成為這個協會的成員，並且頒發「金碟獎」給我，與先前的獎項得主名列一堂，這些人包括美國前總統比爾・柯林頓（Bill Clinton）、西班牙男高音普拉西多・多明戈（Placido Domingo）、美國導演喬治・盧卡斯（George Lucas）、前紐約市長魯迪・朱利安尼（Rudolph Giuliani）、美國共和黨資深參議員約翰・麥凱恩（John McCain）、以色列前任總理希蒙・佩雷斯（Shimon Peres）、南非聖公會首位非裔大主教戴斯蒙・屠圖（Desmond Tutu）。由於我的提名得到認可，因此我能夠參加每年為期四天的活動，在二〇〇四年，見到最睿智英明的未來領袖，以及世界上最引人注目且最有成就的人士，而且只要我想去，以後也可以參加這些會議。

假設度假那天我執著於我的原訂計畫，花費整天時間陪伴兩個兒子，徒留史黛薇尋求他人協助，我就會錯失更大機遇。多年來，我已經學會「每當上帝關了一扇門，必定會開啟另一扇門」。你僅須維持正面積極、保持警覺，靜待事態變化。事情的前景發展不如預期？與其懊惱不休，倒不如自問：「這件事會帶來什麼樣的可能？」

# 16 願意付出代價

「如果大家知道，我有多麼努力才達到技藝精湛，一點也不會覺得有多美妙了。」

——米開朗基羅

每項偉大成就背後，都有一段故事，可能有關教育、培訓、練習、紀律或犧牲，不論是什麼，你必須有所付出。

追尋目標的同時，你可能需要付出一些代價，代價可能是你必須暫時擱置人生中的其他事、需要投入你全部的財富，或是要下定決心離開你目前的舒適圈，儘管需要付出許多努力，但這些事可以為你增添更多機會與可能，當你遭逢巨大的挑戰、挫敗、痛苦，甚至是個人傷害時，皆可助你堅持不懈。

## 痛苦只是暫時，成就會留下來

我回想起一九七六年的夏季奧運，當時男子組的體操競賽擄獲全世界目光。日本選手藤本俊（Shun Fujimoto）身後群眾喧嘩鼓譟，他抓住吊環，空翻旋轉三圈下落，完美落地，最終贏得男子團體全能金牌。

藤本俊的右膝其實受過傷，比賽時，他的表情痛苦扭曲，隊友屏息以待，但他仍做出幾乎完美無瑕的指定動作，緊接著完美落地。這正是勇氣與專心致志的非凡展現。

藤本俊事後接受採訪，談及這場勝利。他透露，在前陣子的地板運動練習期間，他的膝蓋已經受傷，即使如此，隨著競賽持續進行，顯然這場吊環體操項目將會決定團隊是否奪金，而這是他最賣力的項目。他說：「痛苦像刀一樣，射穿我的身體，我淚流不止。不過現在我拿到金牌，痛苦全消。」

面對極度折磨人的苦痛及嚴重的受傷風險，是什麼帶給藤本俊卓越非凡的勇氣？正是他「願意付出」，每天去做，一路前進，僅是為了能在奧運贏得一席之地。

# 練習程度會成為決勝點

「我當年與麥可・喬丹（Michael Jordan）同處奧運球隊。比起其他厲害的隊友，他尚有一段很大差距，不過我印象最深刻的是，他總是最早到達球場而且最後一個離開球場。」

——史提夫・阿爾福德（Steve Alford），奧運金牌得主、前NBA球員

比爾・布拉德利（Bill Bradley）為紐澤西州擔任美國參議員前，他曾是非常厲害的籃球選手。就讀普林斯頓大學（Princeton University）時，他曾打入全美比賽，並且在一九六四年贏得奧運金牌，在紐約尼克隊（Knicks）打入NBA冠軍賽，還榮登「籃球名人堂」。他的體育表現為何這麼傑出？就某方面來說，歸功於他在高中時代，每天練習四小時。

他在回憶錄《現在式，過去式》（*Time Present, Time Past*）中提到，他如何自我訓練籃球：「在隊友全部離場後，我留下來繼續練習。我從地面跳起，每五次射籃，其中一次一定要射中，總共連續射進十五次，才會結束我的例行練習。」如果沒射中，就會全部從頭開始。在整個大學時代和職業生涯裡，他依舊持續這樣的練習。

他曾參加一場高中籃球選手夏令營，該營的贊助者是聖路易老鷹隊（Hawks）*綽號「簡

* 即現今的亞特蘭大老鷹隊。

單埃德」（Easy Ed）的埃德．麥考利（Ed Macauley）。比爾在那時候得知練習的重要，培養出強烈的意志來練習。「你不練習而別人正在練習，當彼此相遇，假設兩人能力差不多，練習多的那個人會贏。」比爾把這項忠告謹記在心，花費無數小時辛勤努力，終於獲得回報。在四年的高中籃球生涯裡，比爾．布拉德利的得分數超過三千分。

## 自律努力，發揮一流水準

「我學到一件事：想到達某種境地，就必須努力爭取，這是唯一的方法。不論你是音樂家、作家、運動員或企業家，皆無法避免，只要付諸實行，就會勝利。如果不做，就不會得勝。」

——布魯斯．詹納（Bruce Jenner），奧運十項全能金牌得主

根據美國游泳協會研究人員約翰．曹普（John Troup）在《今日美國報》（*USA Today*）的文章所言：「奧運選手平均一天訓練四小時，一年至少三百一十天，長達六年，每天鍛鍊，日漸佳境。早上七點前，多數運動員已經完成許多人一整天所做的事……假設天賦能力

相等，受過較佳訓練的運動員一般都能卓然出眾，勝過那些沒有認真努力的人，在起跑線上通常也較有自信。在奧運前四年，美國跳水運動員格雷格・洛加尼斯（Greg Louganis）可能已經練習跳水三千次；體操運動員金・茲梅斯卡爾（Kim Zmeskal）可能在常規指定動作裡，每次空翻至少兩萬次；美國游泳運動員珍妮特・埃文斯（Janet Evans）已經游泳超過二十四萬圈。訓練能提升表現但絕不輕鬆，游泳選手平均一天受訓約十六公里，在泳池裡的速度是每小時八公里，這聽起來或許不是很快，但是在過程中，他們的心率平均高達一百六十下。你可以試著跑上一段樓梯，再檢查你的心率，然後想像一下，要做這件事長達四小時！至於馬拉松選手，則是以每小時約十六公里的速度，平均每週約跑二百五十八公里。」*

截至二〇二一年為止，美國傳奇泳將「飛魚」麥可・菲爾普斯（Michael Phelps）坐擁二十八面奧運獎牌，是史上獲得最多奧運獎牌的運動員。早上六點半前，他通常就已經到達游泳池，在那裡平均一天游泳六小時，一天約十三公里。他每週游泳六天，包含假日，除了在泳池練習，他還會舉重，增加他的爆發力，每週三天，每天一小時。另外，每週三天，每天一小時伸展他的肌肉。

雖然我們多數人無法成為奧運選手，或者也不想成為奧運選手，但透過付出，不論從事

---

*《今日美國報》，一九九二年七月二十九日。

什麼領域，皆可達到世界一流水準，**僅須在你所選的行業或專業裡，透過自律努力，發揮超水準表現即可**。不論你選擇哪種競技，想要贏就必須樂於付出。

「重點不在於想要贏，每個人都想贏。重要的是『準備好要贏』」。

——保羅・布萊恩特（Paul Bryant），史上獲勝最多的大學美式足球教練

## 刻意練習很辛苦又無聊，但能練就頂尖

「『練習』並非在你狀況佳時才做，而是去做了之後才讓你變得更好。」

——麥爾坎・葛拉威爾（Malcolm Gladwell），《異數》（*Outliers*）作者

許多運動員、音樂家、舞者、喜劇演員和其他天賦異稟人士，定期練習他們的運動技能、舞步等技巧，雖然如此，加州大學柏克萊分校（UC Berkeley）至善科學中心（Greater Good Science Center）的社會學家克莉絲汀・卡特博士（Dr. Christine Carter）曾提到，事實

上，比起一般人，頂尖表現者不僅練習更多，他們還花費無數時間，反覆進行她所謂的「刻意練習」（deliberate practice）。與其一時興起彈奏琴鍵，他們會為了達到具體目標進行練習，例如：演奏一段困難的新樂章。卡特博士還提到，一開始時，他們也可能反覆練習一小段新的樂節，或甚至單一小節，不停重複練習。

雖然刻意練習不太有趣，通常有點難度，而且時常會感到無聊，但是頂尖表現者願意用這種目標導向進行練習，這就區分出世界頂尖好手與僅是擅長者之間的差別。換句話說，他們不僅出於樂趣才練習，而是長時間反覆練習特定事物。引述《我比別人更認真》（*Talent Is Overrated*）作者古歐夫・柯文（Geoffrey Colvin）的話：「刻意練習很辛苦，這是事實，即使如此，卻可以看成是件好事。也就是說，多數人不會這麼做，所以只要你願意去做，就能區分你和其他人的差別。」*

此外，無數研究顯示，專心致志於特定目標練習，正好可以幫助頂尖表現者克服某些天賦或身體上的不足，因為不斷練習實際上有助於發展更好的體質，例如：絕對音感、身體更有彈性、更高的八度音等。

---

* 想更了解「刻意練習」的力量，我推薦閱讀古歐夫・柯文的《我比別人更認真》、丹尼爾・科伊爾（Daniel Coyle）的《天才密碼》（*The Talent Code*）和麥爾坎・葛拉威爾的《異數》。

「某次演奏會結束後，有個中年女士正面遇到我。她驚呼：『我願意付出自己生命，像你這樣演奏！』我說：『女士，我已經這樣做了！』」

——艾薩克．史坦（Isaac Stern），傳奇小提琴家

## 就算屈居人下，也能不惜代價達成夢想

一九七〇年代，韋藍德（Wyland）是餓得奄奄一息的藝術家，傾家蕩產，為夢想投入一切。他是畫家，到處兜售畫作。他在當地高中舉辦個人藝術展，把原始畫作以三十五美元賣出。他知道，若想要以藝術家身分發展，唯一的方法就是出售自己的畫作，不管賺多少都好，這樣他才有足夠的錢，購買必要的繪畫材料，讓他繼續創作。

某天，韋藍德的母親告訴他：「藝術不算真的工作，只能算是嗜好。現在你滾出去，找正職工作來做。」隔天，她要他去「底特律就業服務中心」，不過連續三天內，韋藍德就被三種不同工作開除，他感到萬分沮喪。工廠作業非常無聊，他無法專注其中，他只想發揮創意繪畫，一週後，他在地下室成立工作室，日以繼夜辛勤努力，創作出一份代表作的選集，

最後終於贏得底特律一間藝術學校全額獎學金。

韋藍德無時無刻不在畫畫，並且設法賣出畫作，但是多年來，他僅能勉強維持生計。不過由於他下定決心，認定藝術才是他想做的唯一事情，因此他繼續努力創作，磨練他的技藝。

有一天，韋藍德突然領悟到，他必須前往藝術家匯聚之處，增進他的靈感，他的目的地是舉世聞名的加州拉古納海灘市（Laguna Beach）藝術村。有了栩栩如生的夢想，他搬進一個空間狹窄的小型工作室，在那裡創作和生活，長達好幾年時間，最後他獲邀參加年度藝術節，在那裡學會如何談論自己的作品，並且與收藏家互動。不久後，夏威夷一間藝廊發掘他的才能，可是經常出售他的畫作卻不給半毛錢，宣稱他們的營運費用很高，韋藍德雖然終於能高價出售畫作，卻拿不到錢，他實在氣餒無比，因此領悟到他必須擁有自己的藝廊。

他在拉古納海灘市開設第一間藝廊，在他的藝廊裡，他能夠掌控各層面，從裱框掛置、出售方式到出售對象。三十六年後，他每年創造多達一千件藝術作品，有些作品每幅售價高達二十萬美元，他還與迪士尼進行協力藝術創作。他在夏威夷、加州和佛羅里達州分別有四間房子，並且過著他一直夢寐以求的生活。

或許你就像韋藍德一樣，想把自己的業餘愛好轉為職業生涯。你可以從事所愛，只要願意付出，即能鴻圖大展。韋藍德說：「起初有點折磨人，屈居人下。但是最後終於按照自己的意願達到成功，沒有什麼比這個更好了。」

# 義無反顧，盡力而為

電影公司董事長高登．魏斯克（Gordon Weiske）很早就發現自己的熱情。當年他才六歲，父母帶他去看生平第一場電影《第三類接觸》（*Close Encounters of the Third Kind*），兩小時後，他明白此生想做的事是「製作電影」。

他在加拿大多倫多市（Toronto）長大，他與朋友利用陳舊設備拍攝短片，一路完成高中學業，他們還一起拍出一部展示片，讓他獲准進入加拿大大學就讀頂尖影視學程。他在那裡過得不錯，直到大三那年，當時他做了一項決定，危及自己，差點脫離他的夢想正軌。

學校僅有三間剪輯室，可供一百五十位學生編輯自己的影片。他沒料到自己預訂不到任何一間剪輯室，於是他選擇自力救濟，竊取某位教授的通行證，偷偷進入，從半夜開始一直工作到早上五點，完成他的影片。第一週，一切順利；第二週，他邀請兩位好友一起進入，讓他們兩人也能製作影片專案；到了第三週，他們已經完成各自的影片專案，於是決定帶著女友和酒，在這個祕密天堂大肆慶祝。就在派對狂歡至極時，校園警衛破門而入，逮個正著，然後高登就被退學了。

高登突然驚覺自己沒有任何學位，還有非法入侵罰款待繳。不過他依然想要踏入電影事業，他鼓足僅存的些許自信心，挨家挨戶去敲所有製片廠的門，要求一份工作，什麼工作都可以，即使無償，他聽到不少老掉牙的回覆：「孩子，別打電話給我們。我們會通知你！」兩週過去了，他的電話一次也沒響起過。然後他大受打擊，心想：如果我要在這一行大有可為，絕對不能放棄。

那時候，多倫多市尚未完全達到主流電影製片廠水準，多數製片辦公室皆由髒亂老舊煉鋼廠轉型為攝影棚。現在可能很難想像，但是當時情況很糟，每逢下雨，影片製作就會陷入停擺，因為雨水滴落在錫製屋頂上，不斷產生回音。

所以這一次，高登四處探尋每間破舊失修的製片廠，以及曾經拒絕他的製片辦公室。他前往該處，隨身攜帶一瓶穩潔，還有一卷紙巾，並且要求獲准進入打掃廁所。有些人會笑他，因為不確定他是認真的還是開玩笑，雖然有人很高興答應了，但也有人跟他說：「可是，我還沒打算僱用你！」

高登每天都虔誠打掃最髒的老舊製片室廁所，這些地方曾因煉鋼工人造訪而「蓬蓽生輝」。陳年汙垢層層覆蓋在上面，但是高登辛勤工作，直到磁磚再度閃閃發亮。他也在影藝事業學到一件事：個人的名聲評價很重要。所以，在每間廁所門後，他會貼上自己的影業履歷：「高登清掃這間廁所。想要涉足影藝世界，工作以求溫飽！」

儘管他的影視履歷和經驗十分不足，他很肯定，他努力打掃出全城最乾淨的廁所可以為他代言。這是多麼完美的地方，可以把自己的履歷掛上去，不知不覺引起人家注意，他們坐在馬桶上，無法做其他事，只能讀著眼前懸掛的簡歷。

高登當時不知道，有一個洛杉磯製片團隊到多倫多查探，他們打算在波士頓開拍，前來看看這座城市是否適合取景。他們去過每間製片室，也都注意到廁所門後貼了一張簡歷。這其實變成了他們的一場遊戲，前往探尋每間製片室廁所，看看他的簡歷是否懸掛在那裡。

那天晚上，高登的電話響了。製片商雇用他兩週，為他們跑龍套打雜，他很高興賺到伙食費和油錢。兩週過去了，他們打電話請他前來飯店，告訴他一個好消息，這部電影剛剛獲准開拍，片名為《心靈捕手》（*Good Will Hunting*），更棒的消息是，製片人請高登擔任演員麥特・戴蒙（Matt Damon）和班・艾佛列克（Ben Affleck）的私人助理。這兩位演員當時沒沒無聞，可是後來卻成為超級巨星。

由於他願意付出，義無反顧去做，在被影藝學校退學後一個月，原本夢想破碎，後來居然在這部奧斯卡金像獎得獎影片工作，從此改變人生！《心靈捕手》大獲成功後，高登繼續在好萊塢賣座鉅片工作，名單多到列不完，他為業界一流演員工作，包括史提夫・馬丁（Steve Martin）、休・傑克曼（Hugh Jackman）、約翰・屈伏塔（John Travolta）、莎莉・賽隆（Charlize Theron）、金・哈克曼（Gene Hackman）、蜜雪兒・菲佛（Michelle Pfeiffer）、海倫・米蘭（Helen Mirren）、佛瑞斯・惠特克（Forest Whitaker）、摩根・費里曼（Morgan Freeman）。

二〇一一年，高登獲邀加入夢工廠動畫公司開發團隊，與他心目中的英雄，美國著名電影導演史蒂芬・史匹柏（Steven Spielberg）一起共事，隨伺在側。史蒂芬・史匹柏正是啟蒙他的電影《第三類接觸》導演，現今，高登是國際坎伍德娛樂影業（Can Wood Entertainment）董事長，總部位於加拿大多倫多市。

而且，此後高登多次受邀演講，演講對象正好是開除他的那所大學畢業班學生，演講題名是「如何涉足影藝世界」！附帶一提，學校免除了他所有的非法入侵罰鍰。

## 投入時間，不找藉口

「人生最大的祕密在於沒有祕密。不論你的目標是什麼，只要願意努力去做，都能達成目標。」

——歐普拉・溫弗蕾，脫口秀主持人、演員、製片人、作家、慈善家

付出要出自自身意願，義無反顧完成所做的事，不論要付出什麼、時間有多長、會發生什麼事，你必須為自己想要的結果負起責任，沒有任何藉口，只能朝向頂尖邁進。來看看以

下例子：

- 美國作家歐內斯特．海明威（Ernest Hemingway）重新改寫《戰地春夢》（*A Farewell to Arms*）三十九次。他努力付出、優秀傑出，後來贏得普立茲獎和諾貝爾文學獎。
- 美國精神科醫師史考特．派克（M. Scott Peck）撰寫《心靈地圖》（*The Road Less Traveled*）時，預付金只有七千五百美元。然而，他願意努力付出實現夢想，在這本書出版後的一年內，參加了一千場廣播訪談，為他的書打廣告宣傳，接下來十三年裡，他持續接受訪問，每天至少一次。這本書榮登《紐約時報》暢銷書排行榜，屹立不搖，超過六百九十四週，也超過十三年，創下紀錄，還翻譯超過二十種語言，賣出一千萬本以上。
- 美國影視製片人麥可．克萊頓（Michael Crichton）製作的電視影集《急診室的春天》（*ER*）榮獲艾美獎。他的著作銷量超過兩億本，共翻譯三十種語言，有十四本著作改編成電影，其中七部電影是由他執導。改編為電影的著作包括《侏羅紀公園》（*Jurassic Park*）、《致命病種》（*The Andromeda Strain*）、《剛果驚魂》（*Congo*）、《龍捲風》（*Twister*）、《西方極樂園》（*Westworld*）等。在美國，他同時擁有第一名暢銷書、票房冠軍電影和收視率第一的電視節目，史上僅有他能做到。麥可才華洋溢，曾說：「書籍不是寫出來的，是不斷反覆改寫出來……或許一般人很難接受這樣的事，尤其是經過七次改寫仍覺得不滿意時。」

「天賦比餐桌上的調味鹽還便宜。付出大量心力，正是有才華者與成功人士之間的差別。」

——史蒂芬．金（Stephen King），暢銷書作家

## 不怕付出，等待「乘數效應」

美國航太總署火箭從卡納維拉爾角（Cape Canaveral）發射升空，每當火箭克服地球的萬有引力，耗盡大部分燃料成功升空，在其餘的旅程裡，火箭就能毫不費力滑行太空。同樣地，業餘運動員經年累月，以斯巴達式的自我紀律全面鍛鍊，雖然辛苦，可是一旦贏得金牌或世界冠軍後，通常就有代言邀約、受邀演講與其他創業機會蜂擁而至，容許他們稍微暫緩腳步。

同樣地，在任何領域裡，一旦你付出努力成為專家、交出高品質的成果，在剩餘的人生裡，就能因此獲得最大收益。當年我開始演說時，沒人聽過我的名字，隨著我發表越來越多演說和研討會，交出客戶想要成果，我的聲望日漸成長，很多聽眾因此發光發熱，將自己的實證故事寄給我，我把這些全部存檔。多年來，我發表免費或低價的演說，直到磨亮我的演說技巧為止，也因此建構了一份名人追蹤紀錄。著書立言也是同樣道理，要花多年時間精熟技能。

如果你從事傳銷，你一開始必須投入無數時間，卻可能不會有任何等值報酬。有好幾個月時間，你可能工作都沒實質收入，但是到最後，你的下線人數日益茁壯，發揮效果，產生「乘數效應」（multiplier effect）*，而你終於賺進更多錢，遠比你想像的還要多。

建立衝勁，正是成功過程非常重要的一環。事實上，成功人士知道，只要你願意一開始就付出代價，接下來的人生即可收穫滿滿。

## 任何事，都要經歷新手期

商業顧問馬修．托波曾說：「任何值得做好的事情，一開始都會經歷新手期。」還記得第一次學開車、騎腳踏車、玩樂器或進行體育活動嗎？你早就知道一開始會很困難，你認為這樣的困難僅是過程所需，以便學習你想要的新技能。

不論進行什麼事，一開始你都會遭遇到困難，所以請務必樂於歷經新手階段，才可變得精熟。兒童經常這樣做，不過令人傷感的是，我們長大成人後，太常害怕犯錯，不敢讓自己經歷困難、顯得笨拙，所以學習方式不像孩童那樣大膽，我們總是害怕犯錯。

我一直到四十多歲，才學會滑雪。一開始我肯定不是很熟練，隨著時間過去，上過多次課程，我變得越來越熟練。即使在我第一次親吻女孩時，場面也有點尷尬、笨拙，但是為了習得新技能或讓自己漸入佳境，就算看起來愚蠢或當下覺得很呆，你都必須堅持下去。

## 調查「要達到目標，需要付出什麼」

當然，**如果你不知道要付出什麼，你就無法付出。有時候，第一步是要調查將來需要哪些步驟，**方可達成想要的目標。舉例來說，許多人（或許就是你）說他們想要擁有一艘遊

---

＊指當一件事情發生後，會觸發其他事件，使得結果也會因此擴大。

艇，但是你可曾研究過，必須賺多少錢才可買一艘遊艇？把遊艇停泊在當地的小船塢，費用是多少？每月的保養維修費、燃料費、保險費和牌照費是多少？你可能需要調查支付的費用，才可實現夢想。你可能想要列出一份人名清單，列出幾個已經完成你想做之事的人，然後訪問他們：在這個過程中，他們必須做出哪些努力？

你可能發現，有些代價遠超出你想要付出的範圍，你可能不想冒著風險犧牲健康、人際關係或省吃儉用，就只為了某個特定目標，你必須權衡所有因素。夢幻工作可能不值得犧牲婚姻、親子關係或因此導致生活失衡，只有你才可釐清：何事對你才是最好，以及你願意付出什麼代價。從長遠來看，很可能你想要的事無助你實現目標，倘若如此，請找出你必須去做什麼事，然後開始進行。

# 17 不斷提問，開口要求

「務必提問。依我之見，『提問』是世界上最強效的成功祕訣，卻被忽視了。」

——珀西．羅斯（Percy Ross），白手起家的大富豪及慈善家

過往歷史充斥著許多例子，有人僅是藉由要求，就能獲取不可思議的財富與驚人利益。儘管令人驚奇，在所有的成功準則裡，「提問要求」卻是最強效的一項，也是一項挑戰，令多數人裹足不前。如果你不怕為了任何事而求人，那麼請跳過這一節，但如果你像多數人一樣，會自我退縮，不敢要求你所需的資訊、協助、支持、金錢、時間，無法實現你的願景，請繼續閱讀。

## 為什麼人們害怕提問、要求？

為何大家如此害怕提問、要求？可能是害怕看起來需要救濟、顯露愚蠢，不過多數時候，是害怕遭到拒絕，深恐聽到「不」這個字。可悲的是，**這其實是預先否決自己，甚至早在對方說「不」之前，先對自己說「不」了**。

當我還是芝加哥大學教育學院研究生時，我與其他二十人一起參加一個自我開發團體，在其中一項練習過程中，某位男士詢問某位女士，問她是否覺得他很吸引人。對提問的人來說，這個問題既大膽又令人尷尬，我當時很震驚，很怕他會遭到難堪的回應。事實證明，那位女士覺得確實如此。

他成功做到了，於是我壯大膽子，接著問她是否覺得我很吸引人。經過這次「大膽詢問」的小練習，其中幾位女士告訴我們，她們發現很多男人居然害怕開口邀約，實在不可思議。她說：「早在我們有機會說『不』之前，你們就先拒絕自己了。冒險一試吧！我們可能說『好』。」

千萬別假定你將遭到否決，冒險試試看，要求你所需和想要的任何東西，如果對方說「不」，最糟的也只不過是回到原點而已。如果對方說「好」，你的情況會變得更好，僅須提出要求，即可獲得加薪、收到捐款、一間海景房、某個折扣、免費樣品、一次約會、更好的工作分配、更彈性的交付日期、期限展延、請假或幫忙做家事。

## 如何要求你想要的事？

提出要求，獲得你想要或所需的事，其實有特定學問。關於這點，我與馬克・維克多・漢森寫了一整本書來談。若想得知更多內容，我建議大家閱讀我們的書《心靈雞湯：關於勇氣》（*The Aladdin Factor*）。以下提供一些小祕訣，助你開始進行：

### 提出要求時，預設「好」結果

提出要求，彷彿胸有成竹，以正面積極的期望出發，想著「自己已經獲得」。由此提出要求，事情絕對辦得到。

## 假定自己辦得到

開始時，千萬別假定你無法得到。如果你凡事先入為主預設立場，那不如假定你能夠獲得；假定你能訂到窗邊的座位；假定你遺失收貨單也能夠退貨；假定你能夠獲得獎學金、升遷加薪、在最後一天買到門票。絕對不要假定事情對自己不利。

## 思考符合資格的人

評估這個人是否符合資格。思考「我該找誰取得」、「誰能授權做出決定」、「我要做些什麼，才能獲得」。

## 要清楚具體

在我的研討會裡，我經常詢問：「有誰想要更多錢？」我挑選舉起手的某人，然後給對方一美元。我說：「現在你有更多錢了。覺得滿意嗎？」

這個人通常會說：「不滿意，我還想要更多錢。」

於是我給對方幾個二十五美分硬幣，再問：「這樣夠了嗎？」

「不夠，我還想要更多。」

「那麼，你到底想要多少錢？我們可以玩這個『想要更多』的遊戲好幾天，然後從未達到你想要的數目。」

通常這個人就會給我一個具體數字，我接著指出，清楚具體說明有多麼重要。**含糊的請求會產生不明確的結果，你的要求必須清楚具體**。

只要一談到錢，就必須要求特定金額。

別說：「我想加薪。」

要說：「我想要加薪每月五百美元。」

一談到你想要「何時」完成某事，別說「不久之後」或「任何方便的時間」。要給定具體日期和時間。

別說：這個週末，我想要與你共度更多時光。

要說：週六晚上，我想與你外出用餐，一起看電影。你說好嗎？

只要是行為方面的請求，務必清楚具體說明。說出你到底想要對方怎麼做。

別說：「我想要你幫忙家事。」

要說：「每天晚餐後，請你洗碗；在週一、週三和週五晚上，幫忙丟垃圾。」

## 反覆要求

「堅持不懈」是其中一項重要的成功準則。每當你要求別人參與實現你的目標，有些人會說「不」。他們可能有其他優先考量、必須做的事情和理由，所以無法參與，並不是對你有不好觀感。

**在通往目標的過程中，將會遭到許多否決，這沒什麼大不了，習慣就好，關鍵在於決不放棄。**遇到某人說「不」，請繼續要求。為什麼？因為只要不斷要求，甚至是向同一個人再三反覆要求，你都有可能聽到「好」。

可能是在不同日子裡；在這個人心情變好時；在你有新資料要呈現時；在你證實可實現承諾時；在情勢發生變化時；在你學會如何更佳論述時；在這個人更加信任你時；在你已經繳付應繳款項時；在經濟狀況變佳時。

或許，孩童比任何人更加了解這項成功準則。他們會再三反覆向你詢問同一件事，毫無任何猶豫，直到磨光你的耐性為止。

我在《時人》（*People*）雜誌曾經讀到一篇故事。某個男人向同一個女人求婚超過三十次。不管她說了多少次「不要」，他就是不斷求婚。最後她終於點頭答應了！

## 不怕當「愛問鬼」，也是給自己機會

聖母大學（University of Notre Dame）的行銷專家赫伯特・楚魯（Herbert True）發現：

- 全體銷售人員裡，有四四％第一次打電話後就放棄再試
- 有二四％在第二通電話後放棄
- 有一四％在第三通電話後放棄
- 有一二％在第四通電話後，放棄試圖向潛在客戶推銷

也就是說，全體銷售人員裡，有九四％在第四通電話後放棄。不過，在所有銷售裡，有六〇％是在第四通電話後才成功，這份統計數字顯示：在全體銷售人員裡，有九四％的人不給自己一次機會向六〇％的潛在買家推銷。

你或許有很好的辦事能力，但是你也必須不屈不撓！為求成功，你必須不斷開口要求。正如我某位學員最近開玩笑地說「務必當一個『愛問鬼』（askhole）就對了！」

## 開口要求，自然有收穫

幾年前，席薇亞．柯林斯（Sylvia Collins）大老遠從澳洲一路前往美國加州聖塔芭芭拉市（Santa Barbara），參加我為期一週的研討會，她在那裡學到提問的力量。一年後，我收到她寄的這封信：

我的生涯路徑一直迂迴曲折。現在，我與一家名為「黃金海岸物業」的公司合作，在黃金海岸推銷新的開發案。我與一群年輕小伙子共事，他們大多數只有二十幾歲！透過你的研討會，我習得幾項技能，幫助我大展身手，成為團隊裡的活躍分子！我不得不說，有自尊、不怕開口要求，對這間辦公室產生很大的影響力！

在最近一次員工會議裡，我們互相提問。我們會在每月一次的「凝聚團隊共識日」裡提問，我們想要做什麼？我問管理總監麥可：「我們必須達到什麼目標，你才會帶我們去島嶼度假一週？」

桌邊的每個人僅是沉默不語，盯著我看，提問這樣的事，顯然已經超出每人的舒適圈。麥可環顧四周，然後看著我說：「如果你達到（然後他設定一個財務目標），我就會帶整個團隊（全部十人）到大堡礁！」

接下來的那個月，我們達到目標，出發前往艾略特夫人島（Lady Elliot Island）旅遊四天。由公司支付全額的機票費用、住宿費、伙食費和活動費用。我們度過最美妙的四天假期，一起進行水肺潛水、在海邊搭起篝火、彼此嬉鬧，非常歡樂！

後來，麥可給我們另一個目標，說如果我們達成了，就會帶我們去斐濟，而我們在十二月就達到那項目標！

## 被拒絕不會有任何損失

為了成功，你必須承擔風險。其中一項風險是「遭受拒絕」。我曾到亞利桑那州斯科茨代爾鎮（Scottsdale），在某家公司大會發表演說。多娜・哈契遜（Donna Hutcherson）是那間公司員工，聽了我的演講。以下是她寄給我的電子郵件：

> 在一月初的威斯渥公司（Walsworth）大會上，我的先生戴倫與我聽了你的演說，戴爾是以員工配偶身分出席。你提到「提問要求或努力嘗試，根本沒什麼損失。」我的先生對這句話特別印象深刻。聽完你的演講後，他決定追尋自己的人生目標，全心渴望，

想擔任美式足球隊主教練。在我的銷售活動領域中，他應徵了四份工作，隔天賽百靈高中（Sebring High School）回電給他，鼓勵他填寫線上應徵表，他馬上去做，整晚幾乎難以入眠。經過兩次面試後，他從六十一位應徵者脫穎而出。現今，戴爾接下這份職位，在佛羅里達州賽百靈市的賽百靈高中擔任足球教練。

感謝你展望未來，給予鼓勵。

一年後，我再次收到多娜的消息，戴爾在接手連續幾季的成績都是一勝九敗的隊伍後，引領團隊創造了獲勝紀錄。其中有四次勝利都是在最後三分鐘才「逆轉勝」，不僅如此，戴爾還帶領球隊贏得郡縣比賽冠軍，這是該校創校七十八年來首見，他也被譽為「年度郡縣教練」與「年度體育傳奇」，更重要的是，許多與他共事的球員、教職員和學生的人生都因他而改變了。

## 不屈不撓，成就事業

一九九七年，二十一歲的查德・普萊哥雷基（Chad Pregracke）出發執行任務，要清理密西西比河。他駕駛一艘約六公尺長的小船，憑自己的力量，開始進行。

後來查德發現，除了這艘六公尺長的小船，他還需要更多支援，像是駁船、卡車等設備等。他向州政府和地方政府的官員尋求幫助，卻全都被拒絕了，但他不因此氣餒，查德拿起電話簿，翻到企業清單，首先打電話給美國鋁業公司（Alcoa）。他說因為這家公司排在前面的順序。

為了完成夢想，除了熱忱奉獻的心，查德沒有任何裝備。他要求跟高階主管談話，最後美國鋁業公司給了他八千四百美元。後來，他一路找遍所有排序在前面的公司，打到安海斯－布希英博集團（Anheuser-Busch）。瑪莉・艾莉絲・拉米雷斯（Mary Alice Ramirez）是安海斯－布希英博集團環保宣傳部總監，在《史密森尼》（*Smithsonian*）雜誌報導裡，回憶他與查德第一次的談話內容，如下所述：

查德問：「你能不能給我一點錢？」

拉米雷斯回答：「你是誰？」

查德說：「我想要清空密西西比河裡的垃圾。」

拉米雷斯詢問：「能否出示一份企劃書給我？」

查德回答：「企劃書是什麼？」

最後，拉米雷斯邀請查德前來開會，然後開了一張兩萬五千美元支票給他，以便拓展他的《密西西比河美化與修復專案》（*Mississippi River Beautificationand Restoration Project*）*。

查德明確渴望做出改變，熱忱永不止息，全心投入這項專案，而且樂於提問、要求，這些遠比他的募款知識來得重要。最後，查德透過詢問，獲得所需的設備。他現在還成立董事會，成員有律師、會計師和企業公司高層職員，他總共有十二位全職員工，以及成千上萬名志工，也已經籌募了數百萬美元捐款，來支持這項工作。

過程中，他已經清理密西西比河與其他二十二條河，河岸線長達數千公里。有超過七百萬磅的垃圾已經清除。不僅如此，他還讓社會大眾注意到所有河川的健康與美麗，而且我們全都有共同責任，要保持河川乾淨。二〇一三年，他榮獲「CNN年度英雄」頭銜。

## 寫下提問與不敢提問的好處與代價

現在就花點時間，列出一份清單，寫出你想要的事，而這些正好是你在家裡、學校或職場不敢提問要求的事。在每個項目旁邊，寫下你自己是怎麼不敢提問。你的恐懼是什麼？接著，如果你不提出要求，對你會造成什麼代價？寫下來。然後，假如你提問了，你將得到什麼好處？寫下來。

在「準則三」時，我概略說明七種目標分類，也就是：金融財務、工作生涯、娛樂休閒、健康保健、人際關係、個人目標和愛好、為廣大社群奉獻心力。請針對上述每項目標，花時間列出清單，寫出你必須提問、要求什麼，可能包括加薪、申貸、創業投資、別人對你的意見回饋、引薦、背書、休假進行培訓、找人當你小孩的保母、一段婚姻、一個擁抱，或是協助進行志工專案。

* 出自史密森尼學會（Smithsonian）的《閒扯淡》（*Trash Talker*）第一一六到一一七頁，二〇〇三年四月。

# 18 被拒絕，也不低頭

「我們不斷回頭，日益堅強，不再軟弱，絕不容許自己遭到拒絕就被擊倒。我們只會越挫越勇，堅定信念。為求成功，別無他法。」

——厄爾．G．格雷夫斯（Earl G. Graves），《黑人企業》雜誌（*Black Enterprise*）創辦人

想要成功，就必須學會如何應對拒絕。遭到拒絕，其實是人生再自然不過的事。不管是沒被選上隊員、無法參與比賽、沒有當選、沒有錄取進入你所選的大學或研究所、沒有獲得你想要的工作或升遷、沒完成交易、沒得到你想要的加薪、沒取得你要求的工作、沒得到你要求的日期、沒取得你請求的許可，或是你被開除了，以上這些都是你遭到拒絕。你的手稿被退回來、提案被否決、新產品點子被置之不理、你的募款請求被忽視、你的設計概念不被接受、你的會員申請未獲批准或你的求婚不被接受，這些也是你遭到拒絕的時候。

## 「遭拒」是一種迷思

為了平復遭拒後的情緒，你必須深刻體認，**「遭拒」其實是一種迷思，根本就不存在，這僅是你腦海緊抓不放的念頭**。試想如果你要請帕蒂（Patty）與你共進晚餐，而她說「不」，這跟你沒問她之前沒什麼兩樣，同樣都是沒人與你一起用餐；問了她之後，你也一樣沒人陪你吃飯，情況依然相同，沒有變得更糟，但假如你往心裡去，告訴自己多餘的話，例如「看吧！老媽說的沒錯。沒人喜歡我。我是全宇宙的鼻涕蟲！」那麼就會使情況變糟。

如果你申請就讀哈佛大學研究所，可是卻沒被錄取，你只不過跟申請前一樣，同樣沒進哈佛；申請之後，也是沒進哈佛。再次重申，**你的人生沒有變得更糟，生活依然如常，你根本沒失去任何東西**。

你可以選擇虛度人生，最後沒進哈佛，或是至少曾經嘗試過。重點在於，詢問根本毫無損失，但是卻有可能因此有所獲得，所以不論如何，開口詢問吧！

## 總會有辦法的

不論何時，只要你開口向某人要求某事，切記「總會有辦法的」準則，也就是有人會答應，有人不會，那又怎樣？總會有人等著點頭答應。有些人會說「好」，有些人會說「不」，那又如何？在某時某地，肯定有人正在等著你，同意你的點子。這只不過是機率問題，你必須不斷詢問，直到有人答應為止，那個「好」正在某地等著你。我的夥伴馬克．維克多．漢森常說：「你朝思暮想之物也在想著你。」戲棚下站久了就是你的。

## 堅持到底，享受成功果實

我舉辦的「自尊與巔峰表現研討會」課程，改變了一位結業學員的人生，因此她自願在晚上擔任志工，打電話招收學員參加即將舉行的研討會，會場是在聖路易斯市（St. Louis）。她奉獻心力，每晚找三個人談話，長達一個月，這些電話有些變成長篇對談，許多人提問大量問題。她總共打了九十通電話，前面八十一個人決定不參加研討會，接下來的九個人全都報名參加，她的成功率是一〇%，就電話招募而言，這個比率還算不錯。不過，所有的報名全都是在最後九通電話才達成，要是打完前面五十個人後，她就放棄了，然後說：「怎樣就是行不通，這不值得努力。沒人會報名參加。」就不會有後面的成功。因為她夢想著要與別人分享她曾有的人生轉變，即使多次遭拒，知道這只是機率問題，她依然堅持不懈。她專心致力於達到成果，終於獲得回報，幫助九個人徹底改變生活。

如果你承諾投入某項目標，喚起你的熱情和奉獻，你會從經驗中持續學習，而且堅持到底，最後終於創造出你所渴求的成果。

「絕不放棄夢想，堅持下去。別人說你應該放棄，而你就因此不再渴求，自己也沒信念想要嘗試，你就永遠無法成功。」

——塔維尼．奧台爾（Tawni O'Dell），「歐普拉讀書會」選書《後路》（*Back Roads*）作者

## 遭拒後，只要說「下一個！」

邁向目標，沿路將會遭受多次拒絕，這很正常，但成功祕訣在於「永不放棄」。每當有人說「不」，你就說「下一個！」繼續詢問。美國速食連鎖店肯德基（KFC）創辦人哈蘭・桑德斯上校（Colonel Harland Sanders）離家時，只帶了壓力鍋及用來烹煮炸雞的獨門食譜。在找到相信他夢想的人前，他遭拒超過一千零九次。但他不因遭拒超過一千次而低頭，目前在一百二十三個國家裡，已經有超過兩萬間分店，事業版圖遍及全世界。

如果有人對你說「不」，那就改問其他人。切記，地球超過五十億人口，總會有某人在某時某地說「好」，**別被恐懼或憤恨困住了，要繼續向前，找下一個人。這是機率問題，有人正等著說「好」**。

## 從不被看好到千萬銷量

「成功，是不斷失敗卻始終保持熱情的能力。」

——溫斯頓・邱吉爾

一九九一年秋天，馬克．維克多．漢森和我開始著手推銷我們第一本書《心靈雞湯》給出版商，傑夫．赫爾曼（Jeff Herman）是我們當時的出版經紀人，他與我們搭機飛往紐約，與每家大型出版商見面。所有出版商全都說沒興趣，「短篇故事集不會暢銷」、「故事沒有看頭」、「標題不行」，後來我們又被其他二十家出版商拒絕，他們僅是從電子郵件看過原稿而已。我們被三十多家出版商拒絕後，經紀人把書退還給我們，然後說：「很抱歉，我沒辦法幫你們賣這本書。」而我們做了什麼？我們說：「下一個！」

我們還知道，自己必須跳出傳統思考框架，絞盡腦汁幾週後，我們突然想到一個主意，我們列印一張表單，當作書籍出版後的購書承諾。表單空白處，供人寫下姓名地址，以及他們承諾要買的書籍數量。經過幾個月的時間，我們要求每位前來參加講座或研討會的人填寫表單，表明是否有意願在書籍出版後購買此書。最後我們收到兩萬份購書承諾。

隔年春天，馬克和我前往加州安那罕市（Anaheim），參加美國書商協會。我們走遍每個攤位，跟每個願意聆聽的出版商談話，即使帶著這麼多連署承諾書，展現我們書籍的市場潛力，我們仍舊不斷遭到拒絕。可是我們反覆說著「下一個！」第二天接近尾聲，我們拿著一份試閱稿中（內含書中前三十個故事），交給「健康傳播公司」（Health Communications, Inc.）聯合董事長彼得．韋格索和蓋瑞．賽德勒（Gary Seidler），當時他們正在草創階段，專精於成癮戒斷類的書籍，他們同意帶回試閱稿。稍後在那週裡，蓋瑞．賽德勒攜帶那份原稿前往海灘，開始閱讀，他很愛書裡的內容，決定給我們一次機會。數百次「下一個」終於得到回應！遭受一百四十多次拒絕後，這本書初版首刷上市，竟然賣出一千萬本，後續產生一系列兩百五十本暢銷書，翻譯成四十七種語言，全球銷量高達五億本。

至於那些連署承諾書呢？這本書終於出版，我們在每份表單釘上一份聲明，按照表單上的姓名地址寄回去，等對方寄支票過來。幾乎所有承諾購書的人都實現自己的承諾。事實上，一位加拿大創業家還買了一千七百本，把書送給他的每位客戶，一人一本。

「你的稿件被其他編輯退稿，反而是珍貴包裹。別只想著稿件被退回了，而是要想著你已把稿件寄給『懂得欣賞你作品的編輯』，稿件只不過是被寄回來，戳印『地址有誤』。僅須繼續找到正確地址即可。」

——芭芭拉．金索沃（Barbara Kingsolver），

暢銷書《毒木聖經》（*The Poisonwood Bible*）作者

## 遭拒一百五十五次，依然堅持不懈

十九歲的瑞克・里德（Rick Little）想在高中創辦課程，教導孩童如何處理自己的感受、應付衝突、釐清自己的人生目標，並且學會溝通技能和價值觀，幫助他們活出更有效益又充實的人生，他寫了一份提案，向超過一百五十五個基金會募資。期間他睡在自己車內後座，吃著花生醬餅乾，這算是一年裡境況還過得去的時期了，可是他從未放棄自己的夢想，最後，克洛格基金會（Kellogg Foundation）給瑞克十三萬美元，這個數目就他曾經遭到的拒絕來說，平均每次拒絕大約價值一千美元。打從那時起，瑞克及其團隊已經籌募一億美元以上，並以三十六種語言，於全世界八十個國家，超過三萬間學校施行他的課程。每天有三百萬名兒童學會重要生存技能。正因為一位年僅十九歲的年輕人，不因遭拒而低頭，反而繼續努力，直到他得到一聲「好」為止。

一九八九年，瑞克收到一份六千五百萬美元的補助金，這是美國史上發放的第二大金額補助金，他用來創設「國際青少年基金會」（International Youth Foundation）。當初瑞克遭拒一百多次後，要是他跟自己說「情況跟我所想的不一樣，我應該放棄」這對世界來說，是多大的損失！瑞克也無法為人類完成崇高志業了。

## 敲了一萬兩千五百扇門，賺到豐厚收入

「遭到否決，我把它當成有人在耳邊吹響號角，喚醒我繼續向前，而不是打退堂鼓。」

——席維斯．史特龍

依格納休斯．皮亞札醫生（Dr. Ignatius Piazza）當年剛出社會，是個年輕的脊椎指壓治療師，他決定自行開業，診所位於加州蒙特雷灣（Monterey Bay）地區。他前往當地的脊椎指壓治療協會尋求幫助，對方說因為那個地區已經有太多脊椎指壓治療師，他無法成功，建議他到別處開業。他百折不撓，運用「下一個」準則，長達好幾個月，從清晨到日落，他挨家挨戶敲門探問，簡介自己是城裡的新手醫生，然後提問幾個問題：

「我的執業場所應該位於何處？」

「我該把廣告刊登在哪一份報紙上，才可觸及你的鄰里街坊？」

「我是否應該一大清早開門營業，或是一直營業到晚上，方便朝九晚五的上班族前來？」

「我的診所名稱應該叫做『西區整脊所』或『依格納休斯．皮亞札的整脊所』？」

最後他問：「我的診所開業後，你是否樂意收到邀請函？」如果對方說「好」，他就寫下對方的姓名和地址，然後繼續找下一個，日復一日，月復一月。到了成功開業時，他已經敲過一萬兩千五百扇以上的門，並且與六千五百多人對談，很多人都跟他說「不」，許多人不出聲應門，他甚至曾被困在門廊裡，被一隻比特犬逼到角落，長達一整個下午。不過在他剛開始執業的第一個月裡，他也收到足夠的「好」，為兩百三十三個新患者看診，破紀錄賺到七萬兩千美元收入，而這個地區曾被認為「不再需要其他脊椎指壓治療師」！

切記，為了取得你想要的事，你必須不停詢問、提問、要求，然後重複說「下一個」，直到你獲得自己企盼的「好」為止。不論現在、過去或將來，「提問、要求」只是一場機率問題。別認為它是針對你個人而來，這僅是一場配對過程，直到配對成功為止。

## 頂尖人士都被拒絕過

「在我看來，這個女孩似乎沒有特別的見解或感受，無法『引人好奇』。」

——來自《安妮日記》（*The Diary of Anne Frank*）某張退稿信便條

能成為頂尖好手的人，都曾被拒絕過。你只須明白，「拒絕」不是針對你個人。看看以下例子：

- 知名模特兒安吉．艾佛哈特（Angie Everhart）十六歲就展開模特兒生涯。模特兒經紀公司負責人艾琳．福特（Eileen Ford）曾說她絕對無法成為模特兒，理由是「沒人喜歡紅頭髮」，後來艾佛哈特成為法國著名時尚雜誌《魅力》（*Glamour*）史上第一位紅髮封面女郎，她的模特兒生涯精采無比，還曾出演二十七部電影和無數電視節目。
- 小說家史蒂芬．金差點犯下價值數百萬美元的錯誤。他把《魔女嘉莉》的原稿丟進垃圾桶，因為他厭倦了遭拒三十次，別人告訴他：「我們對科幻小說沒有興趣，因為內容是在談論反烏托邦，這些賣不出去。」幸好他的妻子從垃圾桶撈出原稿，最後《魔女嘉莉》由另一家出版商付印上市，銷量高達四百多萬本，還被改編為賣座電影。
- 一九九八年，谷歌（Google）共同創辦人謝爾蓋．布林（Sergey Brin）和賴利．佩吉（Larry Page）前往雅虎公司（Yahoo!），提議公司合併。雅虎公司原本可用少許股票拿下這間公司，卻反而建議這些年輕人，繼續從事自己幼稚的專案，等到長大後再回頭找他們。短短五年內，谷歌市值便達兩百億美元。*

- 就連全球暢銷小說《哈利波特》（*Harry Potter*）第一集《哈利波特：神祕的魔法石》（*Harry Potter and the Philosopher's Stone*）也曾遭到十二家出版商拒絕，然後才找到伯樂。由於作者J．K．羅琳（J. K. Rowling）從不放棄，現在她已成為英國富豪之一，身價曾高達將近十億美元。
- 史蒂芬．史匹柏申請就讀頗富盛名的南加州大學電影藝術學院（USC film school），卻被拒絕兩次。他最後就讀長灘市的加利福尼亞州立大學（California State University），他後來繼續製作並執導賣座電影，紅極一時，電影包含：《E．T．外星人》（*E.T.*）、《林肯》（*Lincoln*）、《搶救雷恩大兵》（*Saving Private Ryan*）、《侏羅紀公園》（*Jurassic Park*）、《大白鯊》（*Jaws*）、《紫色姐妹花》（*The Color Purple*）、《法櫃奇兵》（*Raiders of the Lost Ark*）等。史匹柏的身價來到三十億美元，二十七年後，史匹柏名聲顯赫，南加州大學電影藝術學院頒發榮譽博士學位給他，兩年後，他成為那間大學的理事會受託人。

---

*二〇二二年十月，谷歌總市值估計為一．二五兆美元。

## 不被命運打倒，逆轉人生

在蘇珊・馬貝特（Susan Mabet）的人生裡，她有過兩次逆轉，全都歸功於陌生人的慷慨義舉。第一次發生在她出生後幾天，她的生母遺棄了她，但並未把她丟在草原等死，而是把她遺棄在擁擠的市場，知道有人會發現她，讓她擁有一線生機。一個名叫莫妮卡（Monica）的女人發現了蘇珊。莫妮卡身無分文，而且已經有八個小孩嗷嗷待哺，卻無法不理會嚎啕大哭的蘇珊，她抱起蘇珊，善加照顧，有好幾週的時間，她把蘇珊帶回市場，希望能找到蘇珊生母，最後她明白應該是找不到了。儘管莫妮卡一貧如洗，卻努力設法養大蘇珊到九歲。

莫妮卡對蘇珊有養育之恩，挽救了蘇珊的人生，給她希望，讓她能長成自己想要的樣子。在肯亞馬賽馬拉（Maasai Mara）地區，大多數女孩尚未成年時，就會被迫嫁給年長男性，即使稚嫩身體無力承受生產的壓力，她們還是會在年紀尚輕時懷孕，許多女孩甚至難產死亡。

對這些女孩來說，她們沒有時間學習，她們每天走上好幾個小時，就只為了取回汙穢不堪的水，帶回家使用；回到家裡，還有成堆家事等著她們。在肯亞，僅有極小部分的女孩足夠幸運，可以接受教育，幾乎鮮少有女孩能夠逃脫這個厄運。

所以打從孩提時期開始，蘇珊就知道，接受教育是她唯一能擺脫宿命的機會。基薩魯尼中學（Kisaruni Second ary School）是她僅有的希望，這是第一間位於村莊附近的女童寄宿學校，也是唯一的一間。

這所新學校是由辛西亞．克西（Cynthia Kerse）創辦的「勢不可擋基金會」（Unstoppable Foundation）出資興建，當時是第一年開辦，該校宣稱僅能容納四十名來自全區的女學生。蘇珊在小學時期非常用功，獲得全班第一名，她很有自信，也滿懷希望，認為自己將被錄取，她申請就讀基薩魯尼中學，焦急等待回應。在小學的最後一天，她心跳加速，因為她知道這一天將左右她的未來，當老師說她沒被基薩魯尼中學錄取，她感覺猶如被宣判死刑。

那一年，就在基薩魯尼中學即將開學的前一晚，年幼的蘇珊清醒坐著，無法入睡，想著其他四十個女孩可能興奮得躺在床上難以入眠，期盼開學第一天的到來，她們可能正在準備黑紅相間的學校制服，期待認識新朋友，可是她卻被判死刑，將在自己村莊終生貧困度日。

不過，蘇珊不願意輕易放棄夢想，隔天早上，她起身出發前往基薩魯尼中學，長途跋涉好幾公里的泥濘小路，就在她靠近學校時，她能看見那四十位幸運女孩，她們穿著嶄新制服，歡笑嬉鬧。

蘇珊抵達學校，每個人都轉過頭來看著她，校長朝她走來，問她為何在這裡，蘇珊嚇壞了，但是仍勇敢說出她被這間學校拒絕，不過她要求親耳聽到這件事，因為她不敢置信。校長溫柔向她解釋，學校空間僅能容納四十個女孩，只有四十張床、四十套桌椅，很遺憾的是，蘇珊正好是第四十一名女孩。

她努力裝作很勇敢，但是淚水不由自主從她布滿灰塵的臉頰滑落，她覺得自己沒辦法走回家。等她終於恢復力氣，打算回去了，這四十個女孩開始圍著她。某個女孩大喊：「拜託，別讓她走。我們可以併床睡。」另一個女孩懇求：「我可以跟她共用書桌。」還有一個女孩大叫：「我可以跟她共用書本。拜託別讓她走。」這些女孩包圍著她，就像保護圈一樣，不准她離去。她目瞪口呆。

那些女孩當天的慷慨義舉為蘇珊敞開大門，蘇珊得以在那年就讀該校。但是除了該校資助者「勢不可擋基金會」的寬宏大量，還有一位慷慨解囊的贊助者，聽聞了這位女孩居然拒絕相信自己無法上學，跑到學校的勇敢事蹟，於是為她支付學費，盡其所能讓她留在學校，使她成為基薩魯尼中學第四十一位女學生。

看了蘇珊堅持不懈的故事，但願大家面臨拒絕時，能受到鼓舞，絕不自我放棄，相信自己一定會成功，全力以赴，絕對不要放棄。

# 19 善用意見回饋，擴展優勢

「冠軍人士把意見回饋當成家常便飯。」

——肯尼斯．布蘭查德與史賓賽．強森（Spencer Johnson）

一旦開始採取行動，就會收到回饋，了解自己是否正在做正確的事。你會收到資料、忠告、幫忙、建議、指示，甚至是批評，幫你持續不斷調整，往前邁進，同時還能繼續提升你的知識、能力、態度和人際關係，不過要求收到回饋僅是開始，一旦收到回饋，務必樂於回應。

## 負面回饋是一種契機

你可能會遇到兩種回饋：正面和負面的。我們偏好正面回饋，也就是成果、金錢、稱讚、加薪、升遷、顧客滿意、獎項、幸福、內心平靜、親密感、愉悅。這讓我們感覺更好，告訴我們處於正軌，進行正確的事。

我們較不喜歡負面回饋，例如：缺乏成效、金錢短缺、指責、負評、不被加薪或升遷、抱怨、不快樂、內在衝突、孤單寂寞、痛苦。然而，負面回饋其實就跟正面回饋一樣，也有很多實用資訊，負面回饋告訴我們脫離正軌了、前進方向錯誤、事情做得不對，這些也是寶貴資訊。

事實上，負面回饋非常寶貴，你必須改變你對負面回饋的感受。我寧可**把負面回饋當作一種「改善契機」**，**世界正在告訴我**，**我哪裡需要改進及如何改善**。我可以變得更好，我可以矯正我的行為，更接近我的目標，例如：更多財富、更多銷量、升遷、更佳的人際關係、更好的成績，或是在運動場上表現更好。

為了更快達成目標，你必須歡迎、接納、欣然接受全部回饋。

## 持續修正，也會抵達終點

有很多方式可以回應這些回饋。有些可以奏效，帶你更接近你的目標；有些則不管用，會把你困住或使你更加偏離自己的目標。

我開辦「成功準則」培訓課程，特別闡明這一點。我要求一位觀眾擔任自願者，遠遠站在室內另一端，這位自願者代表我想達成的目標，我的任務就是要走過去，到達他的站立之處，如果我走到了他所站位置，就代表已成功達成我的目標。

我吩咐這名自願者，請他假裝自己是持續不斷提出回饋的機器。我每踏出一步，他都會給予我回饋，如果我正確的朝他走去，他會說：「處於正軌」；如果我走錯路，就算只是稍微偏往兩側，他會說：「偏離正軌」。

接著，我開始緩步走向這名自願者。每次我朝他踏出一步，這位自願者會說：「處於正軌」。每隔幾步，我會稍微改變行進方向，這位自願者會說：「偏離正軌」，我立刻矯正我的方向。每隔幾步，我就再次偏離方向，然後再度矯正，以回應對方的「偏離正軌」意見回饋。幾番曲折後，我終於達到我的目標，也給對方一個大大的擁抱，感謝他擔任自願者。

我問觀眾，到底自願者較常說「處於正軌」還是「偏離正軌」？觀眾回答「偏離正軌」。有趣的部分來了，我偏離正軌的次數比我處於正軌的次數還多，而我終究到達目的地了，僅須持續採取行動，不斷根據回饋做出調整即可。同樣道理也適用於人生，我們要做的就只是開始採取行動，然後針對回饋做出反應，如果我們做得夠勤奮，時間夠久，終究能夠達成目標，實現夢想。

# 三種無效的回應方式

雖然回饋的因應方式有很多種，有些因應方式就是不管用：

## 屈服和放棄

正如我在上述所說的研討會練習，我會反覆進行這個過程，走向我的目標；不過，假設在這一回裡，我故意偏離正軌，而我的自願者不斷重覆說著「偏離正軌」，我崩潰大哭「我再也受不了。人生真難。我無法忍受所有這些負評，我放棄了！」

有多少次，在收到負面意見回饋時，你或某個你認識的人就只是屈服讓步了？這樣只會把自己困在原地。

**只要記得意見回饋僅是一種資訊，那麼收到回饋時，就不會輕易屈服了。與其認為它是批評，倒不如把它想成是矯正指南**，想像飛機上的自動駕駛系統，這個系統持續告訴飛機，是否飛得太高、太低、太偏往右側、太偏往左側，飛機僅是不斷矯正，以因應它所收到的這些意見回饋。由於持續不斷湧現這些嚴厲批評的意見回饋，飛機才不會無緣無故突然行為反常或崩潰。**別再認為意見回饋是針對你個人而來，這只不過是一種資訊，目的是要幫你進行**

調整，全面加快達成你的目標。

## 對於回饋來源暴怒

再一次，我會開始走向房間的另一端，同時故意偏離行進路線，促使自願者反覆說出「偏離正軌」。這次，我把一隻手放在臀部，抬起下巴，手指往前比，接著吼叫：「可惡！你只會批評我！你這麼負面！你怎麼不說其他正面的事？」

想想看，有多少次，某人給你意見回饋，實際上真的很有用，而你卻憤怒回應，充滿敵意？這樣只會把對方和意見回饋推得更遠。

## 忽視意見回饋

我第三次演示給大家看，我用手摀住雙耳，決心路線走偏。自願者可能說：「偏離正軌，偏離正軌了！」可是我聽不進去，因為我的手指摀住耳朵了。

不聽取意見回饋或加以忽視，是另一種無效的因應方式。我們都知道，人們對於他人觀點置之不理，只相信自己的觀點，別人怎麼想，他們根本不感興趣也不想聽，可悲的是，意見回饋原本可以大力扭轉他們的人生，就算他們只是傾聽與回應而已。

由前文可知，每當有人給你意見回饋，可能有三種反應不管用：大哭、崩潰、屈服、放棄；對於意見回饋來源暴怒；忽視意見回饋。

崩潰大哭根本起不了作用，或許可以暫時釋放你內心堆積已久的情緒，卻會逼你放棄。當你渾身無法動彈，崩潰大哭，負評可能停止，但如此一來便無法得到所需資訊來達成目標。假如你脫離競技場，又怎能贏得這場人生賽局呢？

對提出回饋的人發脾氣，也同樣無效！只會讓提出意見的人反過來攻擊你，或是一走了之。這有什麼好處？或許你暫時得到緩解，卻無益於讓你更加成功。

在我的進階培訓課程和輔導員培訓計畫裡，當每個人彼此熟絡了，我會請全體組員站起來，四處轉轉，盡可能詢問其他人下列問題：「你覺得我有哪些自我設限之處？」進行這個活動三十分鐘後，大家坐下來，記錄自己聽到的事情。你可能會想「聽這些話三十分鐘，太難了吧？」不過這些意見回饋如此寶貴，能有機會覺察自己局限的信念和行為，然後以更有效的信念和行為來替代，大家其實都很感激。每個人接著開發出一套行動計畫，超越自己的局限。

切記，意見回饋僅是資訊，不必認為那是針對你個人而來，僅須歡迎它，善加利用即可。要說：「感謝你的寶貴意見，感謝你這麼愛護我，願意撥出時間告訴我你的看法和感受。萬分感激。」這樣的反應最為明智，富有成效。

## 主動尋求回饋，心存感激

多數人都不太會主動給你意見回饋，一想到可能必須與你衝突對峙，他們也跟你一樣覺得很不舒服，他們不想傷害你的感受，害怕看到你的反應，不想冒險遭到你的反對，所以請誠實面對，敞開心胸接受意見回饋，務必要求回饋，也要讓對方覺得安心，能放心提出意見回饋。常言道「兩軍交戰，不斬來使」，千萬別與對方爭論，只要說「謝謝」即可。

針對你的家人、朋友和同事，請提出這個強而有力的問題：「你覺得我有哪些自我設限之處？」你可能認為答案很難聽，不過多數人會發現，這些資訊非常寶貴，所以非常感激別人對他們說的話。以這項新的意見回饋強化武裝，你就能製作一份行動計畫，利用更有效果的信念和行為，取代你局限的信念和行為。

多數人害怕糾正式的意見回饋，因為畏懼自己即將聽到的事，不過知道事實真相，總比不知道來得好，一旦你知道了，你就能做些事情來彌補，若無意見回饋，你無法修復自己的不足之處，無力改善自己人生、人際關係或績效表現。

如果你不要求回饋，你就是唯一不知道這項祕密的人，其他人只要對你心懷不滿，就不會告訴你，而是告訴自己的配偶、朋友、父母、企業夥伴和其他潛在客戶。原本應該跟你說才對，卻不願意說出來，因為害怕你的反應，因此你被剝奪了你最迫切需要的事，而這些卻能用來改善你的人際關係、產品、服務、教學、管理方法或親子教養方式。你必須做兩件事，方可補救：

1. **積極主動，徵求意見回饋**：詢問你的夥伴、朋友、同事、主管、員工、客戶、父母、老師、學生、教練。
2. **感激這些意見回饋**：千萬不要滿懷戒心，只須說「感謝你這麼愛護我，與我分享此事！」切記，意見回饋是一份禮物，幫助你變得更有效能，要心懷感激。

不要有鴕鳥心態，而是要不斷提問。然後請自我檢核，看看哪些建議適合你，再把實用回饋納入行動。不論如何，皆要採取行動改善情況，包括改變你自身行為。

## 你給自己幾分？要如何達到滿分？

一九八〇年代，有一位大富豪企業家教會我一件事，讓我的生活得以徹底改善。如果你僅能從閱讀本書學會一件事，那就是在你的個人生活和事業中，持續不斷運用這項問題，你所投入的時間金錢都會值回票價。這個魔法問題到底是什麼？它可以改善你所有的人際關係、你生產的每個產品、你傳遞的每項服務、你執行的每次會議、你教學的每堂課、你締約的每項交易。

這個問題就是：**「以一到十分的等級來評比，最近一週（或兩週／月／季／學期）以來的關係品質（服務／產品），你給幾分？」**

同樣的問題可以改成下列形式，我多年來已經善加利用：

以一到十分的等級來評比，對於我們剛才召開的會議，你給幾分？我當經理是幾分？當父母又是幾分？當老師是幾分？這堂課是幾分？這一餐是幾分？我的烹飪技術是幾分？我們的親密關係是幾分？這項交易幾分？這本書幾分？

若有任何答案少於十分，就問「**要怎樣做，才可達到十分？**」

這裡正是寶貴資訊的來源。僅是知道某人不滿，尚嫌不足，詳細了解怎麼滿足，你才有所需資訊，用來做必要的事，創造出致勝的產品、服務或關係。

在結束每項專案、會議、課堂、訓練、諮詢、裝設、協商之後，養成習慣，提出這兩個問題。

## 把「如何改善」變成每週儀式

每週日晚上，我都會問妻子這兩樣相同問題。對話通常如下：

「對於我們這一週以來的關係品質，你給幾分？」

「八分。」

「要怎樣才可達到十分？」

「一週至少四天晚上，與我同時就寢睡覺；準時來吃晚餐，或是通知我你晚一點到，我痛恨枯坐乾等、胡思亂想；請讓我說完笑話，不要因為你自認可以講得更好，就插嘴接話；把你該洗的髒衣服放進洗衣籃，不要成堆丟在地板上。」

每週五下午，我也會對助理提出相同問題。某個週五，我得到以下回饋：

「六分。」

「怎樣才可達到十分？」

「這週我們原本要開會，仔細察看我的季度回顧，可是卻被其他事情耽擱了。我因此覺得自己微不足道，你並沒有像看重其他人那樣在乎我。還有，我覺得你不夠善加利用我的才能。除了簡單的事，你不會委派任何事給我，我想被賦予更多責任，希望你託付重要事情，更加信任我。我需要更多挑戰，這個工作越來越乏味無趣，我想要更大的挑戰。」

這有點直接，不過確實如此，而且也導致兩種絕妙結果。我得以授權更多「重要任務」給她，我不再忙得不可開交，反而有更多閒暇時間，我的助理也因此更快樂，她有能力為我工作，讓公司更好。

## 提出問題，有效改善

漢森與我決定完成《心靈雞湯：美洲的非洲後裔》（*Chicken Soup for the African American Soul*）的故事內容。我要求麗莎．尼可斯（Lisa Nichols）與我們合著這本書。麗莎是「激勵青少年心靈」（Motivating the Teen Spirit）公司的創辦人，她透過這間公司，開始讓青少年找回力量，愛上自己。最近幾年來，她已經拓展自己的使命，遍及所有年齡層的人，因為她相信，我們全都值得愛上每天早晨鏡中的自己。麗莎後來接著擔任《祕密》

影片裡的角色，並且撰寫數本書，包括《無論如何》（*No Matter What*）與《精神不撓》（*Unbreakable Spirit*）。

麗莎與我一起合作進行兩本不同書籍，過程中我們成為好友。她告訴我，她從我這學到不少，最棒的就是「一到十分評比」問題。第一次聽到這項技巧後，她立即開始用在她兒子朱力安尼（Jelani）身上。當年她兒子才十一歲。由於工作緣故，她與兒子分隔兩地，對此相當愧咎。她第一次要他評分彼此關係，朱力安尼給了七分。她想著「不算差，但肯定可以更好」。她深呼吸，然後問：「怎樣才可達到十分？」

他說：「我想更常看到你，想跟你一起到處旅行。」

她馬上謹記在心，承諾找出方法，實現他的要求。首先，她為兒子報名註冊一間私立學校，但有附帶條件，在朱力安尼陪著她到處差旅的期間，他能夠進行遠距線上學習。學校管理人員說：「我們以前從未做過這樣的事。」麗莎告訴他們：「我們要共同創造新的可能了！實在令人期待！」

校方同意試試看。接下來兩年，只要朱力安尼想跟著她，就可以與她到處遊歷。她會向他出示接下來六個月預定的行事曆，由他選擇自己想去的地方。最後他說：「媽咪，我已經準備好待在家裡了。」針對彼此關係，他們已經有效改善了。

朱力安尼十七歲時，他們一起在家看電影，她向他詢問這個一到十分的意見回饋問題。

他說：「拜託，還要再回答一次？」

她再次提問。

他說：「我會給九分。」

她問他：「怎樣才能讓九分變成十分？」

他坐在那裡，想了又想。最後他說：「我想不出任何事了。可是如果給十分，一切太過完美，看起來相當奇怪。」

她說：「好吧，如果不夠完美，要怎樣才會達到十分？」

朱力安尼說：「我能想到的就是坐在沙發上，跟你一起看電影，雙腳靠在一起，還有跟你一起煮飯。我們現在全都做到了，不過若是要給十分，感覺還是有點奇怪！」

當下那一刻，她內心洋溢著母愛。她跟我說：「站過多少講台、演說對象有幾百萬人次、創造多少財富，我全都不在乎。對我來說，我與兒子之間關係才是最重要的事。親情無價，你給了我一項好工具，用來督導我兒子的需求、渴望、每次有何進展、每次有何退步。我對此萬分感激。」

## 看到問題才能變得更好

經典親子教養書《家庭如何塑造人》（*Peoplemaking*）作者維琴尼亞・薩提爾（Virginia Satir），堪稱有史以來最成功出名的家庭治療師。

在她漫長顯赫的生涯裡，她受雇於密西根州政府社會服務部。針對如何改造重組社會服務部，她有一份提案，能為委託人提供更好的服務，六十天後，她向這個部門提出一份長達一百五十頁的報告，部門人員說這是他們見過最精闢的報告，大力讚美：「這太棒了！你如何想出這些主意？」

她回答：「我只不過前往拜訪你們所有社工，然後問他們，這個體制哪裡有待加強。」

## 傾聽意見回饋

「人類有左腳和右腳，左腳先犯了錯，然後換右腳犯錯，再換左腳犯錯，無限循環。」

——巴克敏斯特・富勒（Buckminster Fuller），工程師、發明家、哲學家不論是否主動要求回饋，意見回饋都會以各種形式來到我們身邊。可能來自某位同事口頭意見，或是來自政府的某份公文，也可能是銀行拒絕你貸款，或者是由於你採取特定步驟，某個特殊機運降臨到你身上。

不管是什麼，務必傾聽意見回饋，這很重要。僅須邁出一步，然後傾聽，邁出另一步，再度傾聽。如果聽到「偏離正軌」，請轉換方向，往你相信可能處於正軌的路線前進，然後傾聽。向外傾聽其他人的意見，但也要往內傾聽你自己的身體、感受和直覺。

你的心智和身體是否在說：「我很快樂、我喜歡這個、這對我是合適工作。」或是「我筋疲力盡、情緒低落；我沒有想像中那麼喜歡這件事；我對那傢伙沒有好感。」

不論得到什麼回饋，千萬別忽略「黃色警戒」。絕對不要違反你的內心感覺。只要覺得不對，就有可能真的不對。

## 不是所有回饋都是正確的

不是所有的意見回饋都很實用或正確，務必考量回饋來源。有些提出評語的人心靈扭曲，因此意見回饋內容也是汙穢不堪，例如你先生喝醉酒跟你說：「你實在很糟糕！」這就不是正確或實用的意見回饋。請正視事實，你先生喝醉酒暴怒，這反而才是你真正該聽的意見回饋。

## 正視一再出現的意見回饋

此外，也應該找出你所收到的意見回饋模式。我朋友傑克．羅森布隆（Jack Rosenblum）喜歡說：「如果有人說你是馬，他們瘋了；如果有三個人說你是馬，可能有陰謀進行中；如果有十個人說你是馬，是該買馬鞍的時候了。」

重點是，如果有好幾個人跟你說同樣的事，說不定其中藏有真相。為何要抗拒呢？你可能立場正確，不過問題是你必須自問：「我寧可堅守立場或是達到成功？」

我有個朋友，他寧可立場正確，而非幸福成功。只要有人試圖向他提出意見回饋，他就會暴怒：「別那樣跟我說話。」「別告訴我該怎麼經營企業。這是我的事業，我要用自己想要的方式來經營。」「我才不管你想什麼。」他是那種「順我者昌逆我者亡」的人，他對別人意見或回饋絲毫不感興趣。長此以往，他疏遠了妻子、兩個女兒、他的客戶和全部員工。到頭來，他離婚兩次，子女不願跟他說話，事業兩度破產，不過他依然堅持自己是對的。大家千萬別掉入同樣陷阱，這可是個死胡同。

從家人、朋友、同事、主管、夥伴、客戶、廠商、你的身體，你已經收到哪些意見回饋，告訴你需要更加注意？是否有任何回饋特別顯眼？列出清單，在每個項目旁邊，寫下你能採取的行動步驟，以便返回正軌。

## 從失敗中重新振作

若所有指標都說你失敗了，你仍可以做些事，妥善回應，繼續保持前進：

1. 承認你當下已經盡力覺察、取得知識和技能。
2. 慶幸自己倖存下來，而你絕對能夠應付任何結果。
3. 你從這項人生經驗學到什麼？在你的電腦或日誌裡，寫下所有洞察和教訓，命名為「洞見與教訓」，經常閱讀。邀請他人參與，像是家人、員工、委託人、團隊等，一起寫下自己學到的事，然後列出一份清單，標題是「下次做得更好的方法」。
4. 務必感謝每個人的意見回饋和深刻見解。如果提出意見回饋時，對方充滿敵意，切記他們是在表達某種程度的恐懼，並非在說你無能或不討人喜愛，只須收下意見回饋，運用適當方法瞄準未來、拋卻過往。

5. 面對這次經驗，有必要妥善釐清、處理，包括應該的道歉或悔恨。千萬別隱匿失敗。

6. 花點時間，回溯你的成就。重要的是，提醒自己，你成功的次數比失敗次數還多，你做過的正確事情比錯誤事情還多。

7. 重新組合小團體。花點時間與積極正面又充滿愛的親友同事相處，他們可以再次肯定你的價值和貢獻。

8. 把焦點轉移到你的願景上。汲取教訓，重新致力於你的原始計畫，或是制定新的行動計畫，然後開始進行，繼續往前邁進，實現你的夢想。一路上，你可能犯下不少錯誤。僅須從挫折中重新崛起，跳回你的馬上，繼續奔馳。

**圖表 1-15　了解自己的狀況及如何改進**

# 20 持續改善，永無止境

「我們天生渴望永無止盡的學習、成長與發展。我們想要超越現在的自己。一旦臣服這種傾向，持續不斷且永無止境的改進，我們終生就有無窮無盡的成就，心滿意足。」

——恰克．加羅斯（Chuck Gallozzi），《三個小偷和四個幸福支柱》（*The 3 Thieves and 4 Pillars of Happiness*）作者

日文有「kaizen」（持續改善）一詞，表達「持續不斷且永無止境的改進」。這一詞不但是現代日本企業的經營哲學，也是相傳已久的武士精神，還成為數百萬名成功人士的冥想口號。

不論是在商業、體育或藝術等方面，成就出眾的人全都致力於持續改善。如果你想要更成功，你必須學會自問：「我怎樣才可把這件事做得更好？如何更有效率去做？怎樣做才有

更多獲利？如何為顧客提供更佳服務？如何為更多人提供更多價值？如何以更大的熱忱，去做這件事？」

## 跟上世界快速變化的步調

身處現今世界，有必要持續做出改善，方可跟上快速的步調。每月幾乎都有新科技發表，新的製造技術也層出不窮。每當新的時尚出現、新的用詞廣為流傳，我們的知識、健康和能力也會不斷進步。

為了生存，改善是必要的。但若要成長茁壯，正如成功人士的做法，我們有必要採取更有效的改善方式。

## 從簡單開始，日益增進

每當你著手改進自己的技能、改變自己的行為、改善家庭生活或事業，一開始要從較易處理的小事來進行，你才有更大機會得到長期成功。一下子做的太多太快，只會讓你壓力大到喘不過氣，其他人可能也會受影響，還可能讓一切努力付諸流水，從而強化了「難以成功」（或是「不可能做到」）的信念。如果是先以小步驟進行，就能輕鬆熟練，強化「你能輕易改善」的信念。

## 釐清想改善什麼

職場上，你的目標可能是要為公司改進產品或服務的品質、客戶服務企劃、網路行銷或廣告宣傳；在專業上，你可能想要改進自己的電腦技能、銷售技巧或協商技巧；在家裡，你可能想要改善親子教養技巧、溝通技巧或烹飪技術；你也可以把焦點放在改善你的健康和體態、投資理財知識，或是你的音樂能力；或許你也能透過冥想、瑜伽、祈禱等方式，擴展內心平靜。不論你的目標是什麼，要釐清你想改善何處，以及你需要採行什麼步驟，達到成效。

想學習新技能？或許可以去上當地社區大學相關課程。若是要改善社區服務，或許可以找出方法，每週多花一小時擔任志工。

為了讓自己把焦點放在「持續不斷且永無止境的改進」，每天都要自問：「我今天能夠如何改善？我怎樣才可比以前更好？我能去哪裡學習或發展新技能？」如果去做，就能不斷精進自己，功成名就。

## 成功並非一蹴可幾

「人無精進，不再優秀。」

——奧立佛．克倫威爾（Oliver Cromwell），英國政治家、軍人

就現實面來說，重大改善需要時間，不會一夕發生，不過由於現今有許多產品和服務承諾能一夜之間達到完善，我們期待及時滿足，一旦情況不是這樣，就會心灰意冷。然而，如果你承諾自己，每天學會新事物，每天進步一點點，那麼到了最後，隨著時間過去，你就能達成目標。

要成為大師，須花費時間，務必不斷練習，熟能生巧！必須持續經歷千錘百鍊，才可磨亮自己的技能，要花費多年時間，才可拓展經驗的深度與廣度，產生專門技能、深刻洞察力

和智慧。**你讀過的每本書、上過的每堂課、擁有的每項經驗，都是一塊基石，構築了你的職涯和人生。**

若有大好機會出現，千萬別因尚未準備就緒而白白錯失，務必確保你已做足功課，磨練技藝。演員通常必須做出許多準備，參加表演課程、社區劇場、外百老匯戲劇演出、在電影和電視擔任小角色、上更多的表演課程、聲音課程、口音訓練、舞蹈課程、武術訓練、學習騎馬、擔任更多小角色等，直到有一天，他們準備就緒，擔綱演出自己心心念念的要角。

成功的籃球選手學會用另一隻手射籃，改進自己的投籃技巧，努力提高三分射籃率；藝術家以不同媒材進行實驗；飛機駕駛使用飛行模擬器，接受訓練，因應各式各樣的緊急狀況；醫生返校學習新的手術方式，取得進階證書。他們全都忙著持續不斷且永無止境的改善、精進。

要在各方面專心致志，一天比一天進步，如此一來，你會欣喜感受到自尊心和自信心日益增強，全都是由於自我改善的關係。終極成功也勢必隨之而來。

「除非你改變每日例行事務的做法，否則絕對無法改變人生。從你的日常例行事務即可找到成功祕訣。」

——約翰，麥斯威爾（John Maxwell），領導力專家，著作超過五十本

## 微小進步的力量

傑夫・奧爾森（Jeff Olson）寫了一本《微小進步》（*The Slight Edge*），內容提到，僅是多做一點點或是少做一點點，隨著時間過去，複利效應很可觀。不管是每天多做伏地挺身二十下、多冥想二十分鐘、多做有氧運動二十分鐘、多閱讀二十頁、多睡一小時、補充營養劑；或是每天少看電視一小時、少喝一杯酒、少喝一杯四美元的拿鐵咖啡、上網時間減少一小時，隨著時間推移，這些細微的改變可以造就巨大的成果。

想想這些驚人的事實。每一年每一天，在午餐時段或是下午茶休息時間，如果你喝一杯開水來代替含糖汽水，到頭來，你喝了將近四十加侖的開水，不但避免攝取大約五萬卡路里的無用熱量（假定你一天吃進兩千兩百卡路里熱量，這等於你齋戒了二十二天之久），還可省下大約五百美元的開銷。

如果你每天縮減一小時的看電視時間，一年就多出三百六十五小時，以每天工作時數來看，宛如每年增添額外兩個月頗富生產力的時間。十二年後，即等於擁有多餘的兩年專注時間。不論你是利用這段時間專心寫書、練習樂器、改善體育表現、學習新語言、打更多銷售電話、在網路上行銷、閱讀、鍛鍊身體、瑜伽運動、冥想或加強你的人際關係，全都由你決定。不過請想像一下，隨著時間過去，將會產生多少差異。

# 21 以計分方式保持成功

「務必思考你想要什麼進展。」

——查爾斯．庫然特（Charles Coonradt），
「工作賽局機構」（The Game of Work）的創辦人

還記得你小時候，每隔幾個月，爸爸或媽媽就會在廚房門邊的牆壁上，測量你的身高，並且保持追蹤，這樣你就能清楚知道，當前位置與未來目標間的距離，通常你的未來目標可能是要跟你父母一樣高，這樣你就能知道自己是否有長高，鼓勵自己吃對食物、多喝鮮奶，才可成長茁壯。

成功人士也持續進行類似的測量。振奮人心的進展、正面積極的行為、財務獲利等，每當想要更多進展，他們全都記下分數。

查爾斯·庫然特（Charles Coonradt）的《工作的賽局》（*The Game of Work*）＊開闢新

徑，曾說這種記分方式刺激我們創造更多正面結果，而我們會繼續保持追蹤。如此一來，就能強化行為，創造成果。

想想看，你總是想改善自己的分數，若有五件事最能推展你的個人目標和專業目標，而你持續記錄分數，想像一下，每當看見改善後的數字對你有利，這有多麼激勵人心！

## 計算你想要的事

從小我們就學會計數有價值的事物。我們計算跳繩幾下、撿起多少個沙包、蒐集了多少顆彈珠、在小聯盟有幾次安打、賣出了幾盒餅乾。棒球的平均打擊率說明了擊中次數，而非我們沒有擊中的次數，多數時候，我們維持優良事物的積分，因為這才是我們想要從中獲得更多的事。

美國知名顧問麥克．瓦許（Mike Walsh）想要提高利潤，他開始不僅追蹤公司招收到的入會人數，還追蹤員工進行的陌生電訪次數、他們設定的面對面預約訪談次數，以及這些預

＊也可以看查爾斯．庫然特的《為成功保持計分》（*Scorekeeping for Success*）、《管理顯見》（*Managing the Obvious*）。

約訪談有多少變成真正入會。由於這類的追蹤，光是在六個月內，麥可就看到收益大增三九％。

## 建立標竿的關鍵驅動因素

一旦你開始想從事業獲益更多，可以著手開發「標竿」（benchmark），藉此提振年度收益、利潤和市占率。在各行各業裡，皆有一份目標達成清單，寫出何時觸及、超越、改善，將會持續促進年度收益，並且增加利潤。這些項目稱為「關鍵驅動因素」（critical driver）。

舉個例子，假設你身處保險業或銀行業，你的關鍵驅動因素可能是，客戶交叉銷售量或貸款發放額；至於培訓公司，重要的關鍵驅動因素可能是有多少人次主動聽取你的免費報告。不論你的關鍵驅動因素是什麼，重點在於：鼓舞激勵你的團隊，給予賦權，以便持續辨識、追蹤、評量、符合這些標竿，甚至每週都要負起責任，達到這些關鍵驅動因素。

一旦你達到維持分數的程度，即可看到事業急劇進步。

## 追蹤做對了哪些事，更能進步

泰勒・威廉斯（Tyler Williams）的父親瑞克・威廉斯（Rick Williams）是《管理明顯事務》（*Managing the Obvious*）的共同作者。泰勒當年參加中學籃球聯盟，他父親決定反其道而行，不採用一般強調哪裡做錯，而是製作一張「家長記分卡」，持續追蹤泰勒做對了哪些事。

他的兒子能為團隊成就做出七大貢獻，也就是控球、籃板球、助攻、封阻等，他全部加以追蹤。每當泰勒做出其中一項正面貢獻，他就獎賞泰勒一分，儘管教練持有的統計數字主要注重在控球和籃板球，也就是中學籃球所用的兩大傳統測量形式，但是只要泰勒在比賽裡實現每一件正面事情，泰勒父親的記分卡幾乎都會獎賞分數。

在比賽暫停時間，泰勒就會蹦蹦跳跳走過來，查看他的貢獻積分。比賽後返回家，泰勒會衝進房裡，牆上有一張圖表，標示他的進展。泰勒自己做了一張簡單圖解，他能看出自己哪裡正在改善，隨著時間推移，他圖表上的線條穩定上升，他的教練或父親不須嚴厲斥責，泰勒就已經成為更厲害的籃球員，除此之外，也能享受其中過程。

## 在生活中活用「記分法」

當然，記分法不僅適用於商業、體育、學校，也可套用於個人生活。在二〇〇〇年五月這一期的《高成長公司》（*Fast Company*）雜誌裡，昇陽電腦（Sun Microsystems）公司創始執行長維諾德・柯斯拉（Vinod Khosla）曾說：

很高興知道如何精進自我，更重要的是，確保自己實際去做。我追蹤自己有多少次及時回到家，與家人共進晚餐；我的助理每月向我匯報財務狀況。我有四名子女，年齡從七歲到十一歲，花時間陪伴他們，是我保持前進的動力。

一間公司會衡量優先順序，關於自己的優先順序也需要訂定指標。我每週工作大約五十小時，加班到一百小時也不成問題，所以每天工作結束後，我總是要確保能夠及時到家，與孩子一起吃飯。然後我教他們寫作業，與他們一起玩遊戲。一個月至少有二十五天晚上在家吃晚餐，這是我的目標。關鍵在於提出一個目標。我知道在我們公司裡，有人如果一個月有五天晚上回家用餐，就已經很幸運了。我不認為自己的生產力比那些人還差。＊

釐清你哪些地方需要記分，以便顯現你的願景，達成你的目標。找其他人一起參與，把分數放在你們可以輕易看見的地方。

*《高成長公司》雜誌的〈別焦頭爛額〉（*Don't Burn Out!*），二〇〇〇年五月第一〇六頁。

# 22 堅持不懈，越有好結果

「就在即將成功時，多數人卻放棄了。他們半途而廢，在比賽的最後一分鐘退出，明明只差臨門一腳，即可得分，贏得勝利。」

——亨利．羅斯．佩羅（H. Ross Perot），美國億萬富翁、前美國總統候選人

堅持不懈，可能是高成就人士最常見特質。他們拒絕放棄，只要堅持的時間夠久，就越有機會產生好結果。不論情勢看起來有多艱難，你堅持得越久，越有可能成功。

## 事情不一定總是輕鬆如意

有時候，面臨障礙（通常是肉眼不可見的障礙），仍須堅持不懈，即使沒有任何規劃，

或者無法預先料到，有時候，你遭逢坎坷，看起來壓力大到喘不過氣；有時候，宇宙會測試你，是否專心致力於你所追尋的目標。目標或許艱難，但需要你拒絕放棄，同時汲取新的教訓、開發全新的自我，並且做出艱困決定。

「歷史已經證實，在凱旋得勝之前，最顯赫的贏家通常會遭逢撕裂心扉的障礙。他們成功致勝，是因為不想被擊敗而垂頭喪氣。」

——B．C．富比士（B. C. Forbes），《富比士》雜誌創辦人

「XM衛星廣播公司」前執行長休．帕尼洛（Hugh Panero）正是絕佳實例。他在企業界專心致志，堅持不懈，花了兩年時間募集投資人，從通用汽車公司、休斯電子公司（Hughes Electronics）、DirecTV衛星電視到美國清晰頻道通信公司（Clear Channel Communications），帕尼洛夢想成為世界最大的訂閱制無線電通訊服務商，夢想卻差一點在最後一分鐘崩塌。當時投資人威脅，如果在二〇〇一年六月六日午夜前，無法敲定某筆交易，他們就要撤資。協商過程令人筋疲力盡，他盡力斡旋，最後剛好在截止期限前的幾分鐘，帕尼洛及其董事會主席終於蓋瑞．帕森斯（Gary Parsons）終於設法得到這筆二億二千五百萬美元的交易承諾。

不到一年後，正好就在衛星升空前的十一秒，某位工程師讀錯了電腦螢幕上的訊息，XM公司其中一顆價值兩億美元的衛星被迫中止發射，迫使公司必須等候下一次可以發射的時間，日期預定是兩個月後！

儘管如此，帕尼洛不屈不撓，總算排定XM傳播衛星一百零一個節目頻道的首映日期，正是二〇〇一年九月十二日。不過，就在預定首映日的前一天早晨，九月十一日恐怖分子攻擊紐約世貿大樓，帕尼洛被迫取消衛星的發射派對，撤下XM公司開幕儀式的電視廣告，因為內容有饒舌歌手坐在火箭上，行經成群高聳入雲的摩天大樓。

帕尼洛團隊成員力勸他，將公司的發射計畫延後到另一年。可是到最後，帕尼洛堅持他的夢想，僅在兩週後，隨即發表首映服務。

XM公司歷經所有挫敗和延遲，相比之下，我們的日常困難根本不算什麼。現今，合併後的天狼星XM公司主導衛星廣播事業，訂戶超過兩千三百萬人，每月付費享用七十二個音樂頻道，加上九十三個節目首映頻道，包括體育賽事、脫口秀、喜劇、兒童節目和娛樂節目，以及交通資訊和天氣預報。

## 跟隨本心，持之以恆

「通往『是』的道路上，會聽到『否』這個字，別太快放棄，縱使父母、親友和同儕出於善意，告訴你該找『正職』，也千萬別放棄。你的夢想就是你的正職。」

——喬易斯．史派哲（Joyce Spizer），《知名作家的退稿》（*Rejections of the Written Famous*）作者

黛比．馬康伯（Debbie Macomber）決心追尋她的夢想，成為作家。她租了一台打字機，把它放在廚房檯面。每天早上，孩子們出門上學後，她就開始打字；孩子們放學回家，她就搬開打字機，為他們做晚餐；孩子們就寢後，她再把打字機搬回來，再多打一些字。兩年半過去了，黛比每天例行這些事務。萬能母親奮鬥掙扎，想成為作家，而她也熱愛打字的每分每秒。

然而，某天晚上，她的先生偉恩（Wayne）坐下來跟她說：「親愛的，我很抱歉，但是你並未產生任何收入，這樣下去不行。光靠我一人賺錢，我們無法維生。」

那天晚上，她心碎了，腦袋思緒煩亂，輾轉難眠。她瞪著漆黑臥室的天花板。黛比心裡明白，她全責操持家務，還要帶四個小孩去上體育課、教堂、童子軍活動等，若要她每週工

作四十小時，她就沒有時間寫作。

察覺到她很絕望，她的先生醒來問她：「怎麼了？」

她說：「我真的認為自己可以成為作家。我真的可以。」

偉恩沉默了好長一段時間，然後身體坐直，打開燈說：「好吧！親愛的，放手去做！」

於是黛比又回到自己的夢想了，坐在廚房檯面上的打字機前，一頁接著一頁瘋狂打字，時間又過了兩年半。他們取消家庭旅遊，省吃儉用過日子，穿著別人送的二手衣。

不過，這樣的犧牲與堅持終於獲得回報。經過五年的奮鬥掙扎，黛比賣出了生平第一本書。然後又出了第二本，接著又不斷出書。最後，時至今日，黛比已經出版了超過一百五十本書，許多書盤踞《紐約時報》暢銷書排行榜，其中四本書被改編成電視、電影。她的紙本書籍銷量高達一億七千萬本，擁有數百萬名忠實書迷。

至於偉恩？為了支持妻子，所做的全部犧牲終於得到慷慨回報。他五十歲就能退休養老，現在則是在他們大約一百九十七坪大的豪宅地下室裡，建造一架飛機。

黛比給小孩的大禮，遠比參加夏令營來得更重要。長大成人後，他們終於明瞭，黛比帶給他們更重要的事——認同與鼓勵，勇於追尋自己的夢想。

要是你能跟隨本心，嚴格執行日常紀律，而且絕不放棄，那麼你會實現怎樣的成就？

## 絕不放棄希望和夢想

「下定決心，堅持不懈，光是這樣就已無所不能。『奮力前進』這句口號正是解答，也總是能夠解決全人類的問題。」

——卡爾文．柯立芝（Calvin Coolidge），美國第三十任總統

看看以下例子：

- 美國海軍上將羅伯特．皮里（Robert Peary）嘗試攀登北極，試了第八次後才成功。
- 美國太空總署嘗試發射火箭進入太空二十八次，其中有二十次失敗了。
- 奧斯卡．漢默斯坦（Oscar Hammerstein）曾有五齣戲劇完全失敗，上演時間總計不超過六週。後來以《奧克拉荷馬之戀》（*Oklahoma!*）音樂劇聲名大噪，演出時間超過兩百六十九週，總收入是七百萬美元。
- 歐普拉．溫弗蕾年輕時，曾做過電視報導工作，後來被開除，原因是「她看起來不適合上電視」。
- 塔維尼．奧台爾的寫作生涯，對她的毅力是一種考驗。經過十三年，她已經寫了六本

尚未出版的小說，退稿回條總計三百張。最後，歐普拉．溫弗蕾選上她的第一本小說《後路》，列入「歐普拉讀書會」，她的書終於出版了。這本小說經過全新加持，躍升至《紐約時報》暢銷書排行榜第二名，上榜八週之久。

## 拒絕半途而廢

亨利．羅斯．佩羅（H. Ross Perot）是德州億萬富翁電腦商，在越戰期間，他想要贈送耶誕禮物給越南的每個美國戰俘。大衛．佛羅斯特（David Frost）說起這個故事，根據他的說法，佩羅有好幾千個包裹，已經包裝完畢，準備運送出去。他包下波音七〇七機隊，將物品運送到河內市，但是戰況正處於高峰期，河內政府說它拒絕配合。

官員說，那時正值美國炸彈摧毀越南村莊之際，沒有任何公益機構可能辦到，佩羅提議聘請某家美國營造商，協助重建美國擊毀的建築。政府依然不願配合。耶誕節即將來臨，包裹卻仍未送出。佩羅拒絕放棄，最後搭上自己包下的機隊出發，飛往莫斯科，在那裡，他的助手前往莫斯科中央郵局，一次寄出一個包裹，全都完好無損的寄出。*你能否看出，為何這個男人能夠達到這麼偉大的成就？他就是拒絕半途而廢。

# 奮力向前，堅持到底

「放棄總是為時過早！」

——諾曼．文森特．皮爾（Norman Vincent Peale），勵志作家

一九九二年，電影編劇克萊格．鮑登（Craig Borten）開始寫《藥命俱樂部》（*Dallas Buyers Club*）的劇本。他為這部難度很高的電影劇本修稿十次，然後在整個一九九〇年代中期，試圖賣出這部劇本。但是無人願意出資拍成電影。馬修．麥康納（Matthew McConaughey）主演這部電影裡的愛滋病患角色羅恩．伍德魯夫（Ron Woodroof），榮獲奧斯卡最佳男主角獎。在某次訪談裡，他說這部電影在尋求贊助時被拒絕了八十七次，直到十七年後，導演尚－馬克．瓦雷（Jean-Marc Vallée）和馬修．麥康納簽下這齣劇本為止。

一九九六年，原本有人要買這齣劇本。本來是要由丹尼斯．霍珀（Dennis Hopper）執導，且由伍迪．哈里森（Woody Harrelson）主演。可是購買劇本的這家公司後來破產了。

---

* 改編自大衛．佛羅斯特的《解析百萬富翁、千萬富翁、真正有錢人》（*Book of Millionaires, Multimillionaires, and Really Rich People*）。

隔年，鮑登與梅麗莎・沃雷克（Melisa Wallack）組成一隊，他們出售一份新劇本給環球影業，這次交由馬克・福斯特（Marc Forster）執導，布萊德・彼特（Brad Pitt）主演，但是福斯特與彼特從未成功拍成此片。幾年後，導演克雷格・格里斯佩（Craig Gillespie）與演員雷恩・葛斯林（Ryan Gosling）同意開拍此片。可是又一次，融資分崩離析。環球影業於是認為這個劇本「尚未準備好」，然後這部電影又迷失了九年。

最後，由於他們在美國編劇協會的合約條款，鮑登和沃雷克設法取回他們劇本的權利。然後在二〇〇九年，也就是在初稿寫完後十四年，一開始就參與這項電影專案的製片人蘿碧・布瑞恩納（Robbie Brenner）找來馬修・麥康納加入其中。但即使麥康納為了角色減肥約二十一公斤，就在影片正要開拍的前十週，新的投資人卻撤資了。不過，到了這個地步，都已經確定演員和卡司陣容，大家只好奮力向前邁進，完成了不可能的任務——僅靠五百萬美元預算，在短短二十五天後，同一個鏡頭拍攝的次數只有十五分鐘，他們就用一台攝影機開拍了整部電影。二〇一三年，電影上映，受到全球評論家和觀眾齊聲讚揚。

這份頑強承諾，要看到電影開拍成功，最後終於成果豐碩。這部影片使鮑登和沃雷克榮獲提名，贏得二〇一四年美國編劇工會最佳原創劇本獎。麥康納贏得好幾座最佳男主角獎，傑瑞德・雷托（Jared Leto）贏得最佳配角獎。截至二〇一四年二月，這部電影總計賺進五千五百萬美元。

# 不放棄夢想，持續前行

「我們通常高估自己一年可以實現多少事，卻嚴重低估十年內可以成就多少事。」

——安東尼．羅賓斯

達瑞爾．哈蒙德（Darrell Hammond）當年十七歲左右，展開演藝生涯，同時就讀佛羅里達大學（University of Florida）。起頭非常艱難，因為在童年時期遭到母親嚴重虐待，他患有口吃毛病。他從未獲選扮演任何角色，但是他不斷堅持，直到某位戲劇教授給他機會。達瑞爾因此成功了，後續演出幾個角色，他確信自己應該追尋演藝生涯。達瑞爾的學業平均分數只有二點一分*，僥倖畢業了，後來他跟隨自己的夢想，搬到紐約去住，但是起初幾年裡，他只能當服務生，三不五時酩酊大醉，幾乎無法成功參加試鏡。

最後，達瑞爾成功戒酒，前往聲名遠播的伯格霍夫表演學院（Herbert Berghof Studio），認真開始研究演技。該校有許多知名校友，例如：勞勃狄尼洛（Robert De Niro）、馬修．波特利（Matthew Broderick）、比利．克里斯托（Billy Crystal）、克萊兒．

* 滿分通常為四分，二分約是六十到六十五分。

丹妮絲（Claire Danes）、琥碧．戈柏（Whoopi Goldberg）、艾爾．帕西諾（Al Pacino）、芭芭拉．史翠珊（Barbra Streisand）等。如此一來，他可以在外百老匯劇場與地方戲院，演出幾個角色。

到了二十六歲，達瑞爾嘗試單口相聲，並愛上此道，決定立下目標，要成為《週六夜現場》（*Saturday Night Live*）劇組成員。不過這並非一朝一夕可成，他在紐約不夠受歡迎，於是搬回佛羅里達，接下來幾年，他從事旁白工作。可是他從未放棄目標，而且他專心投入自我改善課程，幫他撐過那些年的歲月。他突然想到一個主意，假設他能一點一滴慢慢改善自己能力，一週一次，那麼一年就進步五十二次。

五年來，他專注其中，然後又搬回紐約市，下定決心要成為成功的單口相聲演員，也要吸引《週六夜現場》節目製作人的注意力。

三十歲才出道，對單口相聲演員來說，其實有點晚了。達瑞爾認為自己可能太老而無法辦到，但是他決定不論如何都要試試，因為他不想放棄夢想。他以前習慣在牆上放置哈莉特．塔布曼（Harriet Tubman）、馬丁．路德．金恩和甘地的相片，用來激勵自己。他說，因為這些人看似沒有十分把握、無法實現自己想成就的事，但不論如何，他們堅持繼續前行。

接下來七年，他繼續在紐約附近俱樂部演出。在那段時期裡，他兩次參加《週六夜現場》試鏡，全都失敗了。你可能認為，七年過去了，他應該早就放棄夢想才對。事實上，大多數人確實如此，但是達瑞爾不屈不撓，到了最後，經過了漫長的七年，他的毅力終於獲得回報。某天晚上，他在卡瑞納俱樂部演出，短暫模仿比爾·柯林頓總統的樣貌。就在那一晚，奇蹟發生了。某個《週六夜現場》製作人剛好坐在觀眾席裡。他正好在找可以演出柯林頓總統的人。因此他獲邀參加試鏡，面試官是《週六夜現場》創立者羅恩·邁克爾斯（Lorne Michaels）。達瑞爾說，他為這一刻，已經準備了十二年。他準備就緒，輕而易舉拿下這個角色，終於實現了他最大的夢想。

達瑞爾繼續在這個節目演出十四年，表演超過兩百集，成為家喻戶曉的人物。他滑稽搞笑，模仿許多名人，像是比爾·柯林頓、艾爾·高爾（Al Gore）、迪克·錢尼（Dick Cheney）和唐納·川普，以及許多藝人，像是史恩·康納萊（Sean Connery）和傑克·尼克遜（Jack Nicholson）。二〇〇九年，他五十三歲，從這個節目退休。他是這個節目有史以來年紀最大的成員。後來，他繼續現身百老匯，也演出無數電影和電視節目，包括他自己的「喜劇中心」特集。他的生涯卓越不凡，因為一開始他就拒絕放棄。

# 花時間尋找解決方法

「對於每項失敗，皆有替代性的行動進程可用。你只需找出來。遇到絆腳石，那就繞道而行吧！」

——玫琳凱．艾施（Mary Kay Ash），玫琳凱化妝品公司創辦人

每當你遭遇絆腳石，你必須停下來，腦力激盪，想出三種方式，以便繞道而行、從上方跨過去或穿越這個絆腳石。針對每個絆腳石，請提出三種不同策略，應付潛在的障礙。許多種方式都很有用，但是只有在你花時間尋找解方的時候，你才會找出辦法。你的思維都要以找到解決辦法為目標，堅持不懈，直到你找出奏效的方法為止。

「困難是一種機會，可以改善境況。它們是更棒經驗的墊腳石……一扇門關閉了，另一扇門就會打開，這是自然定律，以求萬事平衡。」

——布萊恩．亞當斯（Bryan Adams），《如何成功》（*How to Succeed*）作者

# 23 實踐「五事規則」

「每天不停累積努力，方可成功。」

——羅伯特·柯里爾（Robert Collier），暢銷書《讓祕密不再是祕密》（*The Secret of the Ages*）作家及出版商

我與馬克·維克多·漢森出版《心靈雞湯》系列叢書第一版，那時候，我們如此迫切渴望，承諾要讓此書成為暢銷書，於是我們詢問了十五位暢銷書作家，向他們尋求指引和忠告，從《男人來自火星，女人來自金星》的作者約翰·葛瑞、《一分鐘經理》的作者肯·布蘭查德，到《心靈地圖》（*The Road Less Traveled*）的作者M·史考特·派克。關於該做什麼與如何去做，我們收到大量寶貴資訊，接下來，我們拜訪書籍出版商及行銷大師丹·伯恩德（Dan Poynter），他給了更多絕妙資訊。然後，我們買了約翰·克萊默（John Kremer）的《一〇〇一種圖書行銷方法》（*1001 Ways to Market Your Book*），詳細閱讀。

經過這些事後，眾多方案排山倒海而來。說真的，我們簡直快瘋了，不知道從何開始著手，再加上我們還有講座和研討會事業尚待經營。

## 特定五件事，引領你朝目標邁進

我們向美國作家榮恩．斯科拉斯蒂科（Ron Scolastico）尋求建議，他是很棒的導師，他跟我們說：「如果你每天走到一棵大樹前，使用鋒利的斧頭砍下五根搖擺的樹枝，到最後，不管這棵樹有多大，終究勢必倒下。」多麼淺顯易懂的道理。我們從中開發出一套「五法則」（Rule of 5）。簡單來說，就是「每天只做五件特定的事」，引導我們往前邁進，完成目標。

我們目標是要讓《心靈雞湯》榮登《紐約時報》暢銷書排行榜第一名，也就是說，我們可以接受五次廣播訪談，或是寄發五本書給編輯審稿；或者我們可以打電話給五家網路行銷公司，然後要求對方買這本書，當作公司業務員的激勵工具；或者針對至少五人舉辦研討會，並在場地後方販售此書。有時，我們僅是寄發五本免費樣本，給予《名人通訊錄》上面所列的人，例如：美國演員哈里遜．福特（Harrison Ford）、芭芭拉．史翠珊、保羅．麥卡尼（Paul McCartney）、史蒂芬．史匹柏等。

我們打電話，看誰要讀這本書；我們撰寫新聞稿、打電話到直播脫口秀現場（有時是在半夜三點）。我們在演講中免費贈書；我們把書送給牧師，用來當作他們布道的演說參考；我們在教堂免費舉辦《心靈雞湯》講座；我們在書店舉辦簽書會；我們要求企業大批購買，送給員工；我們請軍人消費合作社擺放此書；我們要求講師同仁在授課完畢後，推銷這本書；我們要求研討會把書列入目錄裡，我們還買了一份目錄表，要求適合的人代售這本書；我們拜訪禮品店和卡片店，要求他們代售此書。我們甚至走訪了加油站、麵包店、餐廳等，推銷這本書。付出許多心力，每天至少五件事，每天如此，日復一日，為期超過兩年。

## 每天做一點，積沙成塔

一切值得嗎？當然！《心靈雞湯》最後共賣出五億本，翻譯成四十七種語言。

這是一夜之間成功的嗎？絕非如此！直到這本書出版上市一年多以後，我們才攻進暢銷書排行榜，花了一年時間。不過正是為期超過兩年的「五法則」，讓我們終於成功了！一次只做一個行動，一次只賣一本書，一次只找一位讀者。但是日積月累下來，每個讀者口耳相傳給另一位讀者，最後就像慢慢建構而成的連鎖信一樣，口碑傳出去了，這本書聲名大噪！《時代雜誌》稱之為「十年來最厲害的出版風潮」，但這不太像是出版風潮，較像是持續努力後的成果。**成千上萬的小任務總結成為大型成就**。

在《心靈雞湯：園丁精神》（*Chicken Soup for the Gardener's Soul*）裡，嘉若婷．愛德華茲（Jaroldeen Edwards）描述，她的女兒卡羅琳帶她前往箭頭湖（Lake Arrowhead），觀賞大自然美景。綿延無盡的原野布滿水仙花，無邊無際，展開在她們眼前，從山頂往下，遍布在好幾公頃的山坡地上，滿坑滿谷皆是，存在於樹木與樹叢之間，依循地勢而生，河畔的水仙花朵朵綻放，光芒四射，簡直就像遍布各式黃色調的地毯，從最淺顯的象牙色到最深的檸檬色，再到最鮮豔的橘紅色。在這樣美麗的大自然景色裡，現場看起來種植了超過一百萬朵水仙花球莖。美不勝收，令人屏息讚嘆。

她們沿路健行，進入這個魔幻地方的中心，最後絆倒一個牌子，上面寫著：「我知道你想問的問題解答」，第一個答案是「一位女性，雙手雙腳，腦袋不多做他想」，第二個答案是「一次一個」，第三個答案是「從一九五八年開始」——這裡的風景是經過四十年以上的時間，一次種植一棵球莖，某位女性永遠改變了世界樣貌。

如果接下來四十年，你逐步漸進，每天只做五件事，往前實現你的目標，你會成就什麼樣的事？如果你每天寫五頁，就會寫出七萬三千頁的內容，等於是兩百四十三本內容三百頁的書；如果你每天存下五美元，就會存下七萬三千美元，足夠用來支付四趟環遊世界之旅；如果你每天投資五美元，每年複利六％，四十年後，你將會聚積一小筆財富，大約是三十萬五千美元。

微不足道的「五法則」相當有效，不是嗎？

# 24 做事不嫌多，追求卓越

「多走一里路，那裡不擁擠。」

——偉恩．戴爾

你是否付出比別人期望還大的努力，始終如一，並且習慣提供超值服務？現今這樣特質的人很少見了，不過這卻是高成就人士的最大特色，他們知道，超乎預期的額外服務，有助於鶴立雞群、脫穎而出。由於習慣使然，成功人士做事不嫌多，因此基於他們的額外努力，他們不僅能夠體驗更大的財務獎酬，也會經歷個人轉型，成為更有自信且自力更生的人，對身邊的人產生更多影響力。

# 多走一里路，值回票價

迪拉諾斯咖啡烘烤公司（Dillanos Coffee Roasters）從西雅圖起家，烘烤咖啡豆，經銷給幾乎全美五十州的咖啡零售商。迪拉諾斯公司的使命宣言是「熱心助人，與人為友，樂活自在」。這家公司有六大核心價值觀，引導所有的公司活動。全體員工有二十八人，他們專心投入這些價值觀，以致於在每次員工會議尾聲，都會齊聲朗讀這份價值觀清單。清單上第二項是「提供『多走一里路』的服務等級，總是給予客戶超乎預期的事」，也就是說，他們把每位客戶都當成自己摯友來看。總是為摯友額外付出心力，這是人之常情。

一九九七年，他們其中一位「朋友」是馬蒂．卡克斯（Marty Cox），他在加州長灘市擁有四間「道地研磨咖啡屋」（It's a Grind Coffee House），當時僅是一般規模，但是馬蒂對未來有著偉大藍圖。迪拉諾斯公司創辦人及執行長是大衛．莫里斯（David Morris），他想要幫這位「朋友」實現偉大夢想。迪拉諾斯公司透過快遞公司優比速（UPS）運送咖啡豆。可是一九九七年，UPS發生罷工事件，危及馬蒂的生計，馬蒂的咖啡豆攸關他的事業命脈，要怎樣才能把咖啡豆從西雅圖運送到長灘市？

迪拉諾斯公司考慮選擇透過郵局運送，不過公司曾經聽到流言，由於UPS罷工，郵局和快遞公司FedEx工作量已經不堪負荷，他們不想冒險遲送這些咖啡豆，於是莫里斯租了一輛大型貨櫃車，將公司已經收訂的約三百六十三公斤咖啡豆一路開往馬蒂的所在之處，連續兩週不間斷。大衛請人開車十七小時，從西雅圖前往長灘市，為馬蒂提供一週的咖啡豆供應量，然後再驅車回返，裝載更多咖啡豆，下週再繼續開往那裡，再度交貨。這樣「多走一里路」的承諾，往返里程約三千七百三十四公里，馬蒂因此成為忠實的長期客戶。這對迪拉諾斯公司有什麼樣的意義？短短六年後，馬蒂原本只有四間店面，後來擴店成為一百五十家連鎖店，在美國九個州都有零售經營，馬蒂現在是迪拉諾斯公司最大的客戶。多走一里路，值回票價！

迪拉諾斯公司願意為所有客戶多走一里路，因此成長茁壯。一九九二年，公司僅有一台約九公斤容量的烘烤器，在大約四十五坪的室內，每月烘烤約九十公斤的咖啡豆，後來公司多了兩台分別為一百二十公斤容量和兩百四十公斤容量的烘烤爐，在大約一千兩百六十五坪的設施內，有六十八名員工，每年妥善交付超過一百四十五萬公斤的咖啡豆，年度銷售額超過一千萬美元，成長率穩定處於正軌，每三年即雙倍成長。

二〇一一年，迪拉諾斯公司榮獲《咖啡烘培雜誌》（*Roast Magazine*）評選為「年度宏觀烘培家」。

# 為何要多走一里路？

「如果你願意去做超乎應得報酬的事，最後將因多做事情而得到回報。」

——佚名

所以你得到什麼回報了？你給了超乎預期的事，就越有可能獲得升遷、加薪、獎金、額外利益。再也不必擔心工作穩定性。你一定是公司首要招聘的對象，也是最不可能被開除的人。你的事業將會賺進更多錢，吸引終生忠實客戶。每天結束後，你也會發覺自己越來越心滿意足。

不過，請務必現在就開始進行，獎賞才會開始出現。

## 超乎預期的水準，更能脫穎而出

如果真的想要表現傑出，在事業、學業或人生都脫穎而出，獲得成功，那麼就多做超乎水準以上的事，總是技高一籌，給予別人超出預期的表現。公司若能付出額外心力，即可博取尊重、忠誠度，顧客也會口耳相傳。

如果你只是把焦點放在自己的需求，或許你認為給予超值服務實在不公平。給予超值服務，卻沒補貼或表揚，何苦呢？請務必相信，付出終究會被注意到，而你終將收到獎酬或表彰，這是你應得的。最後，正如俗話說「優秀的人事終究會被發覺」，你和你的公司也是如此。你將會博得無懈可擊的聲望，而這正是你最重要的其中一項寶貴資產。

以下是一些給人超乎預期表現的例子：

- 客戶付費購買油畫，而你將畫裱框給他，不多收費用。
- 你賣車給某人，在你交車給對方之前，你詳細說明，並且把車子加滿油。
- 你賣房子給某人，對方搬進去，發現有一瓶香檳，以及一張當地美食餐廳的一百美元禮券。
- 身為員工，你不但做好自己分內的事，在其他同事請病假時，你還整日忙碌不休、肩負責任，卻不要求更多薪資；你自願訓練新員工，在問題發生前，就能洞燭機先，做好防範；你看到某事尚待完成，你沒靜候別人要求，自己就先採取行動；你持續探尋自己還能做些什麼事，做出貢獻，提供服務。與其把焦點放在如何收受更多，你反而注重如何給予更多。

你能做什麼，以便付出比別人期望中還要大的努力，為你的主管帶來更多價值，為委託人或顧客提供更多服務，或是讓學生獲益良多？做出超乎別人預期的事，正是其中一項方法，令人驚喜萬分。

我認識洛杉磯某位汽車經銷商。在他的經銷店內，每週六都為所有客戶提供免費洗車服務。沒人想到他會這麼做，可是每個人都很喜歡。他因此獲得不少人引薦業務，因為人人總是談論有多麼滿意他的服務。

## 付出額外心力，總會派上用場

四季酒店（Four Season）是一家全球連鎖的豪華酒店集團，常與「令人驚嘆的服務」畫上等號。四季酒店總是多走一里路，如果你向飯店人員問路，他們不會只是口頭指引，還會陪你走到那裡。他們總是把每個人當成貴賓。

美國政治人物丹．沙利文（Dan Sullivan）說了一個故事。有個男人帶了女兒前往舊金山度過週末假期，可是卻發現自己不知道如何幫女兒綁辮子，沒辦法像她媽媽那樣綁出特殊辮子，他打電話給四季酒店，詢問是否有員工能夠幫忙他，對方跟他說，飯店早就備有一位女性員工，受派進行這項工作。管理階層早就預料到這樣的事，顧客總有一天會需要這項服務。飯店還特別訓練這項技能。現在，付出額外心力，終於派上用場。

另一家以優良客服聞名的連鎖飯店是麗思卡爾頓酒店（Ritz-Carlton）。某次我到芝加哥，在最後一天入住麗思卡爾頓酒店，抵達房間後，桌上已經擺了一個熱騰騰的保溫碗，裡面裝了雞湯麵。上面放了一張小標籤，寫著「為傑克·坎菲爾暖身的雞湯」，旁邊還附了經理親筆所寫的美妙卡片，說他和員工有多麼喜愛《心靈雞湯》系列書籍。

## 提供超值服務，贏得品牌形象

諾德斯特龍百貨公司（Nordstrom）也是以「額外付出心力」聞名的連鎖店。諾德斯特龍百貨公司全體職員總是提供非凡服務。大家甚至知道，諾德斯特龍百貨公司業務員在下班回家的路上，還會將顧客購買的物品順路送達。

諾德斯特龍百貨公司還有一項政策，也就是顧客可以隨時退貨。這項政策是否遭到濫用？肯定是！但是由於這項策略，諾德斯特龍百貨公司提供高品質的客戶服務，因此聲譽極佳。公司藉此小心翼翼，呵護品牌形象。所以諾德斯特龍百貨公司獲利十分可觀。

立下承諾，達到世界一流水準，付出比別人期望中還要大的努力，超越一般期許，就像四季酒店、麗思卡爾頓酒店和諾德斯特龍百貨公司。現在就開始去做！

翻轉學 翻轉學系列 099

# 成功準則 第一冊

## 暢銷超過 10 年，遍布 108 國、40 種語言，改變數億人的經典之作

The Success Principles : How to Get from Where You Are to Where You Want to Be

作　　者　傑克．坎菲爾（Jack Canfield）、珍奈特．斯威策（Janet Switzer）
譯　　者　葉婉智、閻蕙群、易敬能
封面設計　FE 工作室
內文排版　黃雅芬
行銷企劃　陳豫萱．陳可錞
出版二部總編輯　林俊安

出 版 者　采實文化事業股份有限公司
業務發行　張世明．林踏欣．林坤蓉．王貞玉
國際版權　鄒欣穎．施維真
印務採購　曾玉霞．謝素琴
會計行政　李韶婉．許俽瑀．張婕莛
法律顧問　第一國際法律事務所　余淑杏律師
電子信箱　acme@acmebook.com.tw
采實官網　www.acmebook.com.tw
采實臉書　www.facebook.com/acmebook01

ISBN　978-626-349-030-7 ( 第一冊 )
全套定價　990 元
初版一刷　2022 年 12 月
劃撥帳號　50148859
劃撥戶名　采實文化事業股份有限公司
104 台北市中山區南京東路二段 95 號 9 樓
電話：(02)2511-9798　傳真：(02)2571-3298

國家圖書館出版品預行編目資料

成功準則：暢銷超過 10 年，遍布 108 國、40 種語言，改變數億人的經典之作 / 傑克 . 坎菲爾 (Jack Canfield), 珍奈特 . 斯威策 (Janet Switzer) 著 ; 葉婉智 , 閻蕙群 , 易敬能譯 . -- 初版 . -- 台北市 : 采實文化, 2022.12
440 面 ; 14.8×21 公分 . --（翻轉學系列；99）
譯自：The success principles : how to get from where you are to where you want to be
ISBN 978-626-349-030-7（第 1 冊 : 平裝）
1.CST: 成功法
177.2　　111015930

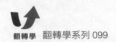